Johannes Forner

BRAHMS

Ein Sommerkomponist

Insel Verlag

Erste Auflage 1997
© Insel Verlag Frankfurt am Main und Leipzig 1997
Alle Rechte vorbehalten
Bildrechte am Schluß des Bandes
Satz: Hümmer GmbH, Waldbüttelbrunn
Druck: Pustet, Regensburg
Printed in Germany

INHALT

Vorbemerkung 11

ERSTES KAPITEL
Drei heimatliche Sommer 1861-1863

»Variationen für eine liebe Freundin«
Hamm 1861: Händel-Variationen op. 24 17
»Wie soll ich die Freude, die Wonne denn tragen«
Hamm 1862: Magelone-Lieder op. 33 32
»... dieses Stiefkind seiner Muse...«
Blankenese 1863: Rinaldo op. 50 42

ZWEITES KAPITEL
Die neue Sommerheimat 1864-1872

»... eine tönende Erinnerung...«
Baden-Baden 1864: Zweites Streichsextett op. 36 49
»Denn wir haben hie keine bleibende Statt«
Lichtenthal 1866: Ein Deutsches Requiem op. 45 61
»Ein Brautlied für die Schumannsche Gräfin«
Lichtenthal 1869: Alt-Rhapsodie op. 53 75
»Ein Lied auf Paris«
Lichtenthal 1871: Triumphlied op. 55 80

DRITTES KAPITEL
Von Tutzing bis Saßnitz 1873-1876

»Dem Stück gegenüber bin ich etwas schwach«
Tutzing 1873: Haydn-Variationen op. 56 91

»O wüßt ich doch den Weg zurück«
Rüschlikon bei Zürich 1874:
Lieder und Gesänge op. 63 104
»Ich wohne und lebe allerliebst«
Ziegelhausen bei Heidelberg 1875:
Drittes Streichquartett op. 67 114
»An den Wissower Klinken
ist eine schöne Symphonie hängen geblieben«
Saßnitz auf Rügen 1876: Erste Sinfonie op. 68 120

VIERTES KAPITEL
Dreimal Pörtschach 1877-1879

»Das neue liebliche Ungeheuer«
Pörtschach 1877: Zweite Sinfonie op. 73 131
»Ein Stück für Geige (und Joachim)«
Pörtschach 1878: Violinkonzert op. 77 143
»Wissen Sie einen besseren Titel?«
Pörtschach 1879: Zwei Rhapsodien op. 79 155

FÜNFTES KAPITEL
Österreich und eine Ausnahme 1880-1885

»... die eine weint, die andere lacht...«
Ischl 1880: Zwei Ouvertüren op. 80 und op. 81 165
»... ein ganz ein kleines Klavierkonzert...«
Preßbaum bei Wien 1881:
Zweites Klavierkonzert op. 83 172
»Es wird mit Schere und Faden gearbeitet«
Ischl 1882: Gesang der Parzen op. 89 179
»... in die gute, alte Form gestopft...«
Wiesbaden 1883: Dritte Sinfonie op. 90 184
»Die Kirschen hier werden nicht süß«
Mürzzuschlag 1884 und 1885: Vierte Sinfonie op. 98 . . 190

SECHSTES KAPITEL
Thuner Triade 1886-1888

»Wie Melodien zieht es...«
Hofstetten bei Thun 1886:

Kammermusik op. 99 bis op. 101, Lieder op. 105 205
»Die achtsaitige Riesengeige«
Hofstetten bei Thun 1887: Doppelkonzert op. 102 . . . 219
»Der Tag ging regenschwer...«
Hofstetten bei Thun 1888: Gesänge und Lieder
op. 104 bis op. 107 234

SIEBENTES KAPITEL
Ischler Spätlese 1889-1896

»Musik für ›Fräulein Klarinette‹«
Ischl 1891: Klarinettentrio op. 114 und
Klarinettenquintett op. 115
Ischl 1894: Klarinettensonaten op. 120 251
»Wiegenlieder meiner Schmerzen«
Ischl 1892 und 1893: Klavierstücke op. 116 bis op. 119 . 263
»O Welt, ich muß dich lassen«
Ischl 1896: Choralvorspiele für Orgel op. 122 269

ANHANG

Zeittafel 275
Literaturverzeichnis 293
Werkregister 295
Ortsregister 301
Personenregister 305
Bildnachweis 318

BRAHMS

Ein Sommerkomponist

Vorbemerkung

Ein neues Buch über Johannes Brahms? Sagen wir es bescheidener: eines *zu* Brahms. Hier soll keine neue Biographie vorgelegt werden, wenn auch das Anliegen durchaus ein biographisches ist. Wäre nicht das Werk, wäre die Biographie heute ohne Interesse. Da dieses Werk aber die Hörer ungemindert in seinen Bann zieht, bleiben auch die Fragen wach, die seinen Schöpfer betreffen, das Woher und Warum, das Wann und Wie, die Umstände und die Widerstände, die das Kunstwerk begleiten.

Die Neugier scheint im Fall von Johannes Brahms schnell befriedigt. Sein äußeres Leben war unspektakulär. Sein Œuvre ist überschaubar – sowohl hinsichtlich der Werkgattungen als auch der Menge des Komponierten. Brahms hat nicht philosophiert, er hat keine Schriften verfaßt, keine Revolution ausgerufen, keiner Partei angehört, keine Affären gehabt. Ihn plagten keine Krankheiten, er wurde weder geistesgestört noch taub. Ein Einzelgänger war er, aber kein Asket. Er konnte genießen und zugleich Maß halten. Im Umgang mit Menschen war er oft schwierig, in seinen Briefen nicht redselig, eher wortkarg. Er konnte rauh sein und gütig. Er haßte den Dünkel und liebte Kinder. Die Eigenart seines Humors konnte verletzen. Freunde hatte er viele, Vertraute nur wenige. Er liebte die Geselligkeit und zog sich zurück, wenn er komponierte.

Johannes Brahms war das Gegenteil einer schillernden Gestalt. Das Außergewöhnliche, Aufsehenerregende seines Lebens – man sucht es vergebens. Für Biographen und Chronisten kein sehr ergiebiger Gegenstand. Dennoch: Es ist die Kraft seiner Musik, das Unverwechselbare seiner Tonsprache, was die Biographen herausfordert und sie nach den Zusammenhängen von Werk und Biographie fragen läßt. So stehen auch in diesem Buch die Kompositionen im Mittelpunkt der Betrachtung; sie sind Ergebnisse eines vielfältigen

Zusammenspiels von äußeren und inneren Faktoren, von Zeitgeschichte und individueller Lebensgestaltung, von Absichten und Rücksichten gleichermaßen.

Als Brahms in das musikalische Leben seiner Zeit eintrat, begleitete ihn Robert Schumanns euphorischer Aufsatz *Neue Bahnen*, veröffentlicht in der ›Neuen Zeitschrift für Musik‹ am 28. Oktober 1853: Es müsse doch »einmal plötzlich einer erscheinen, der den höchsten Ausdruck der Zeit in idealer Weise auszusprechen berufen wäre… Und er ist gekommen… Er heißt Johannes Brahms«. Schumanns Euphorie wird zur Prophetie, wenn er das Unerhörte benennt, das von diesem Brahms zu erwarten sei: »Wenn er seinen Zauberstab dahin senken wird, wo ihm die Mächte der Massen, im Chor und Orchester, ihre Kräfte leihen«. Welch eine schwere Hypothek für einen Zwanzigjährigen!

Zum 100. Geburtstag hielt Arnold Schönberg am 12. Februar 1933 im Frankfurter Rundfunk einen Vortrag, der später, 1947, in überarbeiteter Form als Aufsatz bekannt wurde: *Brahms, der Fortschrittliche*. Erstaunliches wurde benannt: Kühnheiten in der Harmonik, Irreguläres in der Metrik, vor allem das Prinzip der »entwickelnden Variation« (das Schönberg auch für das eigene Schaffen beansprucht), und im Spätwerk die Hinwendung zur strukturbildenden Kraft des Intervalls, das den alten Thema-Begriff zumindest relativiert. Schumann hatte sich also nicht geirrt, als er das Außerordentliche in Brahms' Künstlertum erspürte, auch wenn er Weg und Ziel im einzelnen nicht voraussehen konnte.

Brahms' Schaffensweg aber begleiteten andere Kommentare. Hans von Bülows gutgemeintes, aber verunglücktes Bonmot von der »Zehnten Beethovens« im Hinblick auf Brahms' sinfonischen Erstling weist in eine Richtung, die im Urteil Friedrich Nietzsches gipfelte: Er nannte ihn einen »Meister in der Kopie«, der uns nichts zu sagen hat, »sobald er die Klassiker beerbt… Er hat die Melancholie des Unvermögens« (aus der zweiten Nachschrift zu *Der Fall Wagner*,

1888). Auch die bissigen Rezensionen von Hugo Wolf gehören in diesen Zusammenhang.

Johannes Brahms, der Bürgerliche und zugleich Unangepaßte. Bürgerliche Geborgenheit, Heimat, Familie – er kennt sie nicht. Wien bot ihm den Heimatersatz, die wechselnden Sommeraufenthalte sind für den Komponisten von existentieller Bedeutung. Mit offenen Sinnen und empfänglich für die Schönheiten der Natur, genießt er nicht passiv, als ›Sommerfrischler‹, nach arbeitsreichen und kräftezehrenden Wintermonaten den Aufenthalt im Freien. Spazierengehen heißt für ihn schöpferisch sein. Er schlendert nicht auf den Flaniermeilen der Kurorte. Er stürmt eher dahin auf verschwiegenen Pfaden, durch Dickicht und unwegsames Gelände, in aller Frühe gewöhnlich und bei Wind und Wetter. Schweißnaß kehrt er zurück, um mit frischen Kräften seine Kompositionen niederzuschreiben.

So sehr Brahms die Einsamkeit sucht, die Zwiesprache mit der Natur, so sehr kann und will er auf Geselligkeit nicht verzichten. In jedem seiner Sommerorte sind ihm Freunde und Bekannte nahe. Er braucht den Gedankenaustausch als Widerspruch und als Zuspruch.

Der Großteil seines Werkes entsteht seit 1861 in den Sommermonaten bis weit in den Herbst hinein, zunächst in der Hamburger Umgebung, dann in Lichtenthal bei Baden-Baden, am Starnberger See, an Rügens Steilküste, in Österreich und in der Schweiz. Den Norddeutschen zieht es nach dem Süden. Wie das Spezifische der jeweiligen Landschaft in den Schaffensprozeß hineingewirkt hat, läßt sich im einzelnen nicht beweisen. Daß Zusammenhänge aber bestehen, kann nicht bestritten werden. Diesen Zusammenhängen geht das Buch nach, ohne dabei eine lückenlos erzählte Lebensgeschichte bieten zu wollen.

Keine Biographie also, sondern eine Folge von Bildern, die vielleicht ein Lebensbild ergeben und den Zugang zu den wichtigsten Werken erleichtern helfen. Betrachtung als Versuch einer Annäherung. Persönliche Auffassungen sind dabei nicht zu umgehen, sollen auch nicht umgangen werden. Hier und da mag sich Widerspruch regen beim Lesen, er ist willkommen. Der Gegenstand und die Art und Weise der Annäherung bringen ihn zwangsläufig mit sich. Liebeserklärungen müssen immer damit rechnen. Und eine Liebeserklärung soll es sein, dieses Buch.

ERSTES KAPITEL

Drei heimatliche Sommer
1861-1863

»Variationen für eine liebe Freundin«

Hamm 1861
Händel-Variationen op. 24

Ein junger Mann ist er noch, gerade 28 Jahre alt. Der elter-
lichen Wohnung, Hohe Fuhlentwiete 74 in der Hamburger
Neustadt, hatte er im Sommer 1861 den Rücken gekehrt und
war hinausgezogen, nach Hamm, in die Schwarze Straße 5,
damals noch Vorort von Hamburg. Die Arbeit mit dem
Hamburger Frauenchor hatte er gerade beendet. Seit dem
Sommer 1859 war man regelmäßig zusammengekommen,
um Volkslieder zu singen, und der junge Mann mit der schönen hohen Stirn, den hellen Augen und der sinnlichen
Unterlippe hatte einiges für die jungen Damen komponiert,
die ihn schwärmend umringten. Es gefiel ihm durchaus, und
gleichzeitig fühlte sich der schüchterne Jüngling irritiert und
bedrängt. Sein ausgeprägtes Bedürfnis nach Unabhängigkeit hatte ihn eingeholt. Jetzt besinnt er sich auf die eigene
Person, jetzt will er ungestört schaffen und komponieren. Die
existentiellen Voraussetzungen sind noch keineswegs beruhigend, Geld fließt nicht in Strömen, dafür aber wirkt ein
starker Wille, ein entwickelter Eigensinn, der sich mit ju-
gendlicher Unbekümmertheit verbindet.

»Brahms ist der eingefleischteste Egoist, den man sich
denken kann, ohne daß er es selbst wüßte... was nicht in *seine*
Begeisterung, in *seine* Erfahrung, ja in *seine* Stimmung paßt,
wird mit liebloser Kälte zurückgewiesen..., ungestört seiner
Musikseligkeit, seinem Glauben an eine höhere, phantasti-
sche Welt nachzuhängen, ist alles, was ihm naheliegt – und
wahrhaft genialisch ist seine Art, sich alle ungesunden Empfindungen u. eingebildeten Schmerzen anderer vom Halse
zu halten – darin ist er wahrhaft gesund, wie denn auch seine
Sorglosigkeit für die Existenz in ihm schön, ja großartig ist.
Nicht das kleinste Opfer seiner geistigen Neigung ist er ge-

17

willt zu bringen – er will nicht öffentlich spielen, aus Nicht-achtung des Publikums und aus Bequemlichkeit.« Diese Sätze finden sich nicht etwa in einer der späteren Biographien – sie stehen in einem Brief seines besten Freundes Joseph Joachim vom Oktober 1854! Sie gelten lebenslang, enthalten nichts Abwertendes, sind treffend und beschreiben einen außergewöhnlichen Menschen. Ein anderer hatte ihn emphatisch begrüßt und zugleich über viele Jahre belastet: Robert Schumann. In dem vielzitierten Aufsatz *Neue Bahnen*, erschienen im Oktober 1853, heißt es:»Ich dachte, ... es würde und müsse... einmal plötzlich Einer erscheinen, der den höchsten Ausdruck der Zeit in idealer Weise auszuspre-chen berufen wäre, einer, der uns die Meisterschaft nicht in stufenweiser Entfaltung brächte, sondern, wie Minerva, gleich vollkommen gepanzert aus dem Haupte des Kronion spränge. Und er ist gekommen, ein junges Blut, an dessen Wiege Grazien und Helden Wache hielten. Er heißt Johan-nes Brahms...« Eine schwere Hypothek bedrückt von nun an den Entwicklungsweg des Zwanzigjährigen, vor allem durch Schumanns Erwartung:»Wenn er seinen Zauberstab dahin senken wird, wo ihm die Mächte der Massen, im Chor und Orchester, ihre Kräfte leihen, so stehen uns noch wun-derbarere Blicke in die Geheimnisse der Geisterwelt be-vor... wir heißen ihn willkommen als starken Streiter.«

Ja, Schumanns Prophetie hat sich erfüllt. Aber wie weit ist der Weg dahin. Wie lange wird es noch dauern, wieviel Schmerzen, Skrupel, wieviel harte Arbeit, auch Niederlagen und Enttäuschungen begleiten diesen Weg! Und Grazien und Helden haben auch keine Wache gehalten. Es war alles viel prosaischer.

Der»Jean Paulsche Idealjüngling«,»mit seinem langen blonden Haar, seinen Vergißmeinnichtaugen und einer Ge-sichtsfarbe wie Milch und Blut«, so hat ihn rückblickend Eduard Hanslick beschrieben, kam aus sehr bescheidenen Verhältnissen. Brahms wurde am 7. Mai 1833 im Hamburger Gängeviertel, Specksgang Nr. 24, geboren. Das Geburtshaus, malerisch und ärmlich, vielfach abgebildet, wurde ein Opfer des Zweiten Weltkrieges. In der Michaeliskirche fand die Taufe statt. Die Eltern – ein ungleiches Paar. Vater Johann Jacob war ein einfacher Mann aus dem Holsteinischen, von schlichtem Gemüt und robuster Gesundheit, nüchtern und ehrlich, nicht gerade redselig, aber auch nicht ohne Humor. In seiner Jugend wirkte er als Hornist beim Hamburger Bürgermilitär, wurde später Kontrabassist im Orchester des Stadttheaters und brachte es zuletzt bis zum Mitglied des Philharmonischen Orchesters. Die Mutter, Johanna Henrika Christiane, geb. Nissen, siebzehn Jahre älter, wird als eine stille Frau voller Hingabe, mit viel Herz, als fleißig und anspruchslos beschrieben. Drei Kinder entstammen der Ehe: Elise, Johannes und Fritz, im Abstand jeweils von zwei Jahren geboren. Musik war im Verständnis des Vaters eher Handwerk als Kunst. Man kann und muß damit Geld verdienen. Viel kam davon nicht zusammen, aber es reichte. Elise kränkelte, und Fritz stand immer im Schatten des Bruders. Die Geschichte, Johannes habe als Heranwachsender in verrufenen Kneipen von St. Pauli aufspielen müssen, um das Familienbudget aufzubessern, hat sich als Legende erwiesen. Aber in Tanzlokalen, zum Beispiel in Bergedorf, ist er schon aufgetreten. Die moralischen Gefährdungen dürften sich in Grenzen gehalten haben. Im Zeitalter der Heroengeschichtsschreibung machte es sich gut, das Genie aus dem Sumpf aufsteigen zu lassen, die häuslichen Verhältnisse ärmlicher zu schildern als sie tatsächlich waren, die Schulbildung als unzulänglich darzustellen. Der Vater sorgte für eine ordentliche Ausbildung, bezahlte vierteljährlich ein Schulgeld von zwanzig Mark an die Privatschule für ›Knaben des mittleren Bürgerstandes‹. Und die musikalische Unterweisung lag durchaus in guten Händen – zunächst bei Otto Friedrich Willibald Cossel, dann bei Eduard Marxsen, dem seinerzeit namhaftesten Musiklehrer Hamburgs. Die pianistischen Leistungen des Knaben Johannes müssen schon 1843 so außerordentlich gewesen sein, daß die Eltern für kurze Zeit mit dem Gedanken einer Wunderkindkarriere in Amerika spielten. Cossel konnte das verhindern. Dem Vater ging es in erster Linie ums Merkantile. Als er später dem Sohn bedeutete, er »solle machen, daß er in die Welt käme, er wolle ihn nicht länger ernähren«, beförderte das zusätzlich Johannes' Unabhängigkeitsdrang. Andererseits suchte er fortan dem Vater zu beweisen, daß er es zu etwas bringen werde. Brahms hat zeitlebens an seinen Eltern gehangen, er hat sie geliebt und stand später, als der Vater sich von seiner Frau getrennt hatte, zu beiden Elternteilen. Nach dem Tod der Mutter 1865 ging der Vater bald eine neue Ehe ein, und auch die Stiefmutter, neunzehn Jahre jünger als Jacob, konnte auf Johannes zählen. Seiner Herkunft und seiner Familie hat er sich nie geschämt, auch als er diesen Verhältnissen längst entwachsen war.

Die Sommerfrische 1861 in Hamm markiert eine wichtige Station seines Lebens. Es ist ein idyllischer Ort, den er auch liebte, »weil es dort so viel Nachtigallen gäbe«, wie Theodor Avé-Lallemant überliefert hat. Erstmals hatte Brahms seiner Sehnsucht nach Freiheit und Ungebundenheit nachgegeben und dabei seine Form der Selbstverwirklichung gefunden. Schon als Junge hatte er den Zwängen von Schule und klavierspielendem Geldverdienen ein Gegengewicht zu setzen gesucht. Wann immer es möglich war, verschaffte er sich den Ausgleich durch Umherstreifen in den Straßen seiner Vaterstadt. Die Atmosphäre des Hafens, das Hamburger Umland, Elbe und Alster, die Wiesen und Felder seiner Heimat, den hohen Himmel, den Anblick der Wolken – er braucht sie, diese Eindrücke der Natur. Sie machen ihn frei und stark zugleich. Diese Freiheit aber erweist sich auch als Einsamkeit. Als er in dem so entscheidenden Jahr 1853 dem zwei Jahre älteren Geiger Joseph Joachim begegnete, nahm er dessen Lebensmotto »frei, aber einsam« in sich auf. Freund und Motto blieben ein Leben hindurch erhalten. Die Sommeraufenthalte gehören von nun an zum Jahreslauf. Sie bedeuten kein Luftholen von den Mühen des Alltags.

Brahms fährt nicht zur Erholung in die schöne Landschaft: Er begibt sich in sein Sommerdomizil, um Kräfte auszugeben. Die Sommerwochen werden zu Zeiten gesteigerter Produktivität. Meist trägt er Werkkonzeptionen schon in sich, die nun in der Sommersonne Norddeutschlands, Österreichs, im Rheinland oder der Schweiz reifen können.

Die wenigen ›bürgerlichen‹ Anstellungen, die Brahms gehabt hat, waren letztlich Episoden, von denen er sich schnell wieder befreite. Drei Jahre hindurch, von 1857 bis 1859, war er jeweils von September bis Dezember am Detmolder Fürstenhof engagiert gewesen als Leiter des Hofchores, Pianist und Klavierlehrer. Für ein halbes Jahr, von Mitte November 1863 bis April 1864, wirkte er als Chormeister der Wiener Singakademie. 1872 übernahm er die Stelle des artistischen Direktors der Gesellschaft der Musikfreunde Wien. Anfang April 1875 löste er auch diesen Kontrakt. Brahms war nicht der Mann für öffentliche Ämter. Er nannte sich später selbst einen »Abseiter«.

Dieser »Abseiter« wird andererseits frühzeitig zum Mittelpunkt eines Freundeskreises von beträchtlichem Ausmaß. Selbst im Alter wachsen ihm bedeutsame Begegnungen und Bekanntschaften zu – Adolph von Menzel, Max Klinger, Eugen d'Albert, Arthur Nikisch... Es war gerade der Anspruch auf Unabhängigkeit, der Verzicht auf Frau und Familie, das bewußte Leben als Junggeselle, was den Drang nach Kontakt und Kommunikation erhalten und bestärkt hat. Johannes Brahms führte nicht das Leben eines Eremiten oder Sonderlings. Im Gegenteil, sein Bedürfnis nach Geselligkeit und fröhlicher Runde war sehr ausgeprägt. Er kannte die Freuden des Lebens, und er hat sie genossen. Nicht selten konnten inmitten allgemeiner Heiterkeit seine sarkastischen Äußerungen und die Eigenart seiner Späße schockieren oder sogar verletzen – aber das gehört zu den Schwierigkeiten seines Charakters.

Mißklänge auch bei alten, gewachsenen Freundschaften – manchmal über Jahre hinweg. Ein unbedachtes Wort, nicht so gemeint, aber eben doch gesagt... Vielleicht hat Brahms selbst am meisten darunter gelitten. Oftmals verbirgt sich Hilflosigkeit dahinter, ein warmes Empfinden, das er unter der Kruste schroffen Verhaltens zu verbergen sucht. Weder Joseph Joachim noch Clara Schumann, seine engsten Vertrauten, blieben verschont.

1853 – ein Schlüsseljahr in Brahms' Leben. Begonnen hatte alles mit einer Konzertreise, die der Zwanzigjährige mit dem ungarischen Geiger Eduard Reményi unternahm. Der künstlerische Erfolg blieb bescheiden, dafür kam es zu einer folgenreichen Begegnung. Durch Vermittlung Reményis lernte Brahms den Königlichen Konzertmeister in Hannover kennen – Joseph Joachim, 22 Jahre alt und schon eine Berühmtheit. Reményi ist schnell vergessen, aber mit Joachim schließt er spontan Freundschaft. In beiden jungen Männern brennt das Feuer eines künstlerischen Idealismus – verwandte Naturen, unterschiedlich im Charakter. Der hinreißend spielende Geiger bleibt der Gelassenere, und in dem eher zurückhaltenden Komponisten brodelt ein eruptives Musiziertemperament. Joachim ist der Gewandtere, Weltläufige. Er nimmt den neuen Freund an die Hand, führt ihn ein ins deutsche Musikleben, empfiehlt ihn zu Liszt nach Weimar. Mit Reményi trifft er dort Mitte Juni ein und ist frustriert vom Gehabe und Pomp auf der Altenburg, dem Wohnsitz Liszts. Brahms reist enttäuscht nach Göttingen zu Joachim und unternimmt von dort aus eine Rheinfahrt, die in Mainz beginnt und in Düsseldorf endet – im Haus von Robert und Clara Schumann.

Es war der zweite Versuch gewesen, sich ihnen zu nähern. Als Robert und Clara im März 1850 in Hamburg konzertierten, hatten Freunde den scheuen Sechzehnjährigen ermuntert, seine frühen Kompositionen dem berühmten Paar zur Beurteilung zuzuschicken. Doch die Schumanns waren zu stark beschäftigt. Ungelesen gingen die Manuskripte zurück. Wer war dieser Brahms? Damals sagte der Name den Schumanns nichts. Für ihn aber, den romantischen Schwarmgeist, bedeutete dies eine schwere Enttäuschung, und er brauchte drei volle Jahre, um sie zu verwinden. Jetzt, am 30. September 1853, wird er mit offenen Armen empfangen. Wieder war es Joseph Joachim, der vorgearbeitet hatte, aber auch Joseph von Wasielewski, den Brahms auf seiner Reise kennengelernt hatte.

Was weiter geschah, ist bekannt. Robert spürt im genialischen Auftreten des Zwanzigjährigen den kommenden Meister, vermittelt ihn an den Leipziger Musikverlag Breitkopf & Härtel und läßt seine Prophetie *Neue Bahnen* folgen. Clara ist tief berührt, nicht nur vom außergewöhnlichen Klavierspiel, sondern auch von der »wunderbaren Erscheinung« dieses jungen Mannes aus Hamburg, wie sie im Haushaltsbuch vermerkt. »Dazu diese merkwürdigen Kompositionen« – es waren vor allem die frühen Klavierwerke, Scherzo es-Moll, die Sonaten. Brahms ist vierzehn Jahre jünger als Clara. Der Altersunterschied seiner Eltern war noch größer – siebzehn Jahre. Ist es diese Beziehung einer älteren Frau zu einem jüngeren Mann, die Brahms' Verhältnis zum anderen Geschlecht in der Kindheit und Jugend geformt hat? Die Mutter liebte er über alles, diese einfache Frau mit ihrem schweren Leben, sich aufopfernd für die Familie. – Clara Schumann, beerbt mit dem väterlichen Ehrgeiz, ist nicht nur die bedeutendste Pianistin ihrer Zeit, sie verfügt über eine hohe Bildung, liebt Robert – als Komponist und Schriftsteller *die* Autorität im deutschen Musikleben – den Vater ihrer Kinder. Sie teilt mit ihm die glücklichen und schweren Stunden ihrer Ehe. Aber sie dominiert – in der Öffentlichkeit wie im Privaten. Und sie wird vom Schicksal gezwungen, ihr dominantes Wesen auszuspielen, nachdem Roberts Leben so traurig verklingt, und nach seinem Tod die volle Verantwortung für die Erziehung der Kinder, für die Sicherung der materiellen Existenz und – für die ungebremste Fortsetzung der Reisetätigkeit als Konzertpianistin ganz bei ihr liegt. In den schweren Jahren von Roberts Erlöschen in der Endenicher Anstalt und danach steht der junge Brahms an ihrer

Seite, betreut die Kinder, wenn sie gastiert, wohnt bei ihr in Düsseldorf, reist mit ihr und den Kindern im Sommer 1857 an den Rhein, besucht sie mehrmals in Berlin, nachdem sie im September dorthin gezogen war. Versucht man den Beziehungsweg von Johannes und Clara zu beschreiben, dann steht am Anfang Verehrung, die sich in Zuneigung verwandelt und in tiefer Liebe, ja Leidenschaft gipfelt. Zwei verwandte Seelen erspüren einander. Begehren wächst, und zwar auf beiden Seiten, da kann kein Zweifel bestehen. Hat die Leidenschaft die Rücksicht auf den kranken Mann in der Anstalt verdrängt? In jüngster Zeit ist über diese Beziehung viel geschrieben worden: Hatten Brahms und Clara Schumann eine sexuelle Beziehung? Wenn ja, seit wann und bis wann? Man möchte es zu gern herausfinden. Man wird es nicht. Vielleicht hat Dieter Kühn in seiner Clara-Schumann-Biographie den Schlüssel gefunden, wenn er von »emotionaler Symbiose« spricht: »Da war Liebe – vor dem Begehren.« Und diese Liebe hatte Bestand, ein Leben lang. Sie veränderte zwar ihr Gesicht, wandelte sich, erfuhr Spannungen und Mißklänge – wie in einer Ehe auch. Nur der entscheidende Unterschied bleibt: Es war eben keine Ehe. »Leidenschaften müssen bald vergehen, oder man muß sie vertreiben«, das schreibt Brahms am 11. Oktober 1857 aus Detmold seiner depressiv gestimmten Freundin Clara zur Aufmunterung. Daß beide verzichten, hat Brahms' künftiges Leben weit mehr beeinflußt als das Claras. Sie ging auf die Vierzig zu, aber er war erst Mitte Zwanzig. Möglich, daß die Unerfülltheit dieser Leidenschaft Brahms' Beziehungen zu Frauen überhaupt belastet hat. Am 11. Oktober 1861 schreibt er an Clara: »In allem, was mich angeht, warst Du und wirst Du sein, als wenn ich Dir ganz angehöre, und in allem, was Dich angeht, darf ich Dir nichts sein.« Daß heißt also Verzicht, Rückzug, aber nicht Preisgabe seiner Liebe. Aus Hamm kommt dieser Brief, und er enthält noch eine wichtige Nachricht: »… habe ich Dir Variationen zu Deinem Geburtstag gemacht, die Du noch immer nicht gehört hast, und die Du schon längst hättest einüben sollen für Deine Konzerte.«

Sommerwochen in Hamm, im freundlichen Landhaus von Elisabeth Roesing, der Witwe eines Privatgelehrten. Die englische Pianistin Florence May, eine Schülerin von Clara Schumann und Brahms, schildert es sehr anschaulich. »Hier wurde ihm ein großes, luftiges Zimmer mit Balkon im ersten Stock zur Verfügung gestellt, daß früher, als Herr Völckers und seine Familie das Haus bewohnten, das Billardzimmer gewesen war. Dieser Herr mit seinen beiden Töchtern lebte jetzt nebenan in einem reizenden, altmodischen Wohnhaus, strohgedeckt und einstöckig, mit einem großen Zimmer zu ebener Erde, das häufig zu den Chorübungen verwendet wurde. Beide Häuser hatten hübsche Gärten, nur durch eine Hecke getrennt, und dicht daran breiteten alte schöne Bäume ihre Zweige aus und boten vielen Nachtigallen Schutz, die ihre Nester an den stillen Plätzen bauten. Brahms' Zimmer war fast den ganzen Tag vom Sonnen-lichte, das durch das Blättergrün und die bunten Fenster-scheiben zu ihm eindrang, freundlich erhellt, und hier konnte er sich dem Genuß der ungestörten Arbeit in seinen Lieblings-Morgenstunden hingeben, mit der angenehmen Empfindung, daß sie nur das Vorspiel zu Tagen ruhiger Er-quickung bildeten.« Die beiden Töchter von Völckers, Betty und Marie, gehörten zu Brahms' ›Mädchenquartett‹ aus dem Hamburger Frauenchor. Daß es bei dieser Nachbar-schaft lustig zuging, versteht sich. Hier, in der Schwarze Straße 5, bleibt Brahms vom 13. Juli bis Mitte Oktober, um-geben von ländlicher Stille, umsorgt von einer mütterlichen Wirtin. Freunde besuchen ihn. Sie kommen von Hamburg herüber oder von weiter her – Clara Schumann, Joseph Joa-chim, Albert Dietrich, Hermann Levi...

Aber: Geselligkeit, Singen und fröhliches Treiben bilden eben nur die eine Seite dieser Existenz. Die andere besteht in angestrengtem, konzentriertem Schaffen – wenn auch vor-wiegend zu früher Stunde. Zum ersten Mal hat Johannes

25

Brahms, er ist jetzt achtundzwanzig, jene Lebensform gefunden, die seine schöpferischen Energien freizulegen vermag. Er öffnet sich den Freuden und Annehmlichkeiten des Lebens und zieht sich rigoros zurück, wenn er produktiv sein muß: Beide Seiten schließen sich gegenseitig nicht aus, sie bedingen einander. Diese Lebensform wird er nicht mehr aufgeben, sondern kultivieren. Der Großteil des kompositorischen Lebenswerkes entstammt der produktiven Spannung dieser Lebensform.

Noch einmal: Sommerwochen in Hamm. In ländlicher Idylle schafft er den Sprung in die Welt der Kammermusik. Entwürfe aus den fünfziger Jahren werden endlich ausgeführt, zur Reife gebracht. Die beiden *Klavierquartette in g-Moll op. 25* und in *A-Dur op. 26* nehmen endgültig Gestalt an. Von Mozart, Mendelssohn und Schumann übernimmt er die Besetzung: Klavier, Violine, Viola und Violoncello.

Ungewöhnlich ist schon das g-Moll-Werk. Der mächtig ausgreifende erste Satz erweitert die klassische Idee von Kammermusik durch diffizile Motivarbeit und gleichzeitigen Drang ins Sinfonische. Arnold Schönberg hat das erspürt und 1937 das Werk zur Sinfonie umgeschrieben (ohne deshalb die ›Fünfte‹ von Brahms zu schaffen). Der zweite Satz, ein Intermezzo, ist von verhaltener Zartheit, ein ganz nach innen gekehrter Gesang mit jener für Brahms so charakteristischen Mischung aus Dur und Moll. Dem marschartigen Andante folgt das Finale, eine von feurigem Temperament durchdrungene ›Zigeunermusik‹, die – auch wenn sie auf melancholische Züge nicht verzichtet – einen effektvollen Abschluß sichert. Das ›Zigeunerische‹ als Tonfall hat Brahms bei Reményi kennengelernt und bei Joachim wiedergefunden – es wird ihn bis in die letzte Lebenszeit nicht mehr loslassen. Er hat es – wie auch Franz Liszt – noch mit dem ›Ungarischen‹ gleichgesetzt. Erst durch das Wirken von Bartók und Kodály in unserem Jahrhundert wissen wir da genauer zu unterscheiden.

Das magyarische Initial hat auch in das *A-Dur-Quartett* hineingewirkt. Zumindest wirbelt das Rondothema des Schlußsatzes recht ›zigeunerisch‹ daher. Ansonsten aber ist das Schwesterwerk anders geartet. Freier, lyrischer, in gewisser Weise auch intimer. Schwärmerisch sich aufschwingende Gedanken entführen uns ins Reich der Romantik. Man denkt vielleicht an Schubert dabei. Und Schumann? Er singt insgeheim immer mit. Im Scherzo, das sehr komplex gestaltet ist, erinnert ein melodischer Gedanke direkt an Roberts *Streichquartett A-Dur* (Clara war es sogleich aufgefallen). Der herrliche zweite Satz, ein »Poco Adagio«, braucht viel Zeit, um sein durchwärmtes Melos in den Streichern voll zum Blühen zu bringen.

Ende September 1861 erhält Joseph Joachim beide Klavierquartette zur Begutachtung. Auch dies ein Wesenszug von Brahms: Die Freunde, die echten, werden ins Vertrauen gezogen, wenn etwas fertig vorliegt. Fertig freilich immer unter dem Vorbehalt konstruktiver Kritik, auf die Brahms eingeht, wenn sie ihn überzeugt. Joachim antwortet schon Anfang Oktober ausführlich und detailliert. Zu Opus 25: »Ganz wundervoll geraten sind die drei letzten Sätze... Die Erfindung des 1ten Satzes ist nicht so prägnant, wie ich's von Dir gewohnt bin...« (2. Oktober). Noch deutlicher wird er im nächsten Brief: »Unter anderm hat mir der Übergang zum Mittelsatz, von Seite 4 zu 5, geradezu weh getan. Das g moll im vorletzten Takt von Seite 4 klingt meinem Ohr zu unlogisch...« usw., usw. Und zu Opus 26: »Mit dem A dur-Quartett habe ich mich immer mehr befreundet. Der Ton innigster Zartheit wechselt schön mit frischer Lebenslust... Herrlich ist das Adagio! Erst meinte ich, der Gegensatz zum E dur wäre nicht glücklich; aber als ich's... auf dem Klavier durchspielte, wurde ich doch ganz warm dabei, und wenn dann der goldene Faden des Themas in die unbestimmte Leidenschaft beruhigend hineinschimmert, so ist das gerade ganz wunderschön« (15. Oktober).

Ein Werkpaar steht auf dem Prüfstand und wird schließlich der Musikwelt übergeben. Gegenstücke also, die zugleich auch zusammengehören. Auch das ein Schaffensprinzip von Brahms, Zwillinge zu zeugen – zweieiige. Er setzt den Gegenentwurf hin, zeitgleich oder doch in zeitlicher, vor allem innerer Nähe. Immer wieder wird es von nun an solche Gegensatzpaare geben.

Noch mehr bringt dieser Sommer. Die ersten vier Lieder des *Magelone*-Zyklus, die Streichquintettfassung des später als *Klavierquintett f-Moll op. 34* bekannt gewordenen Werkes – Angefangenes also, das sich noch in der schöpferischen Gärung befindet. Aber eine Komposition wächst sich zur Gänze aus – jene Variationen, von denen Clara im Oktober erfuhr. »Variationen für eine liebe Freundin«, so lautet der Kopftitel im Autograph. Links steht »Aria di Händel«, rechts »Johs. Brahms. Sept: 61«. Es sind die *Händel-Variationen op. 24*, sein bedeutendstes Variationswerk für Klavier, gekrönt von einer weiträumigen Fuge.

Die Variation als Gestaltungsprinzip und als musikalische Form hat ihn von Anfang an gefesselt. Der starke, noch immer wirksame Kraftstrom aus der klassischen Wiener Epoche hatte den jungen Komponisten sehr früh schon zentral getroffen. Die Variation gab ihm Halt in bezug auf die musikalische Architektur des vorgegebenen Themas und bedeutete zugleich eine Herausforderung der eigenen Phantasie, daraus etwas zu machen. Abwandeln eines vorgegebenen Modells, ohne dieses zu verletzen, und dennoch etwas Neues, Unverwechselbar-Eigenes zu kreieren: das heißt Freiheit dort in Anspruch zu nehmen, wo sie in der Bindung wurzelt. In früher Jugend hatte Brahms unter der Kraft seiner Phantasie gelitten. »Ich muß aber manchmal finden, daß Neuere (wir beide!) mehr (ich weiß nicht rechte Ausdrücke) über das Thema wühlen.« Das schreibt er Joseph Joachim im Juni 1856. Da hatte er zum Beispiel schon die *Klaviervariationen op. 9* über ein Thema von Robert Schumann komponiert – sechzehn romantische Charakterbilder, teils frei, teils streng (vielfach in Kanontechnik). Die streng gearbeiteten Variationen bezeichnete er mit »B.«, die virtuosen und schwärmerischen mit »Kr.«. Gemeint war er selbst und Kreisler, eine Anspielung auf E. T. A. Hoffmanns *Kater Murr* und den Kapellmeister Johannes Kreisler. Da stand er noch ganz im Banne Robert Schumanns – das Werk entstand im Juni 1854! Der Titel im Autograph spricht es aus: »Kleine Variationen über ein Thema von Ihm. Ihr zugeeignet.« Und die Widmung: »Frau Clara Schumann in inniger Verehrung von J. B.« Sieben Jahre liegen zwischen Opus 9 und Opus 24. Damals war er völlig eingetaucht in die Düsseldorfer Atmosphäre der Schumanns, und Liebe erwacht zu der angebeteten Frau. Jetzt hat er sich weit mehr in der Gewalt, ist gereift und beherrscht. Seine Beziehung zu Clara bleibt kompliziert, aber er bindet sie gleichsam ein in die Gestalt der strengen Variation. Seinem Freund Adolf Schubring in Dessau bekennt er Jahre später (1869): »... bei einem Thema zu Variationen bedeutet mir eigentlich, fast, beinahe nur der Baß etwas. Aber dieser ist mir heilig, er ist der feste Grund, auf dem ich dann meine Geschichten baue.« Den ›festen Grund‹ hatte er gefunden in den *Händel-Variationen*, er hatte ihn auch »eigentlich, fast, beinahe« gefunden in seinem Verhältnis zu Clara. Die These sei gewagt, daß er die Gefahren und Versuchungen, die ›Verwirrung der Gefühle‹ bändigen will, indem er sie einfängt im kompositorischen Werk.

Noch andere Voraussetzungen machten solche Bändigung möglich. Die Überschwenglichkeit, mit der Brahms einst Robert Schumann begegnete, hatte sich zu großer Verehrung gewandelt. Mit dem Erstarken der eigenen Kräfte wuchs eine gewisse kritische Distanz. Erstaunlich, was der junge Joseph Joachim dem noch jüngeren Freund damals ins Notizheft geschrieben hatte: »Wir müssen uns hüten, daß der Geist eines geliebten Genius nicht für uns zur Flamme werde, von der wir armen Schmetterlinge im Umflattern untergehen.« Das ›Romantische‹ hatte Brahms nicht überflutet. Sein ausgeprägter Sinn für das Rationale wirkt nun wie ein Damm, der die Gefühlsströme reguliert. Der Komponist Brahms ist vor allem ein Baumeister, der seine Einfälle auf

Tragfähigkeit prüft, ehe er das Gebäude errichtet. Die Statik muß stimmen, der ›feste Grund‹ muß verläßlich sein. Ein Wort, wie das Schumannsche »Die erste Konception ist immer die natürlichste und beste. Der Verstand irrt, das Gefühl nicht«, macht den Wesensunterschied deutlich.

Mit Klaviermusik war Brahms zuerst hervorgetreten, und mit Klaviermusik geht er auch jetzt voran. Schon die Wahl des Themas für seine neuen Variationen kündet von der veränderten Lage. Er entnahm es dem zweiten Band von Händels *Suites de Pièces pour le Clavecin*. Darin hatte Händel 1733 in der B-Dur-Suite den einfachen musikalischen Gedanken selbst mit fünf figuralen Variationen versehen. Brahms hält sich konsequent an den motivisch-metrischen ›Grundriß‹ des Themas, gewinnt daraus aber ein leuchtendes Mosaik von 25 Charakterbildern. Da ›singt‹ das Klavier in großen melodischen Bögen, da ›hämmert‹ es wie ein Zymbal, da versinkt es in tiefer Schwermut, dann wieder sprudeln die Figuren wie Quellen. ›Naturlaute‹ wie Hörnerklang, Stilisierungen alter Tänze wie Siciliano oder Musette finden sich ebenso wie die strengen Formen des Kanons und Orgelpunkts. Und dann das rein Pianistische, die Virtuosität – die ausgeschriebene Handschrift von einem, der sein Instrument genau kennt und beherrscht. Die Verlockungen eitler Selbstdarstellung durch das Anhäufen spielerischer Schwierigkeiten, die Versuchung zu brillieren, bleiben gebannt. Das Wunder wird zum Ereignis – nicht extensives Verströmen der Phantasie, sondern intensives Bündeln der Energien. Wie ein Denkmal bleibt Händels Thema hörbar (und im Notenbild sichtbar). Aber Brahms schafft daraus ein neues, ein eigenes Monument. In der gewaltigen Schlußfuge befreit er sich zwar vom Urbild des Themas, bleibt ihm jedoch treu durch motivische Ableitung. In mehreren Schichten türmt er das Fugengebäude auf, verklammert den Bau durch kontrapunktisches Verknüpfen, vergrößert das Thema im Baß, ›registriert‹ wie auf der Orgel, läßt Lichtstrahlen das Strebewerk der Stimmen durchfluten, drängt das Gefügte noch mehr zusammen und führt das Ganze zum triumphalen Schluß. Längst war aus der linearen Führung des Themas die Herrschaft des Harmonischen hervorgegangen, die Manifestation der B-Dur-Kadenz, mit der letztlich der Stempel des erreichten Ziels, der Unverrückbarkeit aufgedrückt wird. Mit Bachs *Goldberg-Variationen* und Beethovens *Diabelli-Variationen* darf dies Brahmssche Werk in einem Atem genannt werden.

Nachspiel: Am 4. November 1861 hatte Brahms sein neues Opus in einer Soirée in Hamburg eher privat vorgestellt. Einen Monat später, am 7. Dezember, trat Clara – ebenfalls in Hamburg – mit dem Werk an die Öffentlichkeit. Sie spielte aus dem Manuskript. Brahms war anwesend. In ihrem Tagebuch vermerkt sie: »Ich spielte... unter Todesangst, aber dennoch glücklich und mit viel Beifall. Johannes aber kränkte mich tief durch die Gleichgültigkeit, die er mir in Bezug darauf bewies. Er äußerte, er könne die Variationen nun nicht mehr hören, es sei ihm überhaupt schrecklich, etwas von sich hören zu müssen, untätig dabei zu sitzen. Einesteils begreife ich dies Empfinden recht gut, andernteils aber ist es doch sehr hart, wenn man alle seine Kräfte an ein Werk gesetzt, und vom Componisten selbst kein freundliches Wort dafür hat...«

Wie lautete die Widmung? »Variationen für eine liebe Freundin«.

Hamm 1862
Magelone-Lieder op. 33

Das Quartier bei Frau Roesing in Hamm ist nicht nur eine Sommerwohnung, denn schon Ende Januar 1862 kehrt Brahms dorthin zurück. Er bleibt bis Anfang Juni. Mit Unterbrechungen. Nach Weihnachten hatte er Clara in Berlin besucht, war weitergereist nach Hannover, zu Joseph Joachim, mit dem er anschließend in Münster konzertierte. Nun nimmt er den Freund mit in die Schwarze Straße. Aber nur kurz, denn Jussuf (so nannte er ihn gern) gibt noch im Januar ein Konzert in Hamburg. Im Februar reiste Brahms schon wieder nach Hannover, lernte dabei den dänischen Komponisten Niels W. Gade kennen und konzertierte im März in Oldenburg. Vorher schreibt er an den Freund Albert Dietrich, der dort Hofkapellmeister ist: »Hier in Hamm ist es sehr schön, und wenn ich nicht zum Fenster hinaus sehe auf die kahlen Bäume, so glaube ich, Sommer zu haben, so lustig spielt die Sonne im Zimmer herum...« Zurückgekehrt nach Hamm, berichtet er: »Es blüht jetzt herrlich, und bei mir in Hamm schlagen die Nachtigallen und blühen die Bäume, daß es eine Lust ist.« Er genießt den Frühling, die Schönheit der Natur. Im Vorjahr war er erst im Sommer hierher gekommen. Jetzt erlebt er das Frühjahr, bevor er im Juni zum Kölner Musikfest geht. Dort lernt er die berühmte Wiener Hofopernsängerin Luise Dustmann kennen – eine ›nachhaltige‹ Begegnung. Mit Freunden wandert er im Juni nach Dürkheim, Karlsruhe und Baden-Baden bis Frankfurt. Spätestens Anfang August trifft er wieder in der sommerlichen Wahlheimat ein.

Etwas durchbrochen ist also diese Zeit. Er muß sie gut einteilen, auch seine Kräfte. Vorbereitung von Konzerten, in denen er als Pianist mitwirkt – er muß üben. Und sein Komponieren verlangt noch eine ganz andere Form geistiger Konzentration. Auch zeichnen sich Veränderungen ab, die seine bürgerliche Existenz betreffen. Erwartungen, Hoffnungen, bald auch Enttäuschung... Der Herbst wird entscheidend werden.

Ein Schaffensgebiet erfaßt ihn jetzt mehr und mehr – das Lied. Schon Opus 3 aus den Jahren 1852 und 1853 enthielt sechs Gesänge, darunter das dunkel wühlende *Liebestreu* (»O versenk, o versenk dein Leid, mein Kind, in die See«). Ein Anfänger ist Brahms auf diesem Gebiet schon damals nicht gewesen! Es heißt, er habe als junger Mann den »ganzen Eichendorff und Heine« vertont. Gustav Jenner, der spätere Schüler, zitiert seinen Lehrer: »Wie viele Lieder muß man machen, ehe ein brauchbares entsteht!« Und setzt ergänzend hinzu: »Ich kann auf das Bestimmteste versichern, daß Brahms den letzten Satz wörtlich verstand, und ich kann eine große Anzahl von Texten nahmhaft machen, von denen ich aus seinem Munde weiß, daß er sie wohl komponiert, aber nicht veröffentlicht, sondern vernichtet hat.« Brahms hat sein Vernichtungswerk offenbar gründlich besorgt. Keine Skizze, kein angefangenes Werk – nichts ist erhalten.

Ein Lied – was ist das? Wir gehen mit dem Wort um, als wüßten wir's. Als Volkslied, mittelalterliches Heldenlied, Kirchenlied und Kunstlied (bis hin zum ›Liedermacher‹ unserer Tage, der aber keine ›Lieder‹, sondern in der Regel Songs, bestenfalls Chansons produziert) ist das Wort über Jahrhunderte im Gebrauch und bedeutet doch so Unterschiedliches. Die Geschichte des Liedes ist ein äußerst differenziertes Gebiet. Auch Eingrenzungen aus soziologischer, ästhetischer oder stilistischer Sicht vermögen Eindeutigkeit nicht zu bringen. Wer denkt heute daran, daß *Am Brunnen vor dem Tore* kein Volkslied ist, sondern Schuberts *Winterreise* entstammt, oder daß die noch immer allbekannte Melodie zu *Der Mond ist aufgegangen* von Matthias Claudius gedichtet und von Johann Abraham Peter Schulz vertont wurde? Kunstlieder, die zu Volksliedern wurden… Das deutsche Kunstlied der Klassik und Romantik, also die Schöpfungen des 19. Jahrhunderts, stellen indes etwas so Spezifisches dar, daß das Wort ›Lied‹ in andere Sprachen aufgenommen wurde. ›Le lied‹ heißt es bei den Franzosen, und die Engländer sprechen vom ›lied recital‹, wenn sie einen Liederabend meinen. Ausgangspunkt war Franz Schubert, der ›romantische Klassiker‹ – keine Verlegenheitsdefinition, denn sie beschreibt einen tatsächlichen Sachverhalt: gefühlsbetonte Erlebnislyrik aufs Musikalische übertragen bei Wahrung des ›klassischen‹ Formbaus, und das ist beim Lied immer und zuerst die Strophe. Aber welche Vielfalt! Die Strophe erfährt Abwandlungen, wird variiert und interpretiert dabei den Text. Wie das geschieht und was da alles geschehen kann im Verhältnis von Singstimme und Begleitung oder im Bereich klassischer Motivarbeit oder harmonischer Ausleuchtung oder im Mischen der Klangfarben – das ist ein weites Feld. Dahinter stehen Haltungen, Bekenntnisse.

Und wie bringt sich Johannes Brahms ein, der jugendliche Schumann-Verehrer? Er geht von Anfang an andere Wege, das ist das zunächst Überraschende. Den Stimmungsgehalt eines Gedichtes erfaßt er primär aus dem Ganzen, und er prüft, wie er das Ganze ins Musikalische umsetzen kann. »Sogenannte ›Stimmungsgedichte‹ aber, die lediglich aus einer Häufung solcher Wortmalereien bestehen, hat er nie komponiert. War in der Melodieführung dem einzelnen Wortausdruck zu sehr nachgegangen, so tadelte er dieses mit den Worten: ›Mehr aus dem Vollen!‹«, berichtet uns Jenner aus dem Unterricht. Brahms hat in seiner Jugend Bücher geradezu verschlungen. Er kannte die Lyrik genau, auch die zeitgenössische. Unstillbare Neugier hat ihn schnell das Defizit aufholen lassen, das durch seine Herkunft zunächst bestand. Zum ›festen Grund‹ im übertragenen Sinn gehört aber gerade die unerschütterliche innere Bindung an das Volkslied. Er sah in ihm den unverfälschten Ausdruck der Volksseele, doch nur dort, wo er sich als Musiker inspiriert fühlte, wo er ›Wertbeständiges‹ vorfand. Die wissenschaftliche Akribie, mit der zu seiner Zeit Volkslieder gesammelt wurden, hat er nicht geteilt. Er hat nach eigenen Wertvorstellungen ausgewählt. Schumann dagegen war das, was man einen romantischen Bildungsmusiker nennen könnte. Die hohe Lyrik der Literatur stand ihm näher als der ›Volkston‹. Als literarisch-musikalische Doppelbegabung fand er ohne Umwege zur Lyrik Chamissos und Eichendorffs, traf die subtile Sprachkultur eines Heinrich Heine und Nikolaus Lenau ebenso wie die eines Justinus Kerner oder Friedrich Rückert. Bei aller Belesenheit besaß Brahms diesen literarischen Geschmack nicht. Sein Herangehen an die Textvorlage wird ganz vom Inhalt bestimmt und weniger von sprachkünstlerischer Qualität. Er ist da mitunter recht unbekümmert. Kein Wunder, daß sich unter den immerhin über zweihundert Sololiedern auch Texte von minderer Qualität finden. Da steht er Franz Schubert wesentlich näher als Schumann.

Und die Themen? Draufgängerische Frische ist selten, Geselliges auch. Eine Grundempfindung dagegen durchzieht das gesamte Liedschaffen: verlorene Liebe, einsamer Schmerz der Enttäuschten. Aus der Resignation erwachsen neue Kräfte. Die Resignation selbst wird zum Kraftquell. Wie ist das möglich? Die Antwort finden wir im Tonsatz, in der festen Verankerung von Oberstimme und Baßlinie. Diese Beziehung muß intakt sein. Dann können die Mittelstimmen sich auflösen in Arpeggien oder am motivischen Geschehen teilhaben, sie können trotzen oder in Tränen schwimmen – an der inneren Festigkeit werden sie nicht rütteln können. Die Verfestigung der Strukturen erweist sich aber als ein Verfahren der klassischen Instrumentalmusik, besonders der Kammermusik. Schon mit zwanzig Jahren hatte Brahms diesen Weg im Liedschaffen gefunden. Jetzt kann er ausschreiten, die Kunst der strophisch gebundenen Abwandlung immer mehr verfeinern. Vom Typ des variierten Strophenliedes wird er bis zu den *Vier ernsten Gesängen* von

1896 nicht wesentlich abweichen. So steht er als ein Eigener da inmitten der großen Kunstliedepoche des 19. Jahrhunderts.

Mai 1856. Beim 34. Niederrheinischen Musikfest in Düsseldorf steht Felix Mendelssohn Bartholdys Oratorium *Elias* auf dem Programm. Ein junger Mann, 30 Jahre alt, singt die Titelpartie. Seine Stimme ist nicht sehr groß, auch nicht besonders belastbar. Aber bestechend die Deklamation, die Atemtechnik und die ganz vom Text ausgehende intelligente Gestaltung. Der Sänger heißt Julius Stockhausen, wurde 1826 in Paris geboren und in London bei dem berühmten Gesangspädagogen Manuel Garcia ausgebildet. Die ihn damals hörten, waren hingerissen von der Wahrhaftigkeit und der Gefühlswärme seines Vortrages. Unter den Zuhörern jubeln ihm auch Albert Dietrich, Theodor Kirchner, Klaus Groth und – Johannes Brahms zu. Schnell findet man sich in geselliger Runde zusammen. Eine neue Freundschaft wird geschlossen. Nur zwei Wochen nach der Düsseldorfer Begegnung konzertieren Brahms und Stockhausen gemeinsam in Köln und Bonn. Der Gleichklang der künstlerischen Ideale wird zum Fundament einer lebenslangen Bindung. Stockhausens Baritonstimme hat später den Freund zu manchem seiner Lieder inspiriert. Und der Sänger wird bald zum bedeutendsten Interpreten Brahmsscher Liedkunst. Stockhausen war es gewesen, der als erster die großen Liederzyklen in sein Programm aufnahm: Schuberts *Schöne Müllerin* noch im Mai 1856 in Wien und Schumanns *Dichterliebe* im April 1861 in Hamburg (mit Brahms am Klavier). Bis dahin hatte man nur einzelne Lieder daraus zu hören bekommen.

So ist es nicht verwunderlich, wenn nun auch Brahms sich entschließt, einen Liedzyklus zu schaffen. Der eifrige Büchersammler besaß in seiner Hamburger Bibliothek auch eine Ausgabe der Werke Ludwig Tiecks. Dort fand er seinen Stoff, die *Wundersame Liebesgeschichte der schönen Magelone und des Grafen Peter aus der Provence*. Der Dichter hatte die Erzählung im

Volksmärchen 1797 veröffentlicht und später, 1812, in die Sammlung *Phantasus* aufgenommen. Das Thema von der treuen Liebe der neapolitanischen Königstochter zum Grafen Peter taucht in der französischen und deutschen Literatur seit dem Spätmittelalter mehrfach auf. Tiecks Nacherzählung wird durch achtzehn eingelassene Gedichte bereichert, von denen Brahms fünfzehn für die Vertonung ausgewählt hat. Die weitschweifige und vielfach verschlungene Handlung bleibt im Hintergrund. Was Brahms wohl gefesselt hat, sind der romantische Schwung der Dichtung und die Fülle der poetischen Bilder, die den Handlungsverlauf gleichsam anhalten und lyrisch ausdeuten. Auch dramatische Ausbrüche fehlen nicht. *Romanzen* nennt er die Lieder, womit er auf den französischen Ursprung der Geschichte, aber auch auf den Erzählton seiner Musik verweist.

Die Nummern 1 bis 4 waren schon 1861 entstanden. Jetzt, im zweiten Hammer Sommer, kommen weitere drei dazu. Und die übrigen sind vermutlich in den Jahren bis 1869 komponiert worden. Das ist das Frappierende dabei: Kein ›Bruch‹ ist zu spüren. Der klangbetonte Stil und der Reichtum an Nuancen, die spezifische Schreibweise bleiben auch über den längeren Entstehungszeitraum erhalten. Auch haben die meisten der Gesänge beträchtliche Längen, wechseln mehrfach im Tempo, lassen sogar Tonmalerei zu. *Wie soll ich die Freude, die Wonne denn tragen?* heißt die Nr. 6, eine der drei Romanzen vom Mai 1862. Der edle Ritter hat von Magelones Amme erfahren, daß sein Liebeswerben endlich belohnt werden soll. Er darf die Angebetete nun bald in ihrer Kammer besuchen. Berauscht von tiefem Glücksgefühl singt er sein Lied, das nicht enden will. Vom Schlagen des Herzens ist die Rede – Brahms drückt die Erregung durch Staccato-Triolen im Klavier aus – in ungeduldiger Erwartung durchziehen die schnellen Figuren zwei Strophen. Doch dann legt sich ein Schatten über die Szene: Die Zeit eilt dahin: »Wie Lautenton vorüberhallt, entflieht des Lebens schönste Lust. / Ach, wie bald bin ich der Wonne mir kaum noch bewußt.« Die Bewegung ist verflogen. Eine chromatisch fallende Linie mit fast morbid wirkenden Harmonien hat anfänglichen Schwung in Melancholie verwandelt. Doch schon zerreißt ein neuer Gedanke die fahle Stimmung. Ein neuer Aufbruch setzt ein: »Darf mich doch nicht elend achten, da die Einz'ge winkt, / Liebe läßt mich nicht verschmachten, bis dies Leben sinkt.« Die Figuration des ersten Teils ist wieder da. Sie verwandelt sich dann in vibrierende Sechzehntel, sehr rasch dahineilend und eine weite Fläche bildend. »Nein, der Strom wird immer breiter, / Himmel bleibt mir immer heiter…« Und mit Emphase treibt das Lied seiner Pointe zu, in strahlendem Dur, unaufhaltsam: »Fröhlichen Ruderschlags fahr ich hinab, / bring Liebe und Leben zugleich an das Grab.« Liebe, Lust, Leben und die Vergänglichkeit aller irdischen Freuden finden sich im Jubelgesang der Jugend.

Brahms' gestalterische Kraft läßt die Tieckschen Verse hinter sich zurück. Mit großem Atem schafft er ein hinreißendes Ganzes. Es gelingt dank eines spezifischen Komponierverfahrens, das von Arnold Schönberg »entwickelnde Variation« genannt wurde: neue Gestalten hervorbringen durch permanentes Abwandeln einer Grundsubstanz.

Im Frühsommer 1862 schließt Brahms die Arbeit am *Magelone*-Zyklus vorerst ab. Die ersten sechs Romanzen und *Sulima* (Nr. 13) liegen vor. Stockhausen wird einzelnes daraus bald öffentlich singen. Für den Freund instrumentiert er zusätzlich Schubert-Lieder, gedacht für den großen Konzertsaal (*An Schwager Kronos, Memnon, Geheimes*…). Insgesamt vielleicht sieben oder acht Gesänge, die meisten hat er im April orchestral gefaßt, einige davon sind verschollen. Gewiß war dies ein Freundschaftsbeweis für den Interpreten, der das große Publikum erreichen will. Schuberts intime Liedkunst – verträgt sie die orchestrale Dimension? Im 19. Jahrhundert sah man das nicht so eng. Was wurde da nicht alles ›bearbeitet‹ und – entstellt. Ein Paradoxon ist es schon, wenn da manches Meisterwerk gleichsam aus zweiter Hand bekannt wurde. Brahms hält sich an das Original. Er geht behutsam vor, gerade im Fall Franz Schuberts. Schumann hat das Bearbeitungsproblem als Gewissensfrage gesehen: »Einen Läppischen lachen wir aus, wenn er es schlecht macht, einem Geistreichen gestatten wir's, wenn er den Sinn des Originals nicht geradezu zerstört.« Brahms zählt zu den Geistreichen, und außerdem wird er es nicht ohne Vergnügen und persönlichen Gewinn getan haben. Er sagte einmal: »Es gibt kein Lied von Schubert, aus dem man nicht etwas lernen kann.«

Schließlich gehört auch noch die *Cellosonate e-Moll op. 38* in diese Zeit, zumindest die ursprünglich ersten drei Sätze. Das Adagio hat Brahms zum großen Bedauern von Clara Schumann wieder herausgenommen und für immer verschwinden lassen. Der Grund bleibt verborgen. Es wird Brahms' erstes veröffentlichtes Sonatenopus für zwei Instrumente. Da ist er wieder, der Tonfall der *Magelone*-Romanzen, jedenfalls im ersten Satz, der eine dunkle Geschichte erzählt, balladenhaft und ein wenig geheimnisvoll. Klingen da nicht auch die Klavierballaden des Opus 10 herein, die er mit 21 Jahren schrieb? Das nachfolgende Allegretto quasi Menuetto erinnert an frühere Zeiten, aber ohne den Puder des Rokoko. Die Grazie des alten höfischen Tanzes erscheint in gedämpftem Licht. Nur im Trioteil hellt es auf. Die zarten Figuren im Klavier legen einen zauberischen Schimmer über den weichen Gesang des Violoncellos, träumerisch entrückt. – Die Sonate bleibt vorerst ohne Finale. Erst drei Jahre später fügt er den Schlußsatz in Lichtenthal bei Baden-Baden hinzu. Fugisch ist er angelegt, an den »Contrapunctus 13« aus Bachs *Kunst der Fuge* erinnernd. Und doch folgt das Ganze den Formgesetzen eines Sonatensatzes, vielleicht etwas spröde im Ton, jedenfalls sehr vertrackt, ›gebaut‹ und gespickt mit kontrapunktischen und polymetrischen Satzkünsten, als wolle er die Schlußfuge seiner *Händel-Variationen* noch überbieten. Auffällig bleibt der demonstrative Bezug auf die Großmeister der Vergangenheit. Ein Wesenszug von Brahms. –

Während Brahms in Hamm, abseits von den Hamburger Strömungen des Musiklebens, komponiert, reifen in der Hansestadt Entscheidungen heran. Die Philharmonische Gesellschaft gerät in eine Krise. Ihr künstlerischer Leiter, Friedrich Wilhelm Grund, führt seit 34 Jahren das Orchester, und er ist alt geworden. Das Niveau läßt nach, das Publikum bleibt weg, die Programme enthalten kaum Neues. Ein Wechsel an der Spitze wird unumgänglich. Theodor Avé-Lallemant, Vorstandsmitglied der Gesellschaft, sieht in Brahms den möglichen Chormeister der Singakademie, die der Philharmonie angegliedert ist, nicht aber den Direktor der Philharmonischen Konzerte. Vertraulich weiht Avé den Freund in seinen Plan ein. Brahms macht sich Hoffnung auf eine feste Anstellung. Bisher aber lagen beide Ämter in einer Hand, und so soll es nach Meinung des Komitees auch bleiben. Man sucht eine Integrationsfigur, eine umgängliche Persönlichkeit. Im November 1862 wird der neue Chef der Philharmonischen Konzerte und der Singakademie berufen – Julius Stockhausen! Brahms ist enttäuscht, obwohl er sich offiziell gar nicht beworben hatte. Und die Kränkung sitzt tief. Der Freundschaft mit Stockhausen aber hat sie keinen Abbruch getan, wenn dieser auch Brahms' Verletztheit nicht ganz verstehen konnte: »Johannes sah ich noch drei Tage in Hamburg. Er scheint deprimiert, ist kurz mit Avé, man könnte glauben, er sei pikiert, daß das Komitee nicht an ihn gedacht hat, um die Konzerte zu dirigieren. Die Sache geht mir nah und könnte mir alle Freude verderben! Hat doch früher Brahms selbst mir gesagt, er wäre nicht der Mann, sich mit den Leuten herumzubalgen, das Orchester umzuwandeln; es könne aber der rechte mit den Musikern was leisten. Und jetzt scheint er verletzt zu sein... Liebe Frau Schumann! Hat Brahms auf einmal das Direktionstalent bekommen? Früher hatte er es nicht, und die Musiker erlaubten sich Bemerkungen usw....« (11. Mai 1863). Als diese

Sätze geschrieben wurden, hatte Brahms schon ein neues Sommerdomizil im Auge – Blankenese. Heute gehört es als Stadtteil längst zu Hamburg. Im großen ›Brockhaus‹ von 1894 steht noch: »Dorf im Kreis Pinneberg«.

Blankenese 1863
Rinaldo op. 50

Im Herbst 1862 befindet sich Johannes Brahms in Hochstimmung. Anfang September geht er auf Reisen. Über Magdeburg und Dessau gelangt er nach Wien. Er ist am Ziel. Vom Aufenthalt in der Musikmetropole erhofft er sich eine gute Resonanz als Komponist und Pianist, denn er will Erfolge vorzeigen, wenn er in die Vaterstadt zurückkommt.

Er geht auf Wien zu. Mit Konzerten führt er sich ein als Mitwirkender im Hellmesberger-Quartett, als Klaviersolist, als Liedbegleiter. Er spielt Beethoven und Schumann, Bach und Schubert und natürlich eigene Kompositionen. Er lernt Otto Dessoff kennen, den Leiter der philharmonischen Abonnementkonzerte. Er trifft vor allem eine gute Freundin aus der Zeit des Hamburger Frauenchores wieder, Bertha Porubsky. Bald wird sie Faber heißen. Die gebürtige Wienerin führt ihn ein in die musikalischen Kreise der Stadt. Aus dem Flirt wird Freundschaft, die sich auch auf ihren Mann Arthur Faber bezieht. Bertha vermittelt die Bekanntschaft mit Julius Epstein, dem Klaviervirtuosen. Auch Carl Tausig, den Thalberg- und Liszt-Schüler, lernt Brahms kennen. Aus dieser Künstlerfreundschaft verstehen sich die *Paganini-Variationen op. 35*, die noch im Winter 1862/63 entstehen. Lang ist die Liste alter und neuer Freunde.

Wien breitet die Arme aus; Brahms, noch keine Dreißig und noch immer schüchtern, wird angenommen, aufgenommen. Was ihm in Hamburg versagt blieb, gewährt ihm Wien: Im Mai 1863 wählt ihn die Singakademie zu ihrem Chormeister – mit 39 gegen 38 Stimmen! Da hatte er die Stadt schon wieder verlassen und war nach Hause zurückgekehrt. Den dreißigsten Geburtstag wollte er bei den Eltern feiern. Was ihn dort erwartet, ist mit familiärer Misere nur mild be-

42

schrieben. Die Ehe seiner ungleichen Eltern trieb in die völlige Zerrüttung. Die Schwester hält zur 74jährigen Mutter, Bruder Fritz, als Musiker begabt, aber ein Luftikus, geht eigene Wege, und der Vater, mit 57 Jahren noch immer vital, schert aus, wird schnell grob und vertieft noch die Gräben. Johannes flieht geradezu aufs Land, nachdem er schlichtend eingegriffen hatte. Das war nicht mehr seine Welt.

Also Blankenese... Brahms hat Ehrgeiz, er will Karriere machen, und er kann es nur, wenn er die Abgeschiedenheit wählt. Er wird zum »Abseiter«. Im Brandtsweg 3 mietet er sich bei einer Witwe namens Pachmann ein. Dort geht er ›in Klausur‹.

Die Aachener Liedertafel hatte einen Wettbewerb ausgeschrieben. Der Bedarf an neuen Kompositionen für Männerchor ist groß zu jener Zeit. Das Preisgericht stellte vierhundert Taler bereit. Brahms schreibt in seinen Briefen an Joseph Joachim und Franz Wüllner, er könne sie dringend brauchen, da sein »Geldbeutel seit längerem ein merkwürdig schlaffes, tatenloses Dasein« führt. Letzter Einsendetermin ist der erste Oktober. Zwar hatte er erst sehr spät von dem Preisausschreiben erfahren, doch er wirft sich sogleich in die Arbeit. In Wien war er durch Aufführungen des dortigen Männergesangvereins angeregt worden, und Erfahrungen in der Chorkomposition besaß er zur Genüge durch die Beschäftigung mit alter A-cappella-Literatur, und einen Stoff trägt er ja auch mit sich herum. In seiner Goethe-Ausgabe war er auf die *Rinaldo*-Kantate gestoßen.

Das Rinaldo-Thema rührt von Torquato Tassos großem Epos *La Gierusalemme liberata, overo il Goffredo* (Das befreite Jerusalem oder Gottfried) her, das 1581 erschienen war. Die Geschichte erzählt vom Kreuzzug Gottfried von Bouillons. Die Schar der Ritter lagert vor den Toren Jerusalems. Um den Sturm der Christen auf die Stadt zu verhindern, läßt der Höllenfürst die verführerische Zauberin Armida auftreten. Sie soll die Ritter betören und ablenken. Rinaldo, der schönste von ihnen, erliegt der Versuchung. Armida entführt ihn auf ihre ferne Zauberinsel und ist selbst in Liebe entflammt. Gottfried aber befiehlt seinen Mannen, Rinaldo zu befreien und an den Ort seiner kriegerischen Aufgabe zurückzubringen. Das gelingt, und Armida schwört Rache, vernichtet ihr Zauberreich und zieht mit den Heiden in den Krieg gegen die Christen. Wieder trifft sie auf Rinaldo, der sie verwundet und zur Christin bekehrt. Schließlich wird sie seine Gattin. Als glückliches Paar ziehen sie nach der Ewigen Stadt.

Goethe hat nur eine einzige Szene, eine Episode aus dem Ganzen dichterisch nachempfunden. Danach ist der Liebesbann Armidas bereits gebrochen, Rinaldo wird von den Rittern zur Rückkehr gedrängt. Zu Schiff erreichen sie ihr Ziel. Das theatralische Geschehen also ist dürftig. Armida tritt als reale Person gar nicht in Erscheinung. Goethe hat anderes im Sinn: die psychologische Wirkung einer Verwandlung darzustellen. Rinaldo als Gefangener seiner Lust und Illusion war glücklich gewesen. Und noch in der Erinnerung an Armida schwingt dieses Gefühl nach: »Aber alles verschwindet, / Sobald sie erscheinet / In lieblicher Jugend, / In glänzender Pracht.« Doch im letzten Teil der Kantatendichtung sieht es Rinaldo anders: »Und umgewandelt / Seh' ich die Holde; / Sie blickt und handelt / Gleichwie Dämonen, / Und kein Verschonen / Ist mehr zu hoffen.« Den Schlüssel für diesen Wandel liefert jener Text im Zentrum des Gedichts: »Wecket ihn aus seinen Träumen, / Zeigt den diamantnen Schild!«. Darauf Rinaldo: »Weh! was seh' ich, welch ein Bild!« Der Chor erklärt es: »Ja, es soll den Trug entsiegeln.« Und Rinaldo fragt: »Soll ich also mich bespiegeln, / Mich so tief erniedrigt sehn?« Die Antwort des Chores ist klar: »Fasse dich, so ist's geschehn.«

Mit großer dramatischer Eindringlichkeit hat Brahms das Erschrecken beim Anblick des Spiegelbildes im »diamantnen Schild« musikalisch umgesetzt. Nach einem Sturz ins leiseste Pianissimo machen seltsam fahl klingende leere Oktaven der Streicher die Stelle fast gespenstisch. Harmonisch gerät das Werk an einigen Stellen sogar in *Tristan*-Nähe. Verwunderlich ist das nicht, denn damals liefen in Wien die Vorbereitungen zur geplanten Uraufführung noch auf vollen Touren, bevor sie im März abgebrochen wurden. Brahms hatte »mit schauderndem Entzücken« (Kalbeck) zugehört, wenn Cornelius und Tausig mit den Sängerinnen und Sängern die Einstudierung vorantrieben. Die Partie der Isolde hatte Luise Dustmann übernommen, die Diva der Wiener Hofoper. Ihretwegen soll Brahms den Aufenthalt in Wien verlängert haben. Ein Liebesverhältnis sei es gewesen. So hätte der Armida-Rinaldo-Stoff sogar einen biographischen Bezug. Brahms konnte ohnehin keinen Text vertonen, der ihn nicht im Innersten getroffen hat. Beim *Rinaldo* war es nicht anders. Die ferne Zauberinsel mit der Liebesfee und das Meer als das Trennende und Verbindende zugleich mögen die romantische Phantasie des jungen Brahms angeregt haben. Goethe hatte im Grunde eine Szene geschaffen, die mehr Bedeutung als Handlung besitzt. Sie ist deshalb kein ›Libretto‹ für musikdramatische Umsetzung. Dennoch: In keinem anderen Werk gelangt Brahms noch einmal so stark in die Nähe einer Opernszene wie im *Rinaldo*. Die beiden Ebenen, die Individualgestalt Rinaldos als Tenorsolo und der Chor der Ritter als Stimme der Gemeinschaft, stehen teils gegeneinander, teils überlagern sie sich. Größere Abschnitte erscheinen ›durchkomponiert‹, also fortlaufend und ohne Unterbrechung den Text vertonend. Dies wäre gewiß nicht im Sinne Goethes gewesen, der die dichterische Strophe vom Komponisten respektiert sehen wollte. Einzelne Schönheiten und wirkungsvolle Effekte hält das Werk bereit, aber ein echter ›Wurf‹ ist es nicht. War die Annäherung an die Sphäre des Musiktheatralischen vielleicht doch ein Irrweg gewesen? Jedenfalls fehlt es dem *Rinaldo* an Überzeugungskraft. Brahms' Begeisterung für Goethes Kantate war »offenbar mehr eine des Kopfes als des Herzens« (Hans Gal).

Den Einsendetermin für den Wettbewerb der Aachener Liedertafel konnte er nicht einhalten. Er bittet am 1. Oktober (!) Franz Wüllner, den Mitkonkurrenten, sich bei der Jury für ihn zu verwenden, einen Aufschub zu erwirken. Wie naiv! Wüllner hatte rechtzeitig seine Kantate *Heinrich der Finkler* eingereicht und erlangte den ersten Preis. Neun Jahre später bemerkte er schmunzelnd: »Ein Glück, daß Brahms zu spät kam; denn ich konnte die 300 Taler damals gut brauchen.«

Unvollendet wird die Partitur beiseite gelegt. Brahms muß sich anderen Aufgaben widmen. Noch im September reist er wieder nach Wien und leitet die ersten Chorproben der Singakademie. *Rinaldo* aber, »dieses Stiefkind seiner Muse« (Gal), muß noch fünf Jahre auf den Schlußchor warten. Im August 1868 erfährt Karl Reinthaler von Brahms, daß es nun einen großen neuen Schlußchor zum alten *Rinaldo* gebe, und daß er das Stück »durchaus diesen Winter los sein will«. Ein neuer Schlußchor – demnach gab es eine früher komponierte erste Finallösung, die wir aber nicht kennen. War nun die zweite Version eine Überarbeitung der ersten oder etwas gänzlich Neues? Auch das wissen wir nicht. Ein Sorgenkind, ein Stiefkind, dieser *Rinaldo*. In Blankenese hatte Brahms zum erstenmal »seinen Zauberstab« dahin gesenkt, »wo ihm die Mächte der Massen, im Chor und Orchester, ihre Kräfte leihen«, wie Robert Schumann es in den ›Neuen Bahnen‹ vorausgesagt hatte. Aber die »noch wunderbareren Blicke in die Geheimnisse der Geisterwelt« waren es nicht. Erst drei Jahre später, im Sommer 1866, werden Schumanns Worte mit dem *Deutschen Requiem op. 45* eingelöst.

ZWEITES KAPITEL

Die neue Sommerheimat
1864-1872

»...eine tönende Erinnerung...«

Baden-Baden 1864
Zweites Streichsextett op. 36

Aus Clara Schumanns Tagebuch: »Nach Baden-Baden mit Marie und Julie, um dort mal einige Tage zuzubringen, da ich es gar nicht kannte...« (28. Juli 1862). – »Ich habe auf vielfaches Zureden... mir ein Häuschen angesehen, welches mir so gut gefällt, daß ich darauf geboten habe. Da ich den ganzen Winter herumreise, so wäre es doch sehr zweckmäßig, wenn ich im Sommer ein festes Domizil hätte...« (1. August 1862). Dann steht da noch: »So wie bisher führe ich doch das schrecklichste Leben, weiß im Sommer nie wohin... Hier in Baden hätte ich die schöne Natur und auch künstlerischen Verkehr, denn Alles kommt ja hierher...«

Am 14. August schreibt sie an Brahms nach Hamm: »Wie ich in Baden entzückt war, kann ich Dir gar nicht genug beschreiben... Die Gegend ist der in Wildbad sehr ähnlich, nur mannigfacher. Ich liebe so ungeheuer diese düster schweigsamen Tannenwälder. Wie herrlich, wenn des Abends die untergehende Sonne durchglänzt...« Es macht Eindruck auf Johannes. Ende Oktober kauft Clara, bestärkt durch ihre Freundin Pauline Viardot-García, das Sommerhäuschen in Lichtenthal bei Baden-Baden. Im April 1863 ziehen die Kinder ein, Clara folgt Anfang Mai nach. Sie ist begeistert vom neuen Ambiente. Brahms erreichen die glücklichen Nachrichten in Blankenese während der Arbeit am *Rinaldo*. Ein Besuch bei der Freundin wäre schön, doch er ist knapp bei Kasse, auch die Sorge um die Eltern hält ihn zurück. Auf der Reise nach Wien im August wird es dann möglich, er besucht Clara für drei Tage in Lichtenthal, den unvollendeten *Rinaldo* im Gepäck. Er wohnt nicht bei ihr, sondern in der Stadt. Auch er läßt sich einfangen von der besonderen Atmosphäre des Kurortes.

49

Baden-Baden! Seit Ende des 18. Jahrhunderts war die Bedeutung der Stadt ständig gewachsen. Französische Emigranten fanden hier eine neue Heimat. Die seit Römerzeiten bekannten Heilquellen und die lieblich-reizvolle Landschaft zwischen der weiten Rheinebene und den Ausläufern des Nordschwarzwaldes, dazu ein wunderbar mildes Klima – hier kam viel zusammen, was den Zustrom der Badegäste beständig anschwellen ließ. Man kam im Sommer und amüsierte sich. 1815 waren es zweieinhalbtausend, in den sechziger Jahren schon über fünfzigtausend Gäste! Darunter viel Prominenz: Fürstlichkeiten und Diplomaten, Militärs und Dichter, Philosophen und Musiker. Das gebildete Europa traf sich in der Stadt am Oosbach, das sich zu einem Modebad ersten Ranges entwickelte. Es wurde Treffpunkt auch der Glücksspieler, die Spielsäle wurden immer zahlreicher, auch die Hotels, die Kureinrichtungen mußten erweitert werden. Das geistige, das künstlerische Leben war unvergleichlich. Kurhaus und Pferderennbahn fanden ihr Publikum. Für die Einweihung des neuen Theaters hatte Hector Berlioz die Oper *Beatrice und Benedict* geschrieben. Das war 1862 gewesen. Und seit diesem Jahr wohnte auch Pauline Viardot-García in Baden-Baden. Das Haus der legendären Sängerin wurde zum Mittelpunkt des geistigen und politischen Lebens – privat-gesellig. Turgenjew und Dostojewski waren ebenso Gäste wie Bismarck und das deutsche Kaiserpaar oder Storm und Brahms.

Clara Schumann und Pauline Viardot-García kannten sich schon seit Ende der dreißiger Jahre. Zwei bedeutende Frauen, sehr verschieden in Wesen und Erscheinung. Zu ihren Wirkungen gehörten auch die auf die Männer. Pauline, mit dem Theaterdirektor Louis Viardot verheiratet, zog zeitweise Iwan Turgenjew in ihr Haus. Und Clara unterhielt – ebenso vorübergehend – eine Beziehung zu Theodor Kirchner. Auch Johannes Brahms, wenn er nun in den nächsten Jahren nach Baden-Baden kommt, schwärmt nicht nur für die Stadt und ihre Umgebung, er sucht auch immer wieder die Nähe zu Clara, der mütterlichen Freundin, die zugleich die Liebe seines Lebens ist.

Aus Wien schreibt er Anfang April 1864 an Clara, die in Rußland konzertiert: »Wie ich... doch von Herzen gern jetzt bald... nach Hamburg ginge und einige Abende in der alten Stube säße! Ebensosehr jedoch zieht mich's nach Baden, wenn Du zurückkommst.« Noch schwankt er zwischen der alten Heimat und der neuen Entdeckung. Denn nach vier Konzerten gibt er die Wiener Chormeisterstelle im April schon wieder auf. Mitte Juni reist er dann nach Hamburg. Die Eltern haben sich nun endgültig getrennt. Johannes' Vermittlungsversuche hatten nichts mehr retten können. Mit dem Geld, das er in Wien verdient hatte, unterstützt er Vater und Mutter bei der Auflösung der Wohnung. Wie muß ihn dieses Familiendrama geschmerzt haben! Doch nun hält ihn nichts mehr in Hamburg. Er richtet seinen Blick nach Süden. In Hannover besucht er Freund Joseph Joachim für ein paar Tage, trifft dort den Göttinger Musikdirektor Julius Otto Grimm, den er aus Jugendtagen kennt. Mit ihm setzt er seine Reise fort bis Göttingen. Hier holt ihn eine alte schmerzliche Erinnerung ein. Er steht vor dem Haus seiner Jugendliebe: Agathe von Siebold. Er war der hübschen dunkeläugigen Professorentochter im Sommer 1858 in Göttingen begegnet. Vielleicht war sie seine wirklich große Liebe. Heimlich hatten sie damals Verlobungsringe getauscht. Natürlich war die Beziehung nicht verborgen geblieben – Gesprächsstoff für die Kleinstadt. Und da passierte es: Brahms verfiel in eine Art panischen Schrecken, zog sich brüsk zurück und schrieb Agathe einen leidenschaftlichen Brief, der den Zwiespalt erkennen läßt: »Ich liebe Dich! Ich muß Dich wiedersehen! Aber Fesseln tragen kann ich nicht! Schreibe mir, ob ich wiederkommen soll, Dich in meine Arme zu schließen, Dich zu küssen, Dir zu sagen, daß ich Dich liebe!« Hingabe und Rückzug, Angst vor der Bindung? Tritt Clara dazwischen? Als sie im Sommer 1858 Brahms in Göttingen besuchte und bemerkte, wie es um ihn stand, reiste sie sofort

ab. War es Eifersucht? Ein Jahr darauf ermahnt sie ihn: »...
die arme Agathe und vieles noch ging mir nicht aus dem
Sinn! Immer sah ich das arme verlassene Mädchen und lebte
alles Leid mit ihr durch. Ach, lieber Johannes, hättest Du es
doch so weit nicht kommen lassen!« Sie, die vierzehn Jahre
Ältere, liebt selbst und ist ihm doch fast eine zweite Mutter.
Sie mischt sich ein, wenn sie Gefahr spürt – für ihn, aber
auch für sich selbst. Sie weiß um ihren Einfluß auf Johannes,
sie nutzt ihre Macht. Und er erliegt ihr. So manche schöne
Frau kreuzt später noch seinen Lebensweg. Die meisten waren Sängerinnen, wie auch die Göttinger »Gathe«. Er hat es
stets genossen, und es hat ihn inspiriert und beflügelt. Doch
nie wieder ließ er es »so weit kommen«. Agathes Leben mün-
dete bald in bürgerliche Bahnen. Sie heiratete einen Arzt,
wurde Mutter von vier Kindern. Das Jugenderlebnis bewahrte sie in ihrem Innern, bis im Alter die Schwiegertoch-
ter erfährt: »Ich lebe nur in Gedanken an *ihn*, wie wenn das
ganze Leben hinter mir versänke...«

Brahms hatte im Frühjahr 1859 den Bruch vollzogen.
Beide sind sich nie wieder begegnet. Vergessen aber konnte
er seine Jugendliebe nicht. Vielleicht hat der Mißerfolg seines
Ersten Klavierkonzertes am 27. Januar 1859 im Leipziger Gewandhaus die Trennung beschleunigt. Möglich, daß ihn dieses Fiasko die Kräfte sammeln ließ und er sich mit dem ganzen
Ernst seiner Natur neuen Schaffensplänen zuwandte.

Fünf Jahre sind seitdem verstrichen. Göttingen hat alte
Erinnerungen geweckt. Er bleibt nicht lange dort und reist
noch im Juli weiter nach Baden-Baden. Am 31. Juli 1864
klopft er bei Clara Schumann in Lichtenthal an. Seinetwegen verschiebt sie eine Erholungsreise in die Schweiz um
eine Woche. Brahms zieht in Anton Rubinsteins Wohnung
und genießt den Kurort. Auch in den Spielsälen läßt er sich
blicken. »Man sieht hier alle möglichen Menschen, die
schönste Gegend und so ist es auszuhalten«, schreibt er dem
Vater nach Hause. Clara berichtet von Rigli-Kaltbad an Joseph Joachim: »Johannes, das wissen Sie wohl, blieb in

Baden, und wartet wohl meine Rückkehr ab, was mich herzlich freuen würde. Er wohnt in Rubinstein's Wohnung, und
die herrlichen Wälder gefallen ihm auch − wer weiß, zu was
sie ihn wieder inspirieren.«

Brahms genießt die landschaftlichen Reize. Sie sind zwar
nicht der Ursprung seiner Inspiration, aber sie katalysieren
das Schaffen. Clara wußte das. Sie kannte ihren Johannes
von allen damals am besten. Er mag ihr noch in Lichtenthal
erzählt haben, daß er in Göttingen vor Agathes Haus gestanden hatte. »Wie ein Schuft« habe er sich ihr gegenüber
benommen, hat er viel später eingestanden. Doch jetzt muß
er endgültig davon loskommen. Er komponiert sich in diesem Jahr frei von der Agathe-Affäre, in diesem Sommer
1864.

Im Wiener Frühling war das Lied *Von ewiger Liebe* entstanden. Den Text hatte er in einer Volksliedersammlung der
Wenden in der Ober- und Nieder-Lausitz von 1841 gefunden. Da
heißt es am Ende: »Eisen und Stahl, man schmiedet sie
um, / unsere Liebe, wer wandelt sie um?«. Da holt sich
Brahms die Melodie aus seinem *Brautgesang*, den er im Herbst
1858 für Frauenchor, Sopransolo und Orchester auf die
Worte »Das Haus benedei ich und preis es laut. / Das empfangen hat eine liebliche Braut« komponiert hatte. Ein Gedicht von Uhland und ein Geschenk an Agathe! Damals. −
Aber erst jetzt, im Frühjahr 1864, wird der längst vollzogene
Abschied aufgehoben in »ewige Liebe« und aufgenommen
ins Werk. Ein schlechtes Gewissen wird entlastet durch den
Transfer in die Kunst. Brahms muß dies mitteilen und hofft
gleichzeitig, daß es niemand bemerkt. Nur für ihn ist es bedeutsam.

Aber er ist noch immer nicht fertig mit dem Thema. Er
lebt es aus in der Kammermusik. Kein Dichterwort kann da
gefährlich werden − nur Töne, Klänge, Stimmen. ›Absolute
Musik‹ nennt man das seit Eduard Hanslicks Schrift *Vom musikalisch Schönen* (1854). In Baden-Baden also entwirft Brahms
sein *Zweites Streichsextett G-Dur op. 36*. Das erste (B-Dur op. 18)

war vor vier Jahren in Hamburg entstanden. Die Besetzung mit je zwei Violinen, Bratschen und Violoncelli sucht man bei den Wiener Meistern vergeblich. Nur Louis Spohr hat ein Werk dieser Art geschrieben, 1850. Ob Brahms sich davon angeregt fühlte oder nicht – die Gründe, Streichsextette zu schreiben, sind bald gefunden. Die klassische Gattung der Kammermusik, das Streichquartett, muß ihm jetzt noch wie ein Tabu erschienen sein. Zu hoch waren die Maßstäbe gesetzt, die hier die großen Vorgänger Haydn, Mozart, Beethoven und Schubert geschaffen haben. – Für Brahms, den Selbstkritischsten unter den ›Nach-Klassikern‹, sind sie noch nicht erreichbar, jedenfalls ist das noch kein Thema für die Öffentlichkeit. 1864 tastet er sich an die Sextettbesetzung heran. Ein gangbarer Umweg, vielleicht. Immerhin waren es seine ersten Kammermusikwerke, die ohne das vertraute Klavier auskommen mußten. Nicht viel anders ergeht es ihm mit der großen Orchesterform, der Sinfonie. »Ach Gott, wenn man wagt, nach Beethoven Sinfonien zu schreiben, so müssen sie ganz anders aussehen!« – ein Seufzer aus den fünfziger Jahren, als Brahms die beiden *Serenaden* komponierte. Wie sollen sie denn aussehen, die Sinfonien »nach Beethoven«? Er weiß es noch nicht, er sucht, entwirft, verwirft... Das *Erste Klavierkonzert in d-Moll op. 15* ist denn auch ein Schmerzenskind geworden auf dem langen Weg zur Sinfonie. Die Entstehungsgeschichte spricht Bände: Erst sollte es eine Sonate für zwei Klaviere werden (1854), dann arbeitet er den Kopfsatz zur Sinfonie um. In Köln hatte Brahms erstmals Beethovens »Neunte« gehört – eine Erfahrung, die sein kritisches Kunstgewissen aufs neue stark belastete. So ließ er den eben gefaßten Sinfonieplan wieder fallen und formte die nun schon ziemlich weit gediehene Komposition zu einem Konzert für Klavier und Orchester um, sonderte den Mittelsatz aus, ein düsteres langsames Scherzo, das dann später in das *Deutsche Requiem* aufgenommen wurde. Auch das Finale machte ihm schwer zu schaffen, so daß er ganz verzweifelt war: »Ich habe kein Urteil und auch keine Gewalt mehr über das Stück. Es wird nie was Gescheutes daraus« (an Joseph Joachim, 22. Dezember 1857). An Clara schrieb er ähnlich: »Es ist eben durch und durch verpfuscht, das ist der Stempel des Dilettantismus, wer kommt jetzt endlich darüber hinaus«. Letztlich war er es, der darüber hinauskam, aber mit welchen Mühen und Skrupeln. Es wird noch lange dauern bis zur *Ersten Sinfonie* (1876)!

Zurück zum *Zweiten Streichsextett.* ›Sinfonisches‹ Denken und Gestalten ließen sich in dieser Besetzung durchaus entwickeln. Der Ansatzpunkt ist bescheidener, aber die Wege sind geebneter. Nicht die motivische Feinarbeit, nicht die kammermusikalische Feingliedrigkeit stehen hier im Vordergrund, eher eine gewisse Großräumigkeit, ein flächenhaftes Ausgreifen. Gleich das Hauptthema des ersten Satzes schwingt sich in großen Intervallschritten in die Höhe, um in ebenso weichen Kurven zurückzusinken. Auf G-Dur folgt sogleich Es-Dur, dann wieder G-Dur. ›Terzverwandte‹ Harmonik ist das, leuchtend und warm und weich – wie die Konturen der Badener Landschaft… In die durchsonnte Musik klingt mitunter eine leise Wehmut herein, herbere Wendungen, leichte Schatten, die schnell wieder verfliegen. Die musikalischen Gedanken kennen nicht die Messerschärfe dialektischer Auseinandersetzung, sondern eher eine Leichtigkeit der Konversation. Ideen kommen und werden fortgesponnen. Wer mit analytischem Blick herangeht, entdeckt die Elementarkraft des Sekundintervalls und muß über die Selbstverständlichkeit staunen, mit der melodische Varianten und kontrapunktisches Gestalten ineinandergreifen. Man kann es ›organisch‹ nennen. Und organisch eben erscheint gegen Ende der Exposition eine Wendung, bestehend aus fünf Tönen, vorgetragen von der ersten Violine und der ersten Bratsche. Es ist die Tonfolge a – g – a – h – e. Dreimal erklingt sie, und dreimal auch liefert die zweite Violine das d dazu – AGADHE. Das ist freilich keine Neuentdeckung. Max Kalbeck hatte schon 1921 im zweiten Band seiner großen vierbändigen Gesamtdarstellung darauf aufmerksam gemacht. Keine später verfaßte Biographie läßt sich das versteckte Motiv entgehen. Skeptiker müssen aber auch fragen dürfen, ob hier nicht etwas hineingeheimnist wird, was auch reiner Zufall gewesen sein kann. Doch Kalbeck schreibt: »Joachim war in das Geheimnis eingeweiht« (und er verfügte über entsprechende Hintergrundinformationen wie kein zweiter). An Joseph Gänsbacher, den Freund aus Wien und späteren Gesangsprofessor, hat Brahms geschrieben: »Da habe ich mich von meiner letzten Liebe losgemacht«. Also wohl doch kein musikalisch-motivischer Zufall! Aber die Floskel steht nicht an exponierter Stelle im Werk. Fast nebenher tritt sie in Erscheinung, wenn auch mit dreifacher Nachdrücklichkeit. Ein musikalischer Code gleichsam. Ist er erkannt, öffnet sich eine ganze Geschichte. Der unvorbereitete Hörer genießt die Stelle wie die vielen anderen auch. Und so will es Brahms. Der Agathe aber hat er nun A – d – e gesagt. »Eine tönende Erinnerung an seine Göttinger Liebe« nannte Kalbeck deshalb das Werk. Die ersten drei Sätze entstanden im September 1864, das Finale im Mai des kommenden Jahres. Da ist er wieder in Baden-Baden, den ganzen Sommer lang.

»Ich bin hier hängen geblieben, und da nächstens Frau Schumann wieder aus der Schweiz kommt, so werde ich auch wohl noch bleiben« – Brahms schreibt dies Ende August 1864 an Joseph Joachim. Er bittet ihn auch, doch die »f moll-Sonate für zwei Klaviere« zurückzuschicken. Es dränge. Während Claras Abwesenheit hatte Brahms die Bekanntschaft der musikbegeisterten Prinzessin Anna, Landgräfin von Hessen, gemacht. Seine Besuche bei ihr endeten stets am Klavier – viel Bach und Schumann. Die Prinzessin ist begeistert, und sie wünscht, das neue Werk, die *Sonate für zwei Klaviere*, kennenzulernen. Brahms soll es ihr vorstellen, gemeinsam mit Clara, wenn sie wieder in Baden-Baden ist.

Das neue Werk – wieder eine lange Geschichte. Sie führt drei Jahre zurück, nach Hamm. Damals, im September 1861, hatte Brahms ein Streichquintett begonnen. Im nächsten

Johannes Brahms an Eduard Hanslick,
Wien, Dezember 1875

Jahr fehlt noch immer das Finale, doch Clara bekommt das unvollendete Opus als erste zu sehen und gerät ins Schwärmen: »Welch innere Kraft, welcher Reichtum in dem ersten Satze, wie gleich das erste Motiv so ganz einen erfassend... Und welch Adagio, wonnig singt und klingt das bis zur letzten Note!... Und wenn kommt der letzte Satz? Ich habe es gestern Kirchner und Stockhausen vorgespielt – sie sind ebenso entzückt davon, und wir ließen Dich nachher in Champagner leben« (Luzern, 3. September 1862). Das Finale entsteht noch 1862. Nun wird auch Joachim einbezogen. Auch sein Urteil ist positiv: »Es ist, soviel ist mir gleich klar, ein Stück von tiefster Bedeutung, voll männlicher Kraft und schwungvoller Gestaltung. Alle Sätze bedeutend, sich ergänzend...« (London, 5. November 1862). Er probiert das Stück, und danach werden doch Einschränkungen gemacht: Zwar sei eben alles »durch und durch voll Geist« und von »fast übermütiger Gestaltungskraft«, aber der »Klangreiz« ist es, der »zum ungetrübten Genuß fehlt«. Manches klänge »fast ohnmächtig dünn«, anderes dagegen »zu dick« usw., usw. (Hannover, 15. April 1863). Also eine Diskrepanz zwischen dem bedeutsamen Inhalt und der klanglichen Gewandung. Brahms mag es selbst gespürt haben, jedenfalls entschließt er sich zur Umarbeitung. Ergebnis ist nun die *Sonate für zwei Klaviere* vom Frühjahr 1864. Und noch einmal dreht sich das Karussell der Gutachter. Clara spielt die Neufassung mit Hermann Levi durch, noch bevor Brahms Ende Juli 1864 in Baden-Baden eintrifft. Ihr Urteil: »Das Werk ist so wundervoll großartig, durchweg interessant in seinen geistvollsten Kombinationen, meisterhaft in jeder Hinsicht, aber – es ist keine Sonate, sondern ein Werk, dessen Gedanken Du wie aus einem Füllhorn über das ganze Orchester ausstreuen könntest – müßtest!... Ich hatte gleich beim ersten Male Spielen das Gefühl eines arrangierten Werkes...« Auch Levi war dieser Meinung. Im Einklang mit seiner Autorität bittet sie: »Arbeite das Werk nochmal um« (Baden-Baden, 22. Juli 1864). Auch das geschieht. Im Oktober, da ist Brahms wieder in Wien, gibt er dem Werk seine endgültige Gestalt als *Klavierquintett*, also einem Streichquartett mit Klavier. Es wird als Opus 34 im Dezember 1865 bei Rieter-Biedermann erscheinen und den bisherigen Gipfel in Brahms' Kammermusikschaffen bilden. Levi hatte kurz vorher festgestellt: »Das Quintett ist über alle Maßen schön; wer es nicht unter den früheren Firmen Streichquintett und Sonate kennt, der wird nicht glauben, daß es für andere Instrumente gedacht und geschrieben ist. Keine Note macht mir den Eindruck des Arrangements; alle Gedanken haben eine viel prägnantere Färbung; aus der Monotonie der beiden Klaviere ist ein Musikstück von Klangschönheit geworden…« (Karlsruhe, 9. November 1865). In der Tat: ein Meisterwerk gedanklicher Verknüpfung, motivischer Dichte, klanglicher Ausgewogenheit. Besonders das Finale hat das Gewicht eines Sinfoniesatzes. Aber noch immer meidet Brahms die Sinfonie. Inhaltlich hat er sie mit Opus 34 schon erreicht.

Beide Fassungen – die Sonate für zwei Klaviere und das Klavierquintett – widmet er der Prinzessin Anna von Hessen. Das Autograph der Sonate schenkt er ihr sogar und erhält als Gegengabe – die Originalhandschrift von Mozarts *g-Moll-Sinfonie KV 550*! In Brahms' Autographensammlung war sie das Juwel, aufbewahrt in seiner Privatbibliothek in der Wiener Wohnung. Damals war dies möglich – ohne Tresor, ohne Versicherung.

Nachgetragenes Kuriosum: Daß die Sonatenfassung erst viel später, nämlich im Dezember 1871, erschien, lag nicht am Verleger, sondern an der Prinzessin, die das Brahmssche Original »verlegt« hatte.

Lichtenthal 1866
Ein Deutsches Requiem op. 45

Baden-Baden und Lichtenthal — das heißt immer: Clara
Schumann *und* Johannes Brahms. Aber ein Zusammenhang
keineswegs ohne Spannungen, Trübungen, innere Belastun-
gen. Während seines ersten Hierseins im Sommer 1864,
immerhin waren es fast zweieinhalb Monate gewesen (vom
31. Juli bis zum 10. Oktober), konnten schon länger schwe-
lende Mißverständnisse glücklich ausgeräumt werden. Man
sah sich fast täglich und konnte vieles besprechen. — Brahms
hatte seit geraumer Zeit das Gefühl, Clara interessiere sich
nicht ausreichend für sein Schaffen. Gekränkte Eitelkeit oder
Ausdruck von Unsicherheit? Wünschte er sich statt gutgemeinter Ratschläge und sachlicher Urteile mehr inneres
Engagement, einfach mehr Gefühl? War Clara vielleicht
doch mehr mütterliche Freundin als Vertraute? — Brahms
äußert sich nicht über sein Schaffen und was ihn dabei bewegt. Aber im stillen erwartet er ein Echo der Freunde, das
mit der eigenen Vorstellung möglichst im Einklang stehen
soll. Abweichungen, Kritisches können ihn durchaus irritieren. Johannes und Clara — zwei sehr unterschiedliche Künst-
lernaturen, beide mimosenhaft empfindlich: da gibt es
keinen Asphalt auf der Lebensstraße. Die Badener Atmosphäre jedenfalls hatte glättend gewirkt. Man trennt sich in
schönem Einvernehmen. Er möchte sogar wiederkommen.
Baden-Baden bot ihm genau das, wonach er sich immer ge-
sehnt hatte: ein anregendes gesellschaftliches Leben, eine
wundervolle Umgebung, eine Art von Zuhause, das einerseits den geselligen Umgang mit Freunden fördert und andererseits den Rückzug in die Abgeschiedenheit seines Schaffens ermöglicht.
Am 1. Mai 1865 trifft Brahms, von Karlsruhe kommend,

wieder in Baden-Baden ein, wohnt zunächst im Hotel, findet aber bald in Lichtenthal ein geeignetes Domizil, oben am Hang gelegen. Dort mietet er sich ein und bezieht die Giebelzimmer. Das Haus Lichtenthal 136 gehört seit drei Jahren einer Frau Clara Becker, die seinerzeit ihr damaliges Grundstück an Clara Schumann abgetreten hatte. Sie findet ihn schon »sonderbar«, diesen Zufall. Clara konzertiert in London und stellt sich vor, wie ihr »lieber Johannes« tagelang in den Wäldern umherläuft und unter den Tannen liegt.

Brahms richtet sich ein und findet zu seinem Tagesrhythmus. Sehr früh steht er auf, kocht sich seinen Kaffee und durchstreift tatsächlich die umliegenden Wälder. Erfrischt und inspiriert arbeitet er bis zum Mittag, läßt sich zum Essen einladen oder speist billig im Lokal. Als dann auch Clara wieder eingetroffen ist, trinkt er bei ihr auf dem Balkon den Nachmittagskaffee. Dann wird etwas musiziert. »Auch kam er öfter zum Abendbrot um halb acht, wo dann ganz selbstverständlich zur Rechten Frau Schumanns für ihn gedeckt wurde. Alle Umstände der Umgebung waren seiner rastlosen schöpferischen Tätigkeit günstig«, berichtet Florence May.

Nun entsteht ein neues Werk, dessen Eigenart sich aus unmittelbarem Naturerleben und persönlicher Trauer erklärt. Am 2. Februar 1865 war in Hamburg die Mutter gestorben. Die Nachricht erreichte ihn in Wien. Erschüttert steht er wenige Tage später an ihrem Sarg. Den Vater kann er dazu bewegen, am Begräbnis teilzunehmen – für den Sohn ein schwacher Trost. Den Schmerz trägt er mit sich fort nach Wien. Er gibt die Wohnung dort auf und sucht in Lichtenthal die Einsamkeit, um das Erlebte zu verarbeiten. Er findet sie in den dunklen Wäldern. Seinem Jugendfreund Albert Dietrich zeigte er später auf einer gemeinsamen Wanderung einen bestimmten Punkt und sagte: »Eines Morgens ging ich spazieren und wie ich an diese Stelle kam, brach die Sonne hervor und sofort fiel mir das Thema ein.«

Es war der Hauptgedanke vom ersten Satz seines *Horntrios*

op. 40. Ungewöhnlich ist die Besetzung: Klavier, Violine und Waldhorn, ebenso ungewöhnlich auch das Werk. Die Klangfarben erscheinen abgedunkelt, der Charakter elegisch und introvertiert. Diesem Grundton, vom eigenwillig geformten ersten Satz angestimmt, bleibt selbst das nachfolgende Scherzo verpflichtet. Eine gewisse Wende vollzieht Brahms im Schlußsatz, wo das Naturhafte der Komposition dank motivischer Beweglichkeit mit neugefundenem Lebensmut verbunden scheint. Davor aber erklingt das einzigartige Adagio mesto in der schwer lastenden Tonart es-Moll. Man hat die Melodie des Satzes mit dem Kirchenlied *Wer nur den lieben Gott läßt walten* in Beziehung gebracht, und im Finale das mehrfach vertonte Volkslied *Dort in den Weiden steht ein Haus* heraus- oder hineingehört. Anklänge solcher Art trifft man bei Brahms sehr häufig. Ob es bewußt geschah, läßt sich nicht beweisen. Daß dieses Kammermusikwerk die private Sphäre berührt, ist offenkundig. Seiner Mutter hat Brahms ein Denkmal gesetzt. Kindheit und Heimat, das Vergangene und das Ferngerückte, die Erinnerung und die Wehmut – im *Horntrio* ist alles zu finden.

Noch zwei andere Kompositionen liegen auf dem Lichtenthaler Arbeitspult, die er nun abschließt – seine »tönende Erinnerung«, das *Streichsextett G-Dur*, und die *Cellosonate e-Moll*. Beide Werke erhalten ihr Finale. Für Rieter-Biedermann, den Schweizer Musikverleger, fertigte er außerdem einen neuen Klavierauszug von Franz Schuberts großer *Messe in Es-Dur* an.

Zwischendurch, im Juni, fährt er nach Basel. Theodor Kirchner, den er in Baden-Baden traf, hatte ihn dazu überredet. Als Ehrengast erlebt er dort am 16. Juni eine Aufführung von Bachs *Matthäus-Passion* mit Julius Stockhausen als Christus. Anschließend wird gemeinsam musiziert. Die Freundschaft mit Kirchner vertieft sich. Eine neue hatte sich im Mai angebahnt. Der Maler Anselm Feuerbach war kränkelnd in die Kurstadt gekommen. »Er ist ein sehr kleines niedliches Männchen mit einem echten zerzausten Malerkopf und dabei sehr angenehm und natürlich – nicht so modernes Genie wie Brahms«, schildert die später berühmte Koloratursängerin Aglaja Orgéni, die damals in Baden-Baden Schülerin der Pauline Viardot-García war. Brahms schätzte Feuerbachs Kunst sehr. Sie begegneten einander auch später mehrfach in Baden-Baden. Als der Maler 1880 mit fünfzig Jahren in Venedig gestorben war, schrieb Brahms im Sommer darauf seine *Nänie* für Chor und Orchester nach Schillers Gedicht und widmete die Komposition Feuerbachs Stiefmutter Henriette – in memoriam eines verehrten Freundes...

Wie sah man Brahms im Modebad? Eugenie Schumann, jüngste Tochter von Robert und Clara, schildert in ihren *Erinnerungen* sehr anschaulich, wie sie ihn damals, als Vierzehnjährige im Haus der Mutter erlebt hatte. »Das Pensionsmädel nahm Anstoß an seiner äußeren Erscheinung; die bunten Hemden ohne jeglichen Kragen, die schwarzen Alpackaröckchen und die stets zu kurzen Beinkleider waren ihr ein Greuel, wohingegen sie den leichtfedernden Gang, wenn er so mit dem Hut in der Hand daherkam, immer mit den Hacken zuerst auftretend, mit Wohlgefallen betrachtete. Gesellige Formen achtete er gering, aber da ihm seine Ungewandtheit im Verkehr gelegentlich doch zu drückendem Bewußtsein kam, lag in jüngeren Jahren meist eine leichte Verlegenheit über sein Wesen ausgebreitet, die sich hinter Derbheit zu verstecken suchte. Er kam und ging, wie es ihm gefiel, der Tisch war stets für ihn gedeckt; er kam in jeder Stimmung, in guter und in böser, brachte gute und böse Stunden. Auch er kam oft zu uns Kindern herüber, setzte sich wie Levi an den Flügel und spielte uns Schubertsche Ländler, auch seine eigenen Walzer Opus 39 und herrliche, schwermütige ungarische Weisen, die ich später vergebens in seinen Werken suchte, die er vielleicht nie aufgeschrieben hat.«

Ausflüge werden unternommen – Clara und die Kinder wandern zusammen mit Albert Dietrich und Brahms in Badens schöner Umgebung. Sogar von Nachtwanderungen ins Rheintal ist die Rede – mit Levi, Feuerbach und dem Diplomaten Julius von Eckardt. Männertouren mit fröhlicher Einkehr und improvisiertem Nachtlager. Beim Genießen der Natur wird über das Wesen der Romantik diskutiert. Brahms sei von allen der ausgelassenste gewesen. Ende August trifft noch Joseph Joachim, von London kommend, ein. Jetzt lernt er auch den Finalsatz des *G-Dur-Sextetts* kennen. Bei den Matineen der Pauline Viardot-García ist Brahms natürlich auch anzutreffen. Eine erfüllte, glückliche Zeit!

Klavierüben muß er aber trotzdem. Ende Oktober 1865 reist er nach Karlsruhe zu Hermann Levi. Proben für die Aufführung des *Klavierkonzerts d-Moll*, noch immer ungewohnt für die Hörer und dabei auch noch sehr schwer zu spielen. Danach kehrt Brahms noch einmal kurz zurück und verläßt am 8. November 1865 für diesmal Lichtenthal.

Es beginnt die Zeit der großen Konzertreisen als Pianist. Gewichtiger Auftakt: die Schweiz. Konzerte in Basel und Zürich – er spielt Solostücke von Schubert und Beethoven, Bachs *Chromatische Fantasie und Fuge*, Schumanns *Klavierkonzert*, sein eigenes *d-Moll-Konzert*, die *Händel- und Paganini-Variationen*, wirkt in Kammermusiksoireen mit, immer wieder eigene Werke. Das *Horntrio* wird uraufgeführt, Lieder erklingen. Theodor Billroth, seit 1859 Professor der Chirurgie und Direktor der chirurgischen Klinik in Zürich, hatte für den 26. November 1865 ein Privatkonzert arrangiert – zusammen mit dem Geschäftsmann Otto Wesendonck. Brahms spielt und dirigiert. Wo das Konzert stattgefunden hat, weiß man nicht genau. Daß aber Wesendoncks Frau Mathilde unter den Zuhörern war, ist sicher.

Mathilde Wesendonck – zehn Jahre liegt ihre Affäre mit Richard Wagner zurück. Das ›Asyl‹ auf dem grünen Hügel steht leer, Wagner hatte inzwischen die Gunst des jungen Bayernkönigs Ludwig II. erfahren, lebt in München. Hans von Bülow war der Dirigent der Uraufführung von *Tristan und Isolde* am 10. Juni 1865 am Hof- und Nationaltheater gewesen. Wesendoncks waren nicht gekommen. Die Beziehung lag auf Eis. Mathilde führt in Zürich ein großes Haus – Gästeprominenz aus Kunst und Literatur, Musik... Auch Brahms war eingeladen in die ›Villa Wesendonck‹, mußte sich zurechtfinden im großbürgerlich-patrizischen Ambiente. Er, der – sagen wir – Plebejer mit kleinbürgerlichem Stammbaum, hat seine Schwierigkeiten im gesellschaftlichen Umgang, wie immer. Mathilde Wesendonck aber nimmt sich seiner an, die Bedeutung des Mannes erkennend.

Es existiert ein sehr lückenhafter Briefwechsel aus den Jahren 1867 bis 1874, der mit einer Einladung in ihr Haus beginnt, falls Brahms im Sommer 1867 wieder in die Schweiz käme. Sie selbst müsse zu dieser Zeit allerdings nach St. Moritz, aber die Familie Stockhausen sei auch da... »Das grüne Vogelnestchen in der Nähe aber mit dem Einsiedler-Pförtchen bleibt davon unberührt, u. ich werde Sorge tragen, es so einzurichten, daß eine frohe Schwalbe dort jederzeit ein bescheidenes Unterkommen finden kann« (12. Juni 1867). Das »Vogelnestchen« ist Wagners ›Asyl‹, das kleine, der Wesendonckschen Villa vorgelagerte Fachwerkhaus.

Brahms kommt nicht, er bereist gemeinsam mit seinem Vater Österreich. Auch im nächsten Jahr, 1868, sind sich Brahms und Mathilde Wesendonck nicht begegnet, obwohl er sich im September – wieder mit Vater Jacob – in der Schweiz aufhält. Zusammen mit Friedrich Hegar und Theodor Kirchner sowie Mitgliedern des Tonhalle-Orchesters und Chores wird im alten Musiksaal beim Fraumünster der nachkomponierte fünfte Satz des *Deutschen Requiems* geprobt. Mathilde wartet vergeblich. Brahms entschuldigt sich: »Hegar sagte mir indeß Sie seien nicht daheim u. so unterblieb es leider«. Bei der Basler Aufführung des *Deutschen Requiems* am 27. Februar 1869 konnte er nicht dabei sein – wieder eine Enttäuschung für Frau Wesendonck. In späteren Briefen versucht sie Interesse zu wecken für ihre dramatischen Dichtungen. Vielleicht Opernstoff für Brahms? Oder ein Liedtext?

Brahms antwortet artig und ausweichend. Als schließlich Ende November 1874 bei Brahms die *Zeremonie bei der Leichenverbrennung* einging, ein Kantatentext für Soli, Chor und Doppelchor, von Mathilde gedichtet als Libretto für »eine Art von Oratorium oder Requiem, aber freilich, ohne biblischen Text!«, scheint seine Geduld erschöpft. Brahms übergibt das ›Werk‹ seinem Freund Billroth, der sich erwartungsgemäß lustig macht: »Oh! Mathilde! Wohin bist Du geraten!«, schreibt er an Brahms zurück. Ob Mathilde Wesendonck irgendwie davon erfahren hat oder nicht – der Kontakt ist jedenfalls von da an abgebrochen. Interessant bleibt allerdings, daß Brahms, als er im Mai 1891 in Ischl ein Testament verfaßt, ausdrücklich vermerkt: »Schließlich, was mich selbst angeht: ich wünschte eigentlich, daß mein Körper verbrannt würde.«

Aber zurück zum Sommer 1866: Sehr spät diesmal, am 17. August, trifft Brahms, von Fluntern bei Zürich kommend, in Lichtenthal ein. In seinem Gepäck befindet sich ein dickes Notenmanuskript, ein mehrsätziges großes Werk für Baritonsolo, Chor und Orchester. Er will es hier, während des Lichtenthaler Spätsommers, endlich zu Ende bringen. Seit Jahren hat er an der Partitur gearbeitet – und keinem davon erzählt. Nur einmal, im April des Vorjahres, wenige Wochen nach dem Tod seiner Mutter, schickt er Clara Notenblätter, darunter auch ein Chorstück »aus einer Art deutschem Requiem, mit dem ich derzeit etwas liebäugelte«. Ein paar Tage später gibt er dann einige Details preis. Mit einem Chor in F-Dur beginnt das Werk »ohne Geigen, aber mit Harfe und andern Schönheiten«. Der Text: »Selig sind, die da Leid tragen, denn sie sollen getröstet werden…« Nr. 2 hat Trauermarschcharakter: »Denn alles Fleisch ist wie Gras / und alle Herrlichkeit des Menschen / wie des Grases Blumen…« Die übersandten Noten enthält Nr. 4. Besorgt bittet er Clara, das Chorstück nicht Joseph Joachim zu zeigen – »überhaupt ist es bis jetzt das schwächste wohl in besagtem deutschen Requiem«. Die Texte habe er sich aus der Bibel zusammen-

67

gestellt. Und dann wieder dieselbe Ungewißheit wie beim Klavierkonzert: »Ich hoffe sehr, eine Art Ganzes zusammenzubringen, und wünsche Mut und Lust einmal zu behalten« (an Clara, Wien, 24. April 1865). Immerhin scheint nun der Werktitel festzustehen. Als er sein Werk in Lichtenthal vollbracht hatte, lädt er Freund Albert Dietrich ein: »Mit einer Sinfonie kann ich leider nicht aufwarten, aber ein Gaudium wär mir's, wenn ich Dich, lieber Albert, einen Tag hier hätte, um Dir mein sogenanntes ›deutsches Requiem‹ vorzuspielen« (Lichtenthal, 1866).

»Ein Gaudium« also – immer, wenn es ihm besonders ernst ist, überspielt er die Situation mit Ironie, mit einer Art von kaustischem Humor, der Außenstehende schockiert hat. Die engen Freunde kannten ihn natürlich. Als er viele Jahre später die *Vier ernsten Gesänge* komponiert hatte (1896), das Bitterste und Ernsteste aus seiner Feder überhaupt, da verkehrte er die eigene Ergriffenheit ins Gegenteil und nannte sie »lustige Gesänge« oder »Schnaderhüpferln«.

Das neue Werk heißt *Ein Deutsches Requiem*. Der unbestimmte Artikel will meinen, es sei nur eine Möglichkeit unter anderen. Etwas Selbstgewähltes. Ansonsten steht der Text für ein Requiem fest. Er ist lateinisch und sakrosankt, die Totenmesse der römischen Kirche. Mit den Worten »Requiem aeternam dona eis, Domine« beginnt der Introitus (»Ewige Ruhe schenke ihnen, Herr«). Die Komponisten haben sich an den überlieferten Text gehalten – Mozart, Cherubini, Berlioz, Verdi … Brahms geht einen anderen Weg. Er ist Protestant, wenn auch kein Kirchenchrist. Während der katholische Text die Fürbitte um den Seelenfrieden der Toten angesichts der Schrecken des Jüngsten Gerichts in den Mittelpunkt rückt, verfolgt Brahms andere Absichten. Leid und Tod sind zu begreifen als etwas dem Leben Zugehöriges. Aber dem Unvermeidbaren können wir Menschen die Kraft der Liebe und des Tröstens entgegenstellen. Tod und Leben, Leid und Trost gilt es als die Pole einer Einheit zu verstehen. Die Schrecken des Jüngsten Tages entfallen. Im sechsten Teil

Denn wir haben hie keine bleibende Statt ist zwar von der Zeit der letzten Posaune die Rede, nicht aber vom Gericht. »Wir werden nicht alle entschlafen, wir werden aber alle verwandelt werden.« Vielleicht ist das der zentrale Gedanke des Werkes. Er steht im ersten Brief des Paulus an die Korinther im 15. Kapitel. Die Erlösung der Menschheit durch den Tod Christi am Kreuz fehlt gänzlich in Brahms' Bibeltext-Auswahl. Es ist schon merkwürdig: Christus, der Erlöser, findet keinen Platz. Die Sünde wird ausgeklammert, der Mensch ist ohne Schuld. Die Theologie spricht von »christologischem Defizit«.

Die Entstehungsgeschichte ist verwickelt, liegt teilweise im dunkeln. Das *Deutsche Requiem* teilt dieses Schicksal mit zwei anderen Großwerken, dem *Ersten Klavierkonzert* und der *Ersten Sinfonie*. Auch sie kommen aus dem Dunkel, reifen im Dunkeln, Jahre gehen ins Land. Da wird es immer schwerer, »Mut und Lust einmal zu behalten«, den Blick fürs Ganze zu bewahren. Plötzlich wird es akut, der Schlüssel ist gefunden, das Werk kann vollendet werden.

Wie geologische Schichten lagern die einzelnen Teile des Requiems übereinander. Die älteste Schicht ist der zweite Satz *Denn alles Fleisch es ist wie Gras*, ein düster und gewaltig dahinschreitender Trauermarsch in b-Moll (und im 3/4-Takt!). Er geht zurück auf das »langsame Scherzo« aus der geplanten Sonate für zwei Klaviere von 1854. Als dann schließlich das *Klavierkonzert in d-Moll* daraus hervorging, war der Scherzosatz ausgesondert und beiseite gelegt, bis er in einen neuen Sinnzusammenhang aufgenommen wird. Über den Anlaß, ein Requiem zu schreiben, ist viel gerätselt und spekuliert worden, weil niemand ihn kennt. Muß es denn ein plötzliches Ereignis gewesen sein? Es heißt, Robert Schumanns Tod 1856 habe den Anstoß gegeben. Auch der Tod der Mutter neun Jahre später wird als auslösendes Moment für möglich gehalten. Da waren aber schon drei Teile geschrieben. Als es während der Vorbereitungsphase zum Schumann-Fest im August 1873 kurzzeitig hieß, das *Deutsche*

Requiem käme zur Aufführung, da schrieb Brahms an Joachim, er müsse doch wissen, »wie sehr und innig ein Stück wie das Requiem überhaupt Schumann gehört« (Juni 1873). Noch viel später, im Juni 1896, kam er wieder auf das Werk zu sprechen. – Clara Schumann war gerade gestorben, und die *Vier ernsten Gesänge* lagen auf dem Notenpult, als Richard Heuberger Brahms in Ischl besuchte. Auf die Lieder deutend, sagte er: »Sie hängen wohl mit der Schumann zusammen. Nicht gerade aus Anlaß ihres Todes habe ich sie komponiert, aber die ganze Zeit her hatte ich eben wieder recht viel über den Tod nachgedacht…« Dann ergänzte er seinen Gedankengang: »Ich mag es auch nicht hören, daß ich das ›Requiem‹ für meine Mutter geschrieben habe!« Gedanken über den Tod haben ihn das ganze Leben hindurch begleitet. Sie sind Bestandteil seiner tiefernsten Natur. Schon 1858 entstand in Detmold der *Begräbnisgesang op. 13*, auf einen Text, den Brahms dem Gesangbuch der böhmischen Brüder entnommen hatte. Vielleicht gab es zu diesem Zeitpunkt auch schon Ausarbeitungen zum Requiem. Jedenfalls hatte er die Texte zu den ersten vier Sätzen 1861 notiert. Der erste Satz dürfte damals niedergeschrieben worden sein, ebenso der zweite. Dann ruht für einige Jahre die Arbeit an dem Werk. Der Tod der Mutter im Februar 1865 hat ganz gewiß die erneute Beschäftigung mit dem Requiem bewirkt, denn den vierten Satz hatte Brahms ja im April an Clara geschickt. Schrittweise kommt er nur voran. Von Georg Henschel wissen wir, daß der dritte Satz mit dem eindringlichen Bariton solo *Herr, lehre doch mich, daß ein Ende mit mir haben muß* während des längeren Aufenthalts bei Julius Allgeyer in Karlsruhe in der Zeit von Ende Januar bis zum 18. April 1866 entstanden ist. Die große Schlußfuge mit dem Orgelpunkt der Pauke und der Kontrabässe, 36 Takte hindurch, ist aber erst in Winterthur (April 1866) hinzugekommen. Brahms war von Karlsruhe aus direkt dorthin gereist und wohnte im Haus seines Verlegers Johann Melchior Rieter-Biedermann. »Was ich an Stiefel in Winterthur und Baden durchlaufen, um den berüchtigten Orgelpunkt zu finden, rechne ich noch nicht«, schreibt er zwei Jahre später an Rieter. »Berüchtigt« ist als Anspielung zu verstehen. In Wien hatten am ersten Dezember 1867 die Sätze eins bis drei unter Johann Herbecks Leitung Premiere gehabt — eine verunglückte Aufführung, die damals ausgezischt wurde. Ursache für das Ärgernis war die mißlungene Wiedergabe jener Chorfuge mit dem Pauken-Orgelpunkt. Der Pauker hatte das Ganze derart übertönt, daß die Chorpolyphonie im allgemeinen Getöse unterging, und selbst Hanslick schreiben mußte, er habe »die Empfindungen eines Passagiers« gehabt, »der im Schnellzug einen Tunnel durchrasselt«. Das war die erste der drei Uraufführungen gewesen. — Die beiden Schlußteile, heute die Nummern sechs und sieben, schrieb Brahms noch im Sommer 1866 nieder — in Fluntern bei Zürich und in Lichtenthal. Den langen Entstehungsweg geht er also hier zu Ende — vorläufig, wie sich erweisen wird. Sechs Teile hat jetzt das Werk, mit verschiedenen Tinten auf unterschiedliches Notenpapier geschrieben und mit Abweichungen in der Handschrift.

Im Lichtenthaler Sommer 1866 legt er letzte Hand an die Komposition, feilt und ordnet. Von der Seligpreisung der Leidenden bis zu den Tröstungen im Schlußteil spannt sich ein mächtiger Bogen. Das Werk ist von einer solchen Komplexität der Ausdrucksmittel, Kompositionspraktiken und Stilformen geprägt, daß es unmöglich ist, auch nur annähernd darauf einzugehen. Die Beschäftigung mit alter, vorklassischer Literatur hat gleichfalls deutliche Spuren hinterlassen. Da stehen zu Beginn des vorletzten Teils zwei Harmonien wie eine Mahnung im Raum. Die erste, ein weicher G-Dur-Klang, tragen die hohen Streicher vor, die zweite, herbes d-Moll, erklingt in den Holzbläsern. Ist dieses Portal durchschritten, setzt der homophon geführte Chor ein mit eben diesen Harmonien, gleichmäßig und unablässig im Viertelrhythmus »Denn wir haben hie keine bleibende Statt, sondern die zukünftige suchen wir«. Das fortwährende Pendeln der Harmonien in der alten phrygischen Kirchen-

71

tonart drückt Schwanken und Suchen aus, die gleichmäßig schreitenden Bässe das Unterwegssein. Dann verkündet der Sänger das Geheimnis: »Wir werden nicht alle entschlafen...« Die Szene wechselt, fast rezitativischer Gesang, frei erzählend in musikalischer Prosa und dabei in eine andere tonartliche Ebene führend. Die bevorstehende Offenbarung wird durch ein uraltes Prinzip der Musik gleichsam suggeriert – durch den Wechselgesang von Vorsänger und Chor. Da verkünden mit elementarer Gewalt halbtönig ansteigend dreimal die Posaunen den Augenblick der Auferstehung. Zum lapidaren Gesang des Chores »Denn es wird die Posaune schallen, und die Toten werden auferstehen« jagen die Streicher in ausladenden Kurven auf und ab, das Über- oder Außerirdische des Geschehens darstellend. Die Verwandlung ist vollzogen. Dem zentralen Ereignis entspricht die dramatische Wucht der Musik. Voller Spott und Übermut kann der Chor nun skandieren: »Tod, wo ist dein Stachel? Hölle, wo ist dein Sieg?« Von starker Bildhaftigkeit, kantiger, geradezu holzschnittartiger Härte sind die musikalischen Motive gekennzeichnet. Und da in dieses herausfordernde Fragen auch noch abrupte Pausen treten, hat der Vorgang etwas Zwingendes, Unumkehrbares. Er kulminiert schließlich in ausgehaltenen Klängen bei den Worten »wo« und »Sieg«. Mit einer groß dimensionierten Doppelfuge endet der Satz. Ein Hymnus, ein Lobpreisen des Herrn in polyphoner Setzweise: »Herr, du bist würdig zu nehmen Preis und Ehre und Kraft«. Eingeschobene homophone Blöcke oder ein plötzliches Piano (»Denn du hast alle Dinge erschaffen«) oder die Generalpause unmittelbar vor dem triumphierenden Schluß – dies alles zeugt von der kompositorischen Treffsicherheit des Dramatikers Brahms!

Diese vordergründige Verlaufsbeschreibung eines Satzes aus dem *Deutschen Requiem* dürfte dem Hörer heute und gewiß auch damals, im 19. Jahrhundert, nachvollziehbar sein. Andere Sätze haben andere Bilder, andere Charaktere. Volksliedhaftes im Tonfall, klarer Satzbau, eine an Bach und

Händel erinnernde Chorfugentechnik, eine ›musikalische Rhetorik‹, die wir aus der Musik eines Heinrich Schütz kennen, die warme Klangfarbigkeit der Instrumentierung – dies alles sind bewußt erfahrbare Wirkungen. Sie erfassen noch längst nicht das Ganze. Ganz zu schweigen von den motivischen, ja intervallischen Beziehungen, die das Strukturelle betreffen. Oder der architektonische Grundriß, die Symmetrien und Asymmetrien! Die Verlockungen für die Analytiker sind groß – die Gefahren, sich dabei zu versteigen, ebenso.

Brahms' *Deutsches Requiem* fällt entstehungsgeschichtlich in eine Zeit der Säkularisierung religiöser Inhalte. Durch das Bündnis von Thron und Altar nach 1848/49 war zwar die Kirchenmusik im restaurativen Sinn ›gerettet‹, nicht aber die alte musiksprachliche Einheitlichkeit zurückgewonnen. Mit den historisierenden Reformbestrebungen des katholischen Südens hat das Werk nichts zu tun. Erwachsen ist es vielmehr aus norddeutsch-protestantischer Haltung, kam aber durch Brahms' überkonfessionelles Bibelverständnis weiten Hörerkreisen entgegen. Der Grundgedanke des Tröstens durch die Kraft umfassender Liebe sprach die Gefühle weiter Kreise des deutschen Bildungsbürgertums ganz unmittelbar an. Hinzu kam, daß durch die Verwendung der deutschen Sprache ein nationales Moment berührt wurde. Und es ist gewiß kein Zufall, daß das Werk gerade nach 1871 einen regelrechten Siegeszug antrat. Am Karfreitag 1868 dirigierte Brahms sein sechsteiliges Opus im Dom zu Bremen. Eine denkwürdige Aufführung – sie brachte dem fast 35jährigen den entscheidenden Erfolg und hat mit einem Schlag seine Popularität bei vielen Menschen bewirkt.

Kurz danach schrieb er noch einen Satz mit Sopransolo und Chor (*Ihr habt nun Traurigkeit*). Er wurde nachträglich als fünfter Satz eingefügt. Jetzt erst ist das Werk vollständig. In dieser nunmehr siebenteiligen Gestalt erklang es erstmals am 18. Februar 1869 unter Carl Reinecke im Leipziger Gewandhaus – übrigens mit nur mäßigem Erfolg. Schuld trug das bescheidene Interpretationsniveau.

Was Brahms veranlaßt hat, das Sopransolo nachzureichen, ist nicht bekannt. Die Schlußworte »Ich will euch trösten, wie einen seine Mutter tröstet«, hat der Vermutung, er habe es im Gedenken an seine Mutter getan, neuen Auftrieb gegeben.

Der Lichtenthaler Sommer 1866 aber hat uns vor allem das *Deutsche Requiem,* ein singuläres Werk der Musikgeschichte, geschenkt.

Lichtenthal 1869
Alt-Rhapsodie op. 53

Ein anstrengender und kräftezehrender Konzertwinter liegt hinter ihm, als Brahms am 9. Mai 1869, von Karlsruhe kommend, zusammen mit Julius Allgeyer in Baden-Baden eintrifft. Er wohnt wieder in Lichtenthal im Haus der Frau Becker. Er braucht Ruhe, er will sich regenerieren, hat Kompositionspläne...

Die letzten Monate hatten ihn voll gefordert – Konzerte mit Julius Stockhausen in Hamburg, Wien und Budapest, oft nur von wenigen Ruhetagen unterbrochen. Dabei war er nicht nur als Liedbegleiter des Sängerfreundes aufgetreten, sondern auch als Solospieler, u. a. mit Schumanns *Davidsbündlertänzen op. 6* und Beethovens letzter *Klaviersonate c-Moll op. 111*, mit Kompositionen von Bach, Händel und Couperin und natürlich mit eigenen Werken. Das Leipziger Gewandhauskonzert am 18. Februar mit der ersten Aufführung des *Deutschen Requiems* in seiner nun vollständigen Gestalt fiel gleichfalls in diese Zeit, freilich ohne daß Brahms dabeisein konnte. Noch am 12. Mai hatte er sein *Requiem* in Karlsruhe dirigiert.

Nun also ist er endlich angekommen in Lichtenthal, richtet sich »behaglich« (ein Lieblingswort von Brahms) ein und gedenkt wieder den Sommer hier zu verbringen. Frohgestimmt schreibt er die *Liebeslieder op. 52*, eine Folge von achtzehn Walzern für Gesang und Klavier zu vier Händen, auch ohne Gesang – die Besetzung eigentlich durchaus offenlassend, denn es ist Gesellschaftsmusik, Hausmusik im besten Sinne. Ob die Singstimmen chorisch oder solistisch in Erscheinung treten, ob überhaupt gesungen werden soll oder nicht: das alles bleibt ad libitum. Unstrittig aber ist das hohe kompositorische Niveau. So nebenher lassen sich die Walzer nicht realisieren. Und das mag ein Grund dafür sein, daß sie ins häusliche Musizieren schon damals nicht recht Einzug gehalten haben.

Der Sommer war verregnet. Die gewohnten Ausflüge mußten dem schlechten Wetter geopfert werden. Ein Klavier hatte er sich von Hermann Levi aus Karlsruhe besorgen lassen. So kann er arbeiten, sich in Ruhe mit einer Reihe von Projekten befassen. Denn nicht nur die *Liebeslieder-Walzer* entstehen, auch der *Magelonen*-Zyklus wird endlich zum Abschluß gebracht. In Clara Schumanns Tagebuch steht unter dem 10. Juni zu lesen: »Johannes brachte mir dieser Tage zwei wunderschöne Quartettsätze, 1er und letzter Satz, der Letzte besonders gelungen, höchst geist- und schwungvoll…« Sollten es Teile eines der beiden später in Tutzing 1873 in die endgültige Form gebrachten *Streichquartette op. 51* gewesen sein? Jedenfalls hat ihn im Lichtenthaler Sommer von 1869 auch die Quartettkomposition beschäftigt.

Claras Tagebuch verrät wenig später noch etwas anderes: »Endlich am Sonnabend den 10. [Juli] kam Marmoritos formelle Anfrage wegen Julie und am Sonntag sandte ich ihm mein Jawort. – Das Herz blutete mir dabei, das weiß Gott… Sonntag den 11. sagten wir unsern Bekannten die Verlobung, ich natürlich Johannes zuerst, der sich gar nichts erwartet zu haben schien und ganz erschrocken schien…« Die Nachricht muß Brahms wie ein Schlag getroffen haben. Julie Schumann! Claras Tochter, 24 Jahre alt, zart und in ihrer zerbrechlichen Schönheit schon von der fortschreitenden Tuberkulose gezeichnet. Für sie, die zwölf Jahre Jüngere, hatte er eine tiefe Zuneigung gefaßt. Niemand wußte davon, selbst Julie blieb es verborgen. Nun aber zieht er sich zurück, wird noch einsilbiger und verschlossener. Clara ist betroffen und irritiert. »Hat er sie wirklich lieb gehabt? Doch er dachte ja nie an Heirathen und Julie hatte nie Neigung für ihn«, vertraut sie am 16. Juli ihrem Tagebuch an. Zu fragen bleibt, ob Brahms wirklich ernste Heiratsabsichten gehabt hat. Sehr wahrscheinlich ist es nicht. Aber daß da plötzlich ein Fremder auftaucht, der italienische Graf Amadeus Heinrich Ferdinand Maria von Radicati di Marmorito, und durch die Verlobung mit Julie vollendete Tatsachen schafft, das hat ihn doch ganz jäh aus seiner schwärmerischen Verliebtheit gerissen.

Wie schon einmal, nach der Agathe-Affäre, findet Brahms den Ausweg im kompositorischen Werk. Er muß sich den Schmerz vom Herzen singen, und er hat auch schon den geeigneten Stoff dafür parat.

Im Vorjahr war er bei Hermann Deiters in Bonn auf eine Vertonung von Johann Friedrich Reichardt gestoßen, ein mit *Rhapsodie* betiteltes Opus, dem einige Strophen von Goethes *Harzreise im Winter* zugrunde lagen. Möglich, daß Brahms schon damals, im Winter 1868/69, mit der eigenen Komposition begonnen hat. Jedenfalls löst jetzt Goethes Gedicht mit seinen düsteren Bildern, die als Reflex auf die Werther-Problematik zu verstehen sind, eine wahlverwandte Stimmung in ihm aus. Die drei aus dem Ganzen herausgelösten Strophen erzählen vom einsamen Wanderer in winterlicher Gebirgsöde (»Aber abseits, wer ist's? / Ins Gebüsch verliert sich sein Pfad«), von tiefer seelischer Erschütterung als Widerschein von Verlassenheit (»Ach, wer heilet die Schmerzen / Des, dem Balsam zu Gift ward?«), bis im inbrünstigen Bittgesang Hoffnung aufkeimt (»Öffne den umwölkten Blick / Über die tausend Quellen / Neben dem Durstenden / In der Wüste«).

Im *Rinaldo* stand die Tenorstimme dem Männerchor gegenüber. Jetzt führt uns ein dunkler Alt in die Einsamkeiten von Natur und Seele. Auch diesmal antworten Männerstimmen. Die musikalische Gliederung entspricht den Goetheschen Strophen. Doch vermag die Musik in großem Bogen, der inneren Dynamik der Dichtung folgend, den Weg von der Ichbezogenheit, von der Isolation des Einzelnen, zum Gebet, zum verhaltenen Hymnus zu spannen. Am Ende fühlt sich das Individuum aufgehoben in der Geborgenheit einer Gemeinschaft. Dunkel und schwer und dissonant gespannt führt das Orchester in die Szene ein. Rezitativisch und abgerissen deklamiert die Frauenstimme die Ausgangslage. In der zweiten Strophe festigen sich die Konturen zu ariosem Gesang. Die Musik wird wärmer, die Klage findet ihren ganz subjektiven Ausdruck durch das Schwanken zwischen Sechsviertel- und Dreihalbe-Takt. Erst mit der dritten Strophe, die zugleich den tonartlichen Wandel von c-Moll zum freundlichen C-Dur vollzieht, gewinnt Liedhaftes die Oberhand. Sehr spät erst schaltet sich der vierstimmige homophone Männerchorgesang ein. Trost und Frieden breiten sich aus. Schmerz und Qual sind überwunden. Der »Vater der Liebe« breitet seine Arme aus und nimmt ihn auf, den Verzweifelten. Fast möchte man meinen, daß mit dieser Lösung des inneren Konflikts die Er-Lösung von irdischen Nöten erreicht ist. Stärker als es die Dichterworte vermögen, entläßt die Musik den Hörer in ein Gefühl umfassenden Friedens.

Das Werk, von dem hier die Rede ist, trägt den Titel *Rhapsodie für eine Altstimme, Männerchor und Orchester – Fragment aus Goethes Harzreise im Winter*. Verkürzt gesagt: die »Alt-Rhapsodie« op. 53. Brahms nannte das Werk gegenüber seinem Verleger Simrock »Postludium zu des Verfassers Liebesliedern op. 52«. Herbstlicher Abgesang zu den sommerlich unbeschwerten Walzerfolgen also. Ende August erfährt Simrock schon Näheres: »Hier habe ich ein Brautlied geschrieben für die Schumannsche Gräfin – aber mit Ingrimm schreibe ich derlei – mit Zorn! Wie soll's da werden!« Als das Werk dann Ende September geschrieben war, läßt er in einem Brief vom 5. Oktober Simrock wissen: »Es ist das Beste, was ich noch gebetet habe, und wenn's nun auch die werten Altistinnen nicht gleich begierig singen werden, so gibt's genug Leute, die ein derartiges Gebet nötig haben.« Schnell will er es veröffentlicht sehen, schickt die Partitur nach Berlin und kündigt den Klavierauszug an.

Da war Julie bereits verheiratet. Die Hochzeit sollte am 8. September stattfinden. Ein Trauerfall in der Familie des

Grafen zwingt zum Aufschub. Am 22. September schließlich findet sich in der katholischen Kirche zu Lichtenthal die kleine Hochzeitsgemeinde ein. Unter den Trauzeugen – Brahms. Bei der Eintragung ins Kirchenregister brummt er seinen Namen so unverständlich, daß er dort als »Komponist Schrams« aufgeführt ist.

In jenen Tagen bekam Clara das Werk zu sehen. Im Tagebuch notierte sie: »Es erschütterte mich so durch den tiefinnigen Schmerz in Wort und Musik, wie ich mich lange nicht eines solchen Eindruckes erinnere... Ich kann dies Stück nicht anders empfinden als wie die Aussprache seines eigenen Seelenschmerzes. Spräche er doch ein mal nur so innig in Worten!«

Im Januar 1870 erschien die *Alt-Rhapsodie* im Druck, am 3. März fand die Uraufführung in Jena statt. Das Altsolo sang Pauline Viardot-García. Später gehörte das Werk zum Repertoire von Amalie Joachim, die entscheidenden Anteil an seiner Verbreitung hatte.

Lichtenthal 1871
Triumphlied op. 55

Seit 1864 kommt Brahms nun schon für mehrere Monate nach Baden-Baden, nicht in jedem Jahr, aber immerhin schon zum viertenmal. Der Ort ist ihm zur Sommerheimat geworden. Freund Levi in Karlsruhe ist nicht weit. Die Kurstadt übt wie immer ihre Reize aus, und das herrliche Land lockt wieder zu einsamen Spaziergängen oder zu Ausflügen in Gesellschaft. Die unmittelbare Nähe Clara Schumanns aber hat ihn am stärksten ins Lichtenthaler Häuschen am Hügel gezogen.

Auch 1870 sollte das nicht anders sein. So jedenfalls war es geplant – doch es kommt anders. Clara erwartet den Freund im Juni. Das Quartier bei der Wirtin Becker ist wieder bereitet. Aber Brahms will sich die Münchener Aufführung von Wagners *Walküre* und *Rheingold* nicht entgehen lassen. Er besucht sie am 14. bzw. 17. Juli. Zwei Tage darauf erklärt Frankreich Preußen den Krieg. Die süddeutschen Staaten stellen sich sogleich auf die Seite Preußens. Am 28. Juli erhält Clara Brahms' Absage. Die Zugverbindungen seien unterbrochen, nur noch Militärtransporte im ganzen Land, ein Kommen deshalb unmöglich. Clara und die Kinder hatten auf seinen Schutz gehofft, so dicht an der französischen Grenze. Sie haben Angst und wissen nicht, was sie in dieser Situation tun sollen: einfach bleiben und ausharren, vielleicht Einquartierungen hinnehmen, oder Baden-Baden verlassen und sich in der Schweiz in Sicherheit bringen? Das hieße aber auch, das Lichtenthaler Haus seinem Schicksal überlassen. Clara entschließt sich zu bleiben. Aber es wird bald sehr einsam um sie. Als die Nachricht vom Fall Sedans und der Gefangennahme Napoleons III. eintrifft, als Straßburg beschossen und Paris belagert werden, verläßt ihre beste Freundin Pauline Viardot-García mit ihrem Mann Baden-Baden und zieht nach London. Iwan Turgenjew folgt ihnen nach. Illusionen auf eine Aussöhnung zwischen Franzosen und Deutschen sind verflogen. Dabei hatte die Viardot jahrelang darauf gehofft – eine Europäerin ganz im heutigen Sinn: »Das Ideal einer Nation ist für mich die deutsche mit der französischen verschmolzen, denn was den Franzosen fehlt, haben die Deutschen und umgekehrt.«

Brahms war Ende September nach Wien zurückgekehrt, hatte sich vorher, von München kommend, einige Zeit bei Joseph und Amalie Joachim in Salzburg aufgehalten. Von dort schreibt er am 5. August an den Vater: »Jetzt bin ich in Salzburg geblieben und warte begierig darauf, daß die Franzosen gute Schläge kriegen… Kann man auch nicht mitschießen, so möchte man doch die Soldaten-Landsleute sehen und zu Hause sein, wenn Sieg verkündet wird.« Brahms haßte die Franzosen, nannte sie »französisches Gesindel«, »Windbeutel« und »Großsprecher«. Er ist kein Einzelfall, vielmehr eines der millionenfachen Opfer des nationalistischen Virus, der die beiden Völker angesteckt und verseucht hatte. Zur politischen ›Kultur‹ gehörte im 19. Jahrhundert der unversöhnliche Haß zwischen Deutschen und Franzosen. Dieser exzessive Nationalismus saß unausrottbar in den Herzen und Köpfen gerade auch des deutschen ›Bildungsbürgertums‹, eingepflanzt von früher Jugend an. Ein so integrer Mann wie Theodor Billroth, warmherzig, klug und bedeutend als Chirurg, von umfassender Bildung, verstieg sich nach dem Sieg der Deutschen 1871 in einem Brief an den befreundeten Kunsthistoriker Wilhelm Lübke zu den Worten: »In Pommern und der Mark Brandenburg, kann ich Sie versichern, sind wir so recht systematisch im Franzosenhaß erzogen; abgesehen davon, daß Friese, Mecklenburger und Pommer jede andere Rasse als die ihrige mit Mißtrauen auch heute noch betrachten. Auch meine Mädchen suchen wir in diesem Sinne des Franzosenhasses und des deutschen Fanatismus zu erziehen…« In den norddeutschen Ländern, auch in Hamburg und Schleswig-Holstein, war diese Franzosenfeindlichkeit besonders stark ausgeprägt.

Der deutsch-französische Krieg und sein Ausgang mit der Gründung des Deutschen Reiches und der Kaiserproklamation in Versailles am 18. Januar 1871 hatten Brahms in einen national-patriotischen Taumel versetzt. Seit diesen Ereignissen schwärmte er für den Reichskanzler Otto von Bismarck und für Kaiser Wilhelm I., ließ sich Bismarck-Bilder schenken, schmückte seine Wiener Wohnung damit, sogar mit Lorbeerkranz. Rudolf von der Leyen, zum Krefelder Kreis um Rudolf von Beckerath gehörend, hat mitgeteilt, daß Brahms fast immer, wenn er auf Reisen war, einen Band von Bismarck-Reden bei sich trug. »Was Der mir sagt, genügt mir, das glaube ich.« Noch kurz vor seinem Tode verlangte er ein Buch über Bismarck, das überliefert Eduard Hanslick.

Andererseits sind Äußerungen von Brahms zur Tagespolitik nur wenige bekannt, in Briefen berührt er das Thema ohnehin selten. Blieben persönliche Gespräche mit engen Freunden oder im Stammtischmilieu, aber auch da gibt es wenig Zeugnisse.

Brahms, das steht dennoch fest, war ein durchaus politischer Mensch. Parteien interessierten ihn nicht, aber das Schicksal der Nation lag ihm am Herzen. Er war Patriot, Monarchist und ein überzeugter Verfechter von militärischer Gewalt, wenn es um politische Entscheidungen ging. Der preußische Generalfeldmarschall Moltke stand ihm näher als Bertha von Suttner, die man doch lieber »als Friedensengel mit dem Palmenzweige nach Griechenland schikken« solle, wie es der Sterbenskranke im Februar 1897 im Gespräch mit Kalbeck äußerte. Doch sind in jener letzten Zeit seine Gedanken nicht frei von Pessimismus und Verzweiflung, wenn er an die Zukunft der Menschheit denkt. Da steht er selbst am Ende, ein Mann ohne Hoffnung und voller Resignation.

Aber zurück nach Wien, in den Herbst 1870. Brahms

wohnt im Haus »Zur Goldspinnerin«, Ungargasse 2. Hier steht er jetzt am Schreibpult und entwirft im Hochgefühl patriotischer Begeisterung ein Chorwerk zu Texten aus dem 19. Kapitel der Offenbarung Johannis. Bibeltext also, aber kein eigentlich religiöses Werk. Die Worte aus der *Apokalypse* wählte er so aus, daß sie politisch gedeutet werden können: »Halleluja! Heil und Preis, Ehre und Kraft sei Gott, unserm Herrn!« Vom gerechten Gericht Gottes ist die Rede, und daß die ›große Hure‹ verurteilt sei. Den letzten Gedanken läßt Brahms allerdings weg. Der Chor pausiert an dieser Stelle bedeutungsvoll, um das Unaussprechliche dennoch zu sagen. Die Kriegsereignisse hatten inzwischen Tatsachen geschaffen. Die Schlacht von Sedan war am 2. September zugunsten des deutschen Heeres entschieden, Napoleon III. als Kriegsgefangener nach Deutschland gebracht, das ›Zweite Kaiserreich‹ der Franzosen beendet.

Am 9. Oktober bereits deutet Brahms seinem Verleger Simrock »ein Lied auf Paris« an. Wenige Wochen später, im Dezember, setzt er sich mit Karl Reinthaler in Verbindung. Ihm hatte Brahms seinerzeit die gründliche Vorbereitung der Bremer Uraufführung des *Deutschen Requiems* zu verdanken. Nun wird auch er in das neue Projekt eingeweiht. Von einem »Te Deum« schreibt Brahms, und auch einen Untertitel hat er, so scheint es, schon gefunden: »Auf den Sieg der deutschen Waffen«. Reinthaler, gleichfalls von der allgemeinen Siegeseuphorie erfaßt, antwortet postwendend, obwohl er noch keine Note des entstehenden Werkes kennt: »Schreib das ›Te Deum‹, was Du schreiben mußt. Es ist meine felsenfeste Überzeugung, daß das die zweite große Tat Deines Lebens sein muß!... Laß es den Zwillingsbruder des ›Requiem‹ sein!!« Ende Februar 1871 hält er den ersten Satz in den Händen. Im Begleitbrief nennt Brahms das Werk jetzt zum ersten Mal *Triumphlied*. Inzwischen war die Kaiserproklamation in Versailles erfolgt, das Deutsche Reich gegründet und Bismarck auf dem Weg, Reichskanzler zu werden. Brahms arbeitet am zweiten Satz. Von Dank und Lob wird gesungen und dann: »Halleluja. Denn der allmächtige Gott hat das Reich eingenommen«. Das ist politisch gemeint und gedanklich eingegrenzt. Der Bibeltext aber ist aus dem Zusammenhang herausgelöst, denn dort ist etwas ganz anderes gesagt: Die Thronengel bereiten die Hochzeit des Lammes vor, die Erwartung des Messias (Offenbarung, 19, 5-7).

Reinthaler bereitet inzwischen die Aufführung des ersten Satzes vor. Am 7. April 1871 dirigiert Brahms – wieder im Dom zu Bremen – diesen ersten Chor »zum Andenken an die im Kampfe Gefallenen«.

Diesmal mußte von dem Vorsatz, nur ›Sommerkompositionen‹ in die Betrachtung einzubeziehen, abgewichen werden, aber kein zweites Brahmssches Werk entstand so synchron zu den historischen Ereignissen, wie das *Triumphlied*. Doch es ist noch nicht fertig. Der letzte Teil fehlt noch. Brahms legt das Werk zur Seite. Eine andere Chorkomposition beschäftigt ihn inzwischen – das *Schicksalslied* nach Versen aus Friedrich Hölderlins *Hyperion*.

Da wohnt er schon wieder in Baden-Baden. Anfang Mai 1871 trifft er im Lichtenthaler Häuschen ein, wenige Tage vor der Ankunft von Clara Schumann. Alte Herzlichkeit, keine Trübungen diesmal. Auch Anselm Feuerbach ist wieder da, kränkelnd und depressiv gestimmt. In Brahms aber findet er einen Partner, der ihn versteht – »das machte ihn wohl aufthauen«, schreibt Clara in ihr Tagebuch. Als dann am 24. Mai die Karlsruher Oper mit Luigi Cherubinis *Medea* in Baden-Baden gastiert (unter Leitung Levis), zählen auch Brahms und die Schumann-Familie zu den Zuhörern. Lange bleibt Clara diesmal nicht in Lichtenthal. Anfang Juli schon fährt sie zur Kur nach St. Moritz, auch Levi ist nicht mehr erreichbar. Doch mangelt es nicht an freundschaftlichen Begegnungen: Karl Reinthaler kommt zu Besuch, auch Julius Stockhausen. Es wird viel musiziert und gesungen. Brahms kommt voll auf seine Kosten, zumal eine Berühmtheit besonderer Art das Kurleben in Baden-Baden bereichert: Johann Strauß, der Wiener Walzerkönig, gastiert im Musikpavillon vor dem Konversationshaus, vier Wochen lang. Überall große Begeisterung, sogar mit Sonderzügen reisen die Leute an. Auch Brahms gibt sich ganz der Faszination des genialen Musikers hin. Er besucht regelmäßig die Konzerte, bewundert in Strauß' Musik jene Leichtigkeit und den unverwechselbaren Wiener Charme, den er – schon auf Grund seines ganz anders gearteten Naturells – nur selten erreichte. Der ›Wiener Walzer‹ läßt sich nicht nachahmen, auch nicht, wenn das ›Kopieren‹ zu den eigenen Fähigkeiten gehört.

Wenn Friedrich Nietzsche in der zweiten Nachschrift seines Turiner Briefes *Der Fall Wagner* (1888) behauptet, Brahms sei ein »Meister in der Kopie«, so steht bei aller polemischen Zuspitzung eine durchaus richtige Beobachtung dahinter. Als Richard Wagner im August 1874 Brahms' *Triumphlied* kennenlernte, lachte er laut auf, und Cosima notierte in ihr Tagebuch: »Nachmittags spielen wir das *Triumphlied* von Brahms, großer Schrecken über die Dürftigkeit dieser uns selbst von Freund Nietzsche gerühmten Komposition, Händel, Mendelssohn und Schumann in Leder gewickelt...« Ein böses Wort, gewiß, und doch ist damit im Kern etwas Wahres getroffen. Später, in den *Bayreuther Blättern* (1879) kommt Wagner noch einmal auf das *Triumphlied* zurück, ohne Namen und Werk zu nennen und mokiert sich über die »Halleluja-Perrücke Händel's«. Dessen lapidar-packender Chorfugenstil in den großen Oratorien nämlich, die beabsichtigte Massenwirksamkeit (man denke an das suggestive »Hallelujah« aus dem *Messiah*) hat Brahms aufgegriffen und in gewisser Weise ›kopiert‹.

Am 10. Mai 1871 war in Frankfurt am Main der Frieden verkündet worden. Frankreich mußte Elsaß und Lothringen an das Deutsche Reich abtreten und außerdem fünf Milliarden Francs Kriegsentschädigung zahlen. Eine neue Woge des Siegestaumels erfaßte die Deutschen – und Brahms. In einem letzten Anlauf beendet er nun in Lichtenthal sein *Triumphlied*. Der dritte Teil handelt biblisch vom »König aller Könige« und »Herrn aller Herren«. Die Worte »König« und

»Herr« erscheinen geradezu plakativ in lang ausgehaltenen Tönen. Welcher Deutsche dachte da nicht an Kaiser Wilhelm? Zum Schluß wird noch ein pompöses »Halleluja, Amen« draufgesetzt. Nicht die Erwartung des kommenden Messias wird besungen, sondern die Verherrlichung des jungen deutschen Kaiserreiches.

Mit den üblichen Floskeln der Untertänigkeit, aber zugleich stolz und selbstbewußt widmet Brahms sein Opus Kaiser Wilhelm I. und bittet zugleich Simrock, auf dem Titelblatt Krone, Adler oder Reichswappen nicht zu vergessen.

Heute wird das Werk kaum noch aufgeführt. Der ideologische Ballast und dessen Überlebtheit sind nicht der alleinige Grund. Auch künstlerisch steht es hinter anderen Chorwerken zurück. Es ist kein ›Wurf‹ und schon gar nicht ein »Zwillingsbruder des *Requiem*«.

Uraufführung und Kaiserwidmung gehören aber schon in den kommenden Sommer 1872. Wieder quartiert sich Brahms Anfang Mai in Lichtenthal Nr. 145 ein, bleibt diesmal aber nur bis Mitte September. Der Grund liegt auf der Hand. Im vergangenen Dezember hatte er den Posten des artistischen Direktors der Gesellschaft der Musikfreunde in Wien angenommen. Und nun, nach einem Jahr, steht das erste Konzert am 10. November 1872 ins Haus. Vorbereitungen sind zu treffen, das Programm zu erarbeiten (Händel, *Dettinger Te Deum* und Chorsätze von Johannes Eccard und Heinrich Isaac, dann noch das *Grand Duo C-Dur* von Schubert, als Sinfonie orchestriert von Joseph Joachim). So zeigt der Sommer keine nennenswerte kompositorische Ausbeute, lediglich die vierhändige Klavierfassung des *Klavierquartetts op. 26* und einige wenige Lieder.

Die Umstellung auf Wien als endgültige Wahlheimat hatte inzwischen gleichsam offiziellen Charakter erhalten. Kurz vor Jahresende, am 27. Dezember 1871, war Brahms in die Karlsgasse 4 eingezogen, als Untermieter der Familie Vogl. Dort wird er wohnen bleiben bis zu seinem Tode. Seine Wirtin ist von 1887 an Celestina Truxa, eine Schriftstellerwitwe, die ihn in aufopfernder Weise über die Jahre betreut. Am 11. Februar 1872 war in Hamburg sein Vater gestorben. Brahms konnte in der schwersten Stunde bei ihm sein. »Du kennst meine Liebe zum Vater und weißt wie tiefer Schmerz mir sein Verlust ist. Du kennst auch meine Schwäche für die Heimath und kannst Dir denken mit wie eigenthümlichen Gefühlen ich diesmal durch die Straßen gehe – die ich wohl lange nicht wiedersehe« (aus einem Brief vom 16. Februar 1872 an Julius Stockhausen). Neue Aufgaben in Wien und zugleich ein doppelter Abschied von der Heimat.

In Lichtenthal aber, ein Vierteljahr später, wird er sich wieder finden. Sein robustes Naturell hilft ihm dabei. Freunde werden eingeladen, geradezu nach Lichtenthal zitiert. Fritz Simrock und Karl Reinthaler kommen für mehrere Wochen. Brahms sorgt sich um die Unterbringung. Es ist noch immer ein Fieber um das *Triumphlied*. Hermann Levi, inzwischen als Hofkapellmeister nach München berufen, leitet am 5. Juni 1872 die Uraufführung im Karlsruher Abschiedskonzert. Stockhausen singt das kleine Baritonsolo. Der Komponist läßt sich enthusiastisch feiern. Simrock drängt auf Veröffentlichung. Ende September, Brahms ist wieder in Wien, kann er mitteilen, daß der Kaiser die Widmung »huldvollst sofort entgegengenommen hat«.

In Baden-Baden aber hat Brahms noch anderes zu tun: Er tritt öffentlich auf, gibt ein Benefizkonzert zusammen mit einer Sängerin vom Leipziger Stadttheater im Hotel »Bellevue« zugunsten einer in Not geratenen Familie. Am 29. August spielt er in der 11. Musikalischen Matinee des Konversationshauses das Schumannsche *Klavierkonzert a-Moll* und dirigiert die *A-Dur-Serenade op. 16*. »Der Erfolg war auch ein ganz enormer; der Beifall und Hervorruf wollte nicht enden. Unser Kur-Orchester unterstützte den Meister in vorzüglicher Weise«, heißt es im ›Badeblatt‹ vom 31. August. Brahms war herausgetreten aus der sonst gewahrten Privatsphäre. Er ist nun auch in Baden-Baden eine öffentliche Person – er muß sich sehr wohl gefühlt haben.

Auch Johann Strauß ist wieder da und wird noch stürmischer gefeiert als im vergangenen Jahr. Und noch einer kommt für ein paar Tage: Hans von Bülow. Mit Brahms ist er sicher zusammengetroffen. Die eigentlichen künstlerischen und freundschaftlichen Kontakte entwickeln sich aber erst in den achtziger Jahren.

Als Clara Schumann Mitte August 1872 mit ihrer Tochter Eugenie aus der Schweiz zurückkehrte, fand sie ihre Tochter Julie, die ein Kind erwartete, todkrank vor. Julie bringt Ende Oktober ihr Kind zur Welt – in Paris (es lebt nur eine Stunde), und stirbt am 10. November mit siebenundzwanzig Jahren. Aus der Zeit des Lichtenthaler Sommers findet sich kein Hinweis, daß Brahms in irgendeiner Weise persönlich Anteil genommen hätte. Das Kapitel Julie war nach deren Heirat für ihn abgeschlossen. Der »Schumannschen Gräfin«, wie Krankheiten überhaupt, ging er aus dem Weg. Sein Interesse gilt noch immer dem *Triumphlied*.

DRITTES KAPITEL

Von Tutzing bis Saßnitz
1873-1876

»Dem Stück gegenüber bin ich etwas schwach«

Tutzing 1873
Haydn-Variationen op. 56

Die glücklichen Tage der letzten Jahre in Baden-Baden
scheinen verflogen. Für diesen Sommer 1873 hat Brahms andere Ziele. Er kann einfach nicht zu Clara. Zu tief sitzt die
Verstimmung... Schuld daran trägt ein Projekt, das die
Stadt Bonn verfolgt: die Ausrichtung eines ›Schumann-Festes‹ im August. Man hatte hierzu ein Komitee berufen, das
mit der organisatorischen und künstlerischen Vorbereitung
betraut wurde. Joseph Joachim und der Städtische Musikdirektor von Bonn, Wilhelm Joseph von Wasielewski, werden
mit der Leitung der Feier beauftragt. Daß Brahms nicht einbezogen wird, muß ihn schmerzen. Dann erfährt er über ein
Komitee-Mitglied, Clara Schumann habe angeregt, daß er
ein neues Chorwerk für diesen Anlaß schreiben sollte.
Warum hat sie von dieser Idee nicht mit ihm selbst gesprochen? Brahms ist verletzt und reagiert ausweichend: es fehle
ihm ein geeigneter Text. Dann sagt er endgültig ab. Sein
heimlicher Wunsch aber, eine Aufführung des *Deutschen Requiems*, bleibt unerfüllt. Die Veranstalter hatten zwar selbst
daran gedacht, den Plan aber nach einigem Hin und Her
letztlich fallengelassen. Aus der Zeitung muß es Brahms erfahren. Joachim, als Leiter des Festes, hatte das Komitee
nicht umstimmen können, und Clara blieb ziemlich untätig
dabei. Mißverständnisse, auch durch Brahms' verschleiern-
den Briefstil ausgelöst, haben zu dieser Enttäuschung beige-
tragen. Schwierig sind sie alle im Umgang miteinander.
Joachim ist zu zögerlich, Clara meidet den direkten Weg,
und Brahms denkt und hofft mehr, als daß er sich mitteilt.
Jeder von ihnen hatte sehr verschiedene Erfahrungen und
Erlebnisse mit ihm gehabt, um den es eigentlich geht – mit
Robert Schumann. Erst als alles zu spät ist, spricht sich

Brahms gegenüber Joseph Joachim sehr deutlich aus: »Dächtest Du der Sache und mir gegenüber *einfach*, so wüßtest Du, wie sehr und innig ein Stück wie das *Requiem* überhaupt Schumann gehört. Wie es mir also in geheimem Grunde ganz selbstverständlich erscheinen mußte, daß cs ihm auch gesungen würde.« Der Brief, geschrieben Ende Juni 1873, kommt bereits aus Tutzing am Starnberger See.

Das ganze Frühjahr hindurch ist Brahms innerlich unruhig. Seit Januar schwelen die Bonner Komitee-Angelegenheiten. Clara Schumann und Joseph Joachim sind ihm jetzt merkwürdig ferngerückt, je mehr er noch einmal die Erinnerung an Robert Schumann lebendig werden läßt. Im April verläßt er Wien, hält sich mal hier, mal da auf, längere Zeit vermutlich in Graz. Richard Heuberger will wissen, daß sich Brahms damals auch für ein paar Tage im steiermärkischen Gratwein einquartiert hatte, aber durch »ein paar ästhetische Frauenzimmer« vergrault worden sei. Am 2. Mai klopft er bei dem Dichter Paul Heyse in Münchens Arcostraße an. Hermann Levi, der neue Hofkapellmeister, hatte die Begegnung vermittelt. Daß Brahms große Stücke von Heyse hielt, war nichts Neues. Jetzt aber flammt die Idee einer Oper wieder auf. Levi hat verständlicherweise ein elementares Interesse daran, Brahms in diesem Sinne zu bestärken. »Wagner würde mich durchaus nicht genieren, mit größter Lust an eine Oper zu gehen«, hatte Brahms schon 1870 an Clara Schumann geschrieben. Da käme doch ein Libretto von Paul Heyse gerade recht. – Heyse war nicht zu Hause, aber man traf sich in den nächsten Tagen mehrmals und hatte »viel Librettolitterei« betrieben, wie Heyse sich erinnert. Ein Dramenentwurf liegt schon vor – *Ritter Bayard*. Brahms scheint gar nicht abgeneigt gewesen zu sein, sonst hätte sich doch Heyse nicht sofort ans Werk gemacht und ein Opernszenarium ausgearbeitet. Es verschwindet im Reisegepäck nach Tutzing, und dort – legt es Brahms beiseite. Der Historienstoff vom Ritter ohne Furcht und Tadel hätte zu einer großen tragischen Oper anschwellen müssen – kein Thema für

Brahms. Als am 3. Juni Paul Heyse eine illustre Gesellschaft in sein Münchner Heim eingeladen hatte, hält sich Brahms lange zurück, auch dann noch, als der Gastgeber bei Waldmeisterbowle den Komponisten als künftigen Opernmeister hochleben läßt. Brahms aber spielt bei bester Laune bis weit in die Nacht Klavier und läßt sich feiern von Hermann Levi und Franz Wüllner, vom Maler Arnold Böcklin und dem berühmten Gelehrten Rochus von Liliencron.

Seit dem 14. Mai hält er sich in Tutzing auf. München liegt nicht weit. Brahms ist noch mehrfach in die Stadt gekommen. Levi und Allgeyer, Wüllner und Heyse sind dort schnell erreichbar, aber andererseits nicht unmittelbar um ihn herum. Eine Konstellation, so ganz nach seinem Geschmack. Vor drei Jahren, im Juli 1870, hatte Brahms von München aus den Starnberger See kennengelernt. Eigentlich wollte er damals die Passionsspiele von Oberammergau besuchen. Der Ausbruch des Krieges mit Frankreich brachte die Pläne durcheinander. Jedenfalls verlebte Brahms ein paar Tage bei den drei Lachner-Brüdern in Bernried am Starnberger See. Dann reiste er weiter zu Joachim nach Salzburg. Die oberbayrische Landschaft also kannte Brahms. Und nun fühlt er sich hier in Tutzing gleich ›behaglich‹ und heimisch. Er wohnt im Gasthaus ›Amtmann‹, bezahlt für Wohn- und Schlafzimmer fünfundzwanzig bayrische Gulden im Monat. Sechs Gulden legt er gern noch drauf für ein miserables Gasthausklavier, das vom Erdgeschoß nach oben gebracht wird, »damit niemand darauf spielt«, wie Brahms gegenüber dem etwas irritierten Joseph Gänsbacher erklärt.

Tutzing war damals noch ein stilles, von Bäumen umschattetes Dorf, aber schon geschätzt von den zahlreichen Ausflüglern aus München, die scharenweise an Sonn- und Feiertagen die Gasthöfe und Biergärten okkupierten, schon wegen des beliebten Bernrieder Bieres. Brahms zieht sich zurück, geht aufdringlichen Engländerinnen aus dem Weg, bindet lieber im Wohnzimmer der Wirtsleute deren kleinen Töchtern die Zöpfe zusammen.

93

Er ist in hohem Maße empfänglich für alles Grandiose in der Natur. Das verleitet ihn mitunter zu schwärmerischen Schilderungen. »Tutzing ist weit schöner, als wir uns neulich vorstellen konnten. Eben hatten wir ein prachtvolles Gewitter, der See war fast schwarz, an den Ufern herrlich grün, für gewöhnlich ist er blau, doch schöner, tiefer blau als der Himmel. Dazu die Kette schneebedeckter Berge – man sieht sich nicht satt«, schreibt er im Mai an Hermann Levi. Dann aber fährt er fort: »Doch fühlt man leider öfter das Bedürfnis, der schönen Natur ins Gesicht zu paffen. Wenn Ihr kommt, wäre mir's lieb, Ihr brächtet etwas französischen oder besser türkischen Tabak für Zigaretten mit...« Immer, wenn er seinen Gefühlen freien Lauf läßt, tritt er eiligst den Rückzug an – es ist die unüberwindliche Scheu, Schwingungen der Seele preiszugeben, selbst den engsten Freunden gegenüber.

Bei guter Sicht erhebt sich über dem See im Süden die markante Silhouette der bayrischen Alpen – der vielgliedrige Gebirgsstock des Karwendel und das Wettersteingebirge mit dem imposanten Zugspitzmassiv. Bergtouren wie später in den österreichischen und Schweizer Sommern, sind hier nicht geplant, dafür ausgiebige Uferspaziergänge mit reizvollen Ausblicken und stille Wanderungen auf verschwiegenen Wegen nach Bernried oder Feldafing. Schauen und Schaffen – wieder findet beides zusammen. Brahms läßt seine Ideen ausreifen während seiner morgendlichen Ausflüge. Diese Tutzinger Wochen haben tiefere Wirkungen gezeitigt als die letzten Sommer in Baden-Baden. Er genießt die geschichtsträchtige Landschaft. Im nahen Schloß Possenhofen hatte die Kaiserin Elisabeth von Österreich, die Prinzessin ›Sissy‹, ihre Jugend verlebt. Und auf Schloß Berg, auf der anderen Seite des Sees, verbrachte der junge Prinz Ludwig in den Sommerwochen schöne Zeiten. Die ganze Gegend ist Wagner-trächtig. Auf Schloß Berg hatte Ludwig, seit 1864 König von Bayern, den Schöpfer des *Tristan* vor sechs Jahren empfangen und ihm ein Domizil bei Starnberg verschafft, damit er ihm nahe sein konnte. Ganz in der Nähe von

Brahms' Wohnung hat der berühmte Hofopernsänger Heinrich Vogl seinen Sommersitz. Seit der Münchner Neueinstudierung des *Tristan*, 1869 durch Hans von Bülow, gelten Vogl und seine Frau Therese (übrigens eine Tutzingerin) für lange Zeit als das unerreichbare Sängerpaar in den Titelpartien. Im ›Voglhäuschen‹, dem kleinen Haus der Vogls am See, erklingen erstmals und ganz privat die frisch komponierten Lieder *Agnes* nach Eduard Mörike und *Eine gute, gute Nacht* nach Georg Friedrich Daumer, die Brahms mit sechs weiteren Liedern, die schon im Frühjahr entstanden waren, zum *Opus 59* zusammenfaßte und bei Rieter-Biedermann in Winterthur erscheinen ließ. Darunter befinden sich allein vier Groth-Vertonungen – *Regenlied, Nachklang, Mein wundes Herz* und *Dein blaues Auge* – es sind Juwelen des deutschen Kunstliedes.

Aber nicht die Liedkomposition steht in diesem Sommer obenan. Brahms muß endlich mit bestimmten, seit Jahren unbewältigten Problemen der Instrumentalmusik fertig werden. Noch immer fehlen in seinem Werkverzeichnis zwei ganz wesentliche Gattungen (sieht man von der Oper einmal ab): Streichquartett und Sinfonie. Welche Bürde ist da zu tragen! Nicht erst Ludwig van Beethoven – nein, Joseph Hadyn schon hatte beide Gattungen mit Fleiß und Phantasie am Ende des 18. Jahrhunderts zu klassischer Höhe geführt und Maßstäbe gesetzt. Mit der Sonatensatzform und der Variationsform verfügten seitdem die Komponisten über stabile Grundmuster des instrumentalen Gestaltens. Immer mehr wird nun die motivisch-thematische Arbeit verfeinert, werden die harmonischen Verwandtschaften erweitert, erreicht die Kultur der Instrumentierung ein neues klanglich-orchestrales Niveau, das der wachsenden Subjektivität des Ausdrucks gerecht werden muß. Ganz abgesehen von der durch Beethoven vor allem entstandenen Zwangslage der Musik, möglichst immer etwas ›aussagen‹, etwas ›bekennen‹ zu müssen. Das Komponieren war längst kein Spiel oder handwerklich motiviertes Tun mehr, es war ein schwieriges Geschäft geworden, fast eine ›Angelegenheit auf Leben und Tod‹. Zumal eine Sinfonie nach Beethoven zu schreiben bedeutet: eine Botschaft an die Menschheit zu richten! Und das Streichquartett? Goethes Bemerkung zu Zelter: »Man hört hier vier vernünftige Leute sich miteinander unterhalten«, kann die Gattung jetzt, um 1870, nicht mehr charakterisieren. Die Kammermusik insgesamt hat Exklusivcharakter angenommen, ist Mitteilung für Anspruchsvolle geworden, für das Bildungsbürgertum des 19. Jahrhunderts. Für Brahms eine weitere Last, vielleicht die schwerwiegendste. Sein geistiges Zentrum ist ja doch die Kammermusik. Von hier aus sucht er nach Wegen der Öffnung hin zum Orchester, zum Konzert, zur Sinfonie – zur großen Form also. In seiner Jugend schon tat er sich schwer damit. Franz Liszts gischtreiche Woge der *Sinfonischen Dichtungen* brauste Mitte der fünfziger Jahre über den Kontinent hinweg und schwemmte dabei anderes an die Strände. Kammermusik hatte es schwer. Brahms aber muß den Weg hin zur Kammermusik gehen, lange Zeit unbeachtet oder bekrittelt, und zugleich belastet durch die jahrzehntelange Nachwirkung von Schumanns Aufsatz *Neue Bahnen*. Ist es da verwunderlich, wenn er eine fast unüberwindliche Scheu verspürt, ein Streichquartett oder eine Sinfonie vorzulegen?

»Ich bin im Begriffe, nicht die ersten, aber zum ersten Male Streichquartette herauszugeben«, teilt Brahms im Juli seinem Freund, dem Chirurgieprofessor Theodor Billroth mit. Bereits 1853 hatte er ein Quartett in h-Moll Robert Schumann gezeigt. Dieser fand das Werk geglückt und empfahl damals die Veröffentlichung, doch Brahms vernichtete das Manuskript. Einem Jugendfreund verriet er später, vor dem Tutzinger Opus 51 mehr als zwanzig(!) Streichquartette komponiert zu haben. Nichts ist davon erhalten – alles vom Komponisten beseitigt: verbrannt, ins Wasser geworfen, wie auch immer. Clara Schumann notierte in ihrem Tagebuch im August 1866, Brahms habe ihr ein Streichquartett in c-Moll vorgespielt. War es eine frühe Fassung des *Quartetts op. 51 Nr. 1*, das eben jetzt in Tutzing in die endgültige Form gebracht wird oder ein unbekannt gebliebenes Werk? Brahms gibt nichts davon preis. Wir wissen nur, daß er sich außerordentlich schwer tat mit der anspruchsvollsten Gattung der Kammermusik.

Angenommen, das c-Moll-Werk lag seit 1866 unfertig in der Schublade – hier in Tutzing wird es abgeschlossen. Mit seiner eher strengen Haltung und konzentrierten Satztechnik knüpft es an den ›mittleren‹ Beethoven an, viersätzig und eher ›sinfonisch‹ als kammermusikalisch. Schon das ausladende Hauptthema des weitgespannten ersten Allegrosatzes läßt daran keinen Zweifel. Die verschiedenen Gedanken drängen zu flächenhafter Vereinheitlichung und weniger zu konfliktgeladenem Disput. Der zweite Satz, eine sehr verinnerlichte Romanze, betont das liedhafte Erzählen in dunklen Farben. Sie werden aufgehellt im nachfolgenden Allegretto, das die Stelle des Scherzos einnimmt. Im F-Dur-Trioteil klingt gar eine freundliche Ländlermelodie an. Aber die beiden mittleren Sätze haben etwas Introvertiertes, Verhaltenes an sich und verbleiben vorwiegend im Pianobereich. Für allzu viel Beschaulichkeit bleibt trotzdem wenig Raum, denn das Finale greift auf die Leidenschaftlichkeit des ersten Satzes zurück, auch auf dessen Thematik. In Schüben drängender Bewegtheit streben die Gedanken ans Licht. Und haben sie den Gipfel erreicht, dann wird das Licht plötzlich fahl – im dunklen Gewölk fallen sie wieder herab, gebündelt und gespannt. Am Schluß steht wieder das herbe, ernste c-Moll.

Anders steht es mit dem Schwesterwerk in *a-Moll*. Freundlich und gelöst schlägt der erste Satz einen lyrischen Grundton an, der mit dem lieblichen Ambiente des Starnberger Sees aufs Schönste korrespondiert. Aber da stellt sich noch ein ganz persönlicher Bezug ein. Gleich die freundliche Kantilene der ersten Violine beginnt mit einer Erinnerung an vergangene Jugendtage. Die ersten Töne f, a und e spielen auf die Lebensdevise des Geiger-Freundes Joseph Joachim an: *F*rei, *a*ber *e*insam. Damals, im Oktober 1853 in Düssel-

97

dorf, schrieben Albert Dietrich, Robert Schumann und Johannes Brahms »in Erwartung der Ankunft des verehrten und geliebten Freundes Joseph Joachim« ein viersätziges Gemeinschaftswerk, die *F. A. E.-Sonate* für Klavier und Violine. Von Brahms stammt das Scherzo. In allen Sätzen war dieses Motto in Tönen mehr oder minder präsent, mal offen zutage liegend, mal versteckt. Auch in das Finale der *Klaviersonate f-Moll*, zur selben Zeit entstanden, hatte Brahms das f-a-e-Motiv verwoben. Und jetzt also taucht es wieder auf. Ein Zeichen alter Freundschaft. Er wollte das Quartett Joachim widmen. Dann kam die Verstimmung wegen des Schumann-Festes in Bonn. Die Zueignung unterbleibt, und ein anderer, nicht weniger würdiger Adressat erfährt brieflich von der beabsichtigten Widmung beider *Quartette:* Theodor Billroth. »Es ist ... der herzliche Gedanke an Dich und Deine Freundschaft, der mich dem ersten Deinen Namen vorsetzen läßt ... darf Dir eigentlich nicht verraten, daß das betreffende Quartett aus dem berühmten c-moll geht, denn, wenn Du nun abends daran denkst und dann phantasierst, wirst Du es gar zu leicht überphantasieren, und hernach – gefällt dir das zweite besser.« Das Klanggeschehen des ersten Satzes resultiert über weite Strecken aus einer verblüffend eigenständigen rhythmischen Stimmführung. Weites Schwingen in halben Noten der Oberstimme, begleitet von Vierteltriolen in wogendem Auf und Ab der Bratsche, und die beiden anderen Instrumente – sie schreiten zunächst in ganzen Noten fort, um sich alsbald rhythmisch zu trennen. So entsteht ein dichtes Gewebe, das auch den melodieseligen Seitengedanken aufnimmt. Frei von sentimentalem Schwelgen entfaltet das nachfolgende Andante eine edle Kantabilität, die nur vom rhapsodisch erregten Mittelteil unterbrochen wird. Zwei Charaktere treffen im dritten Satz, mit »Quasi Minuetto« überschrieben, aufeinander: die Grazie des Menuetts und das Kapriziöse des Scherzos. Besonders fein sind dabei die Ausläufer der beiden Scherzo-Abschnitte gestaltet – sie nehmen das Wesen des Menuetts vorweg und sind andererseits streng »gearbeitet« als sogenannter Doppelkanon. Im Finale schließlich wird, wie im c-Moll-Quartett auch, die Brücke geschlagen zum Ausgangspunkt, zum ersten Satz. Motivische Anklänge, natürlich in abgewandelter Form, tauchen auf. Wer will, kann auch ›Ungarisches‹ und ›Wienerisches‹ heraushören. So spannt sich der Bogen von der sublimen Heiterkeit des Anfangs hin zur Anmut und gehobenen Freude des Schlusses.

Ein gegensätzliches Paar, die beiden *Quartette* des *Opus 51*, und doch gehören sie zusammen, wie es häufig zu erleben ist, wenn Brahms ›paarig‹ komponiert. Vor allem aber ist jetzt endlich der Durchbruch geschafft! Die vielen einsamen Spaziergänge nach Possenhofen und am See entlang haben ihn befördert. Und die Milde der Landschaft – sie wurde gleichsam wie ein imaginärer Cantus firmus aufgenommen ins Werk.

Mit dem ›Walter-Quartett‹ aus München finden schon im Juni erste Proben im Haus von Hermann Levi statt. Internes Arbeiten ist das gewesen für kompositorische und spieltechnische Korrekturen. In Levis Hauskonzert am 6. September 1873 erfolgt dann die erste, noch nicht öffentliche Aufführung beider Werke. Rochus von Liliencron, einer der wenigen geladenen Zuhörer, schreibt seiner Tochter: »Mir ist, als wäre ich gestern bei zwei Kindern Taufzeuge gewesen, denen es beschieden ist, berühmte Männer zu werden.«

Inzwischen war Brahms doch nach Bonn zum Schumann-Fest gefahren. Am 15. August kam er an. Levi hatte sich vermittelnd eingeschaltet, um die zerstrittenen Freunde einander wieder näherzubringen. Zum Teil ist ihm das auch geglückt, aber eine latente Gereiztheit war zurückgeblieben. Aus Claras Tagebuch erfahren wir Einzelheiten über den Verlauf des Festes – daß Joseph Joachim so herrlich Roberts Vierte Sinfonie dirigiert habe, und auch Johannes gekommen sei, »aber nicht in bester Laune, was mir sehr leid tat...«. Nach dem Fest blieb Brahms noch einen Tag lang. Claras Eintragung vom 20. August 1873: »Am Morgen probierte ich mit Johannes neue Variationen für zwei Klaviere über das ?-Thema, die ganz wundervoll sind. Das machte mir zum Beschluß auch große Freude. Johannes versprach noch nach Baden zu kommen – wir hatten uns mal wieder ausgesprochen, soweit dies mit ihm möglich ist...«

»Neue Variationen für zwei Klaviere« – ein neues Werk liegt vor! Claras Fragezeichen beim Thema ist leicht durch ›Haydn‹ zu ersetzen. Das zweite Tutzinger Schaffenskapitel ist aufgeschlagen. Im Juli erwähnt Brahms erstmals die Klavierfassung der *Hadyn-Variationen* in einem Brief an Billroth. Inzwischen hatte auch Fritz Simrock von dem Projekt erfahren. Er drängt mit verlegerischem Geschäftseifer darauf, Einzelheiten zu erfahren. Am 4. September schließlich antwortet Brahms aus Tutzing: »Von den Variationen schrieb ich aus zwei Gründen nicht. Erstens dachte ich an Rieter, und zweitens sind sie eigentlich Variationen für Orchester. Nächstens mehr darüber, wenn ich mit mir einig.« Was heißt das? Er überließ das Werk also *nicht* dem Verlag Rieter-Biedermann in Winterthur, sondern Simrock, und zum anderen geht Brahms offenbar längere Zeit mit zwei Versionen spazieren. Die Klaviervariation war ihm ein vertrautes Genre. Aber reine Orchestermusik hatte er seit vierzehn Jahren, seit der *A-Dur-Serenade* von 1859, nicht mehr geschrieben, das heißt nicht mehr veröffentlicht.

Das Thema zu dem neuen Variationswerk war Brahms schon 1870 begegnet. Der Archivar der ›Gesellschaft der Musikfreunde‹, Carl Ferdinand Pohl, hatte ihn auf noch ungedruckte Bläserdivertimenti, sogenannte *Feldpartien* von Joseph Haydn hingewiesen, unter denen sich auch ein besonders reizvoller Satz in B-Dur mit der Überschrift *Chorale St. Antonii* befand. Brahms machte sich eine Abschrift. Jetzt holt er sich das Blatt hervor, das eine Musik mit sehr eigentümlichem Klangbild enthält. Die Besetzung besteht aus zwei Oboen, zwei Hörnern, drei Fagotten und einem Serpent. Im 18. und frühen 19. Jahrhundert war dieses alte Zinkbaßinstrument in Schlangenform (in ›Serpentinen‹)

noch gebräuchlich und fand vor allem in Militärkapellen Verwendung. Brahms ersetzte es durch ein Kontrafagott und fügte behutsam tiefe Streicher im Pizzicato und gelegentlich Flöten und Klarinetten hinzu. Die schlichte Melodie war vermutlich einem alten Wallfahrtsgesang nachgebildet. Eine weitere Besonderheit: die vom klassischen Viertakter abweichende fünftaktige Periodenbildung. Auch daran hält Brahms konsequent fest – nicht nur im Thema, sondern in allen acht Variationen, und selbst der Passacagliabaß des Finales ist fünftaktig angelegt.

Die einzelnen Variationen heben sich als ausgeprägte Charakterbilder deutlich voneinander ab und verleugnen dennoch an keiner Stelle ihren inneren Zusammenhalt. Die klanglichen Reize offenbaren sich aber nicht allein in aparten harmonischen Wendungen, sondern auch in der besonders feinsinnigen Instrumentierung. In der ersten Variation (Poco più animato) umschmeicheln Streicherfiguren die Bläserstimmen. Die zweite Variation (Più vivace) verknüpft den Rhythmus des Themas mit den schon bekannten Streicherbewegungen. Der Dialog zwischen Bläsern und Streichinstrumenten bestimmt die dritte Variation (Con moto), während die nächste Veränderung (Andante con moto) sich nach Moll wendet und das Thema als stark gewandelte elegische Melodie erscheinen läßt. Die beiden folgenden Variationen (jeweils Vivace) bilden ein Paar: im frischen Sechsachteltakt die erste, im lebhaften Zweivierteltakt die zweite – wobei deren Scherzocharakter bis hin zur fröhlichen Jagdszene mit schmetterndem Hörnerschall gesteigert wird. Noch einmal erscheint der Sechsachteltakt, jetzt aber, in der siebenten Variation (Grazioso), als besonders klangschönes und polyphon verwobenes Siziliano, dem – wiederum als Kontrast – ein schemenhaft dahinhuschendes Presto in b-Moll als achte Variation (Presto non troppo) folgt. Dann aber ist der Schlußteil erreicht. Ihm liegt ein Passacagliabaß zugrunde, der dem Thema entnommen ist. Sechzehnmal kehrt er wieder und trägt das mächtige Klanggebäude, das sich nun auftürmt, wie in alten Zeiten, als man sehr viele Passacaglien komponierte. Ein Rückgriff, ein Fingerzeig auf längst vergangene barocke Praktiken? Auf jeden Fall ein Bekenntnis zu einem musikalischen Baugesetz, das dem romantischen Streben nach ausufernder Phantastik Paroli bietet. Alle Variationen halten sich strikt an das thematische Subjekt, an die Grundgestalt des Anfangs. Nun aber erscheint innerhalb der Variationenfolge ein Teil (eben das Finale), der in sich wiederum eigene Variationen enthält, also eine Art von Potenzierung des Prinzips der musikalischen Verwandlung. Eigentlich schon der krönende Abschluß, wenn das Finale nicht noch eine letzte Steigerung bereithielte! Dieser Schluß des Schlusses führt zurück zur schlichten Ausgangsgestalt des Themas, mit dem alles begann. Keine Reminiszenz, kein bloßes Erinnern, sondern: Erlebt es, wie der Kreis ausgeschritten wurde, wie ich bei aller Vielfalt der Bilder und der verschiedenen Charaktere niemals den ›festen Grund‹ preisgegeben habe!

Die *Haydn-Variationen* (die geteilte Opuszahl in 56a und 56b meint einmal die Orchesterfassung und zum anderen die Fassung für zwei Klaviere) nehmen innerhalb von Brahms' Schaffen eine Schlüsselstellung ein. Mit ihnen beschließt er ein für allemal das Kapitel der Variationszyklen als selbständige Werke. Zugleich aber bedeuten sie den geglückten Durchbruch zur großen Orchestermusik und ermutigen ihn, sich nun endlich auf das schwierige Gebiet der ›Sinfonie‹ einzulassen. »Orchestrale Vorübung« soll er die *Haydn-Variationen* einmal bescheiden genannt haben. Seine Widersacher haben dafür keinen Sinn. Sie monieren mit giftigen Worten gerade den Zug der historischen Absicherung. Hugo Wolf, Musikkritiker des Wiener ›Salonblattes‹ von 1884 bis 1887, damals junger, geradezu fanatisierter Wagner- und Bruckner-Anhänger, läßt an den *Haydn-Variationen* kein gutes Haar: Sie »legen ein beredtes Zeugnis ab für die eigentliche Begabung Brahms': die der kunstvollen Mache. Aufs Variieren von gegebenen Themen versteht sich Herr Brahms wie kein anderer. Ist doch sein ganzes Schaffen nur eine große Variation über die Werke Beethovens, Mendelssohns und Schumanns... Die Kunst ohne Einfälle zu komponieren, hat entschieden in Brahms ihren würdigsten Vertreter gefunden«. Brahms mag es nicht sonderlich gefallen haben, aber er geht einfach darüber hinweg und läßt sich weder provozieren noch irritieren. Er selbst hat seine *Haydn-Variationen* lieb gehabt. Und wenn er, der sonst über die eigenen Werke kaum etwas verlauten ließ, viel später, am 15. März 1891 von Meiningen aus in einem Brief an Clara schreibt: »Daß Du meine Haydn-Variationen gespielt, daß sie Dir so ans Herz gegangen – das mußte ich gleich öfter hintereinander mit Wonne lesen. Dem Stück gegenüber bin ich etwas schwach, und ich denke daran mit mehr Vergnügen und Genugtuung, als an viele andere«, dann will das schon etwas bedeuten.

Rüschlikon bei Zürich 1874
Lieder und Gesänge op. 63

Eigentlich sollte es wieder Tutzing sein, die Sommerfrische
von 1874. Aber die Wege führen woanders hin. Seit dem
Winter 1873/74 tritt der Pianist Johannes Brahms in der Öffentlichkeit mehr und mehr zurück hinter den Dirigenten
eigener Werke. Die *Haydn-Variationen*, das *Schicksalslied* und
vor allem das *Triumphlied* möchte er aufführen. Die Werke
sind inzwischen gedruckt. Die Veranstalter der großen Orchester und der Musikfeste sprechen Einladungen aus, lassen
es sich zur Ehre gereichen, wenn der inzwischen berühmte
Herr Brahms ihren Konzerten zu einem besonderen Glanz-
punkt verhelfen möchte. Er ist nicht abgeneigt. Warum sollte
er auch. Ganz aufgegeben hat er das öffentliche Klavierspie-
len noch nicht, gelegentlich spielt er sogar Beethovens *Fünftes
Klavierkonzert in Es-Dur op. 73* – ein ›Brocken‹ wie das eigene
d-Moll-Konzert, das noch immer als unveröffentlichtes Manuskript im Reisekoffer liegt. Clara Schumann hat es – aus
Liebe – auch einstudiert und Anfang Dezember in Leipzig
vorgetragen. Sie bekam starke Armschmerzen und weiß
nicht, ob sie es je wieder spielen kann. Vorerst bleiben Aufführungen des schwierigen Stückes an Brahms selbst gebunden. Doch kommt er jetzt immer weniger zum Üben, und
das kann gefährlich werden. »Klavier aber habe ich seit Jahren nicht öffentlich gespielt!«, schreibt er an die Gewandhausdirektion nach Leipzig. Hinter dieser Zwecklüge verbirgt sich Scheu. Er kennt seine Grenzen. Um so intensiver
wendet er sich deshalb dem Dirigieren zu, dem »bißchen
Fuchteln«, wie er es später schmunzelnd bezeichnet hat. Vor
allem wird das *Triumphlied* gewünscht – in Bremen, in Köln
(zum ›Niederrheinischen Musikfest‹ im Mai 1874), dann in
Basel und Zürich. Die Konzertverpflichtungen führen im

Sommer in die Schweiz. Und so wird er aus praktischen Erwägungen auch privat dort die schöne Jahreszeit verbringen.

Das erste Halbjahr 1874 war in verschiedener Hinsicht ereignisreich gewesen. Die Aufführungen der Chorwerke, des *Klavierkonzerts* und der *Haydn-Variationen* erreichten natürlich ein weitaus größeres Publikum als die der Kammermusikwerke oder einzelner Lieder und Klavierstücke. Seit dem *Deutschen Requiem* flog ihm die öffentliche Gunst geradezu entgegen. So folgt er gern einer Einladung des Leipziger Gewandhauses, das ihm Anfang Februar gleich eine ganze Woche reserviert. Der Erfolg ist riesengroß. Er wird stürmisch gefeiert von Publikum und Presse, zumindest teilweise. Nun hat er also auch Leipzig erobert, das ihm früher einmal mit dem Mißerfolg des *Klavierkonzertes* 1859 so schwer mitgespielt hatte. Bei dieser Gelegenheit knüpft er engere Beziehungen zu Heinrich und Elisabeth von Herzogenberg, die seit 1872 in Leipzig leben. Elisabeth kennt er schon seit 1863. Damals war die Sechzehnjährige in Wien seine Klavierschülerin gewesen. Doch hat er den Unterricht schon nach kurzer Zeit unvermittelt abgebrochen. Elisabeth war bildhübsch, hochmusikalisch, verführerisch und zudem noch erstaunlich gebildet. Ihr späterer Lehrer Julius Epstein konnte nur feststellen: »Man *mußte* sich in sie verlieben.« Paul Heyse geriet gleichfalls ins Schwärmen: »Ich kenne nichts Ähnliches an Temperament, Bildung, Anmut des Herzens und des Stils und nie versagender Güte! ... Herrgott, und so eine Frau hatte zu allem noch goldenes Haar und eine goldene Stimme!« Als Brahms sie kennenlernte, hieß sie noch Elisabeth von Stockhausen. Ihr Vater, Freiherr von Stockhausen, stand in diplomatischem Dienst in Wien. Brahms hätte beinah sein Herz verloren – oder war es schon geschehen? Eine zweite Agathe-Affäre konnte er aber nicht riskieren. Auch war damals sein Status in Wien noch zu unsicher. Er hatte wieder einmal im entscheidenden Moment Skrupel über Skrupel. Die Worte Claras klangen ihm noch im Ohr: »Hättest Du es doch so weit nicht kommen lassen!«

Jetzt aber, mehr als ein Jahrzehnt später, trifft er sie wieder. Sie ist inzwischen mit dem Komponisten Heinrich von Herzogenberg verheiratet, einem Mann mit Grundsätzen und Verdiensten, vor allem in der Leipziger Bach-Bewegung. Die Herzogenbergs zählen von nun an zu den wärmsten Verehrern der Brahmsschen Musik. Mehr – sie werden enge Freunde. Elisabeth vor allem zieht Brahms ins Vertrauen und läßt sich von ihr Ratschläge zu seinen Werken geben – wie von Joseph Joachim, von Theodor Billroth oder auch von Clara… Die Ältere ist nicht immer froh darüber gewesen. Der Briefwechsel zwischen Elisabeth und Brahms gestattet tiefe Einblicke in ein ganz seltenes Vertrauensverhältnis. Die kluge und fein empfindende Frau durfte ihn kritisieren und auch zurechtweisen, wenn es nötig war. Dabei blieben sie bis zuletzt – Elisabeth starb 1892, 44jährig – beim höflichen ›Sie‹.

Auch zwei Männerfreundschaften nahmen 1874 ihren Anfang. Auf dem Kölner Musikfest im Mai lernt Brahms den Bariton Georg Henschel und den rheinischen Weingutbesitzer Rudolf von Beckerath kennen. Eine Künstlerfreundschaft die eine: Henschel zählt neben Stockhausen zu den Wegbereitern des Liederkomponisten. Mit ihm wird Brahms zwei Jahre später gemeinsame Tage auf der Insel Rügen verbringen. Eine eher gesellige Beziehung die andere: die Bekkeraths sehen Brahms oft in ihrem Rüdesheimer Haus. Man genießt in fröhlichem Kreis Musik, Wein und führt gute Gespräche. Auch Joachims sind zum Kölner Musikfest gekommen. Clara aber fehlt in der Runde. Sie muß in Teplitz ihren kranken Arm kurieren.

Brahms kehrt am 30. Mai 1874 nach Wien zurück, ist aber schon eine Woche später in Basel. Das *Triumphlied* wird dort von den Deutschschweizern mit verhaltener Begeisterung aufgenommen. Die Bibelworte haben geholfen, nationale Vorbehalte zu verdrängen. Nun aber steht das große Schweizerische Musikfest in Zürich bevor. Vom 11. bis 14. Juli wird es stattfinden. Friedrich Hegar trägt die künstlerische Hauptverantwortung. Mit ihm unternimmt Brahms einen Ausflug auf dem Zürichsee. Sie kommen bei Rüschlikon vorbei. Vom Schiff aus bleibt Brahms' Blick an einem Haus auf dem Berg hängen. Dort möchte er hinauf, dort möchte er wohnen. Sie steigen aus, erfahren vom Dorfbarbier, daß tatsächlich noch Zimmer frei sind, und so bezieht er sein diesjähriges Sommerquartier in einem Bauernhaus, in dessen Nähe das Hotel Belvoir-Nidelbad und auch das Kurhaus liegen – sehr praktisch für den Junggesellen. Durch ein kleines Vorzimmer gelangt der Sommergast in die geräumige und helle Stube. Nach Süden öffnet sich der Blick über Thalwil bis zu den Glarner Alpen, nach Osten über den See hinweg von Zollikon bis nach Meilen. Ein alter Kachelofen und ein Schreibtisch bilden das schlichte Inventar; ein Bett und ein Klavier an der Wand komplettieren die Ausstattung. Der Ort zur Sammlung nach den turbulenten Wochen des Frühsommers ist gefunden. Der See zum morgendlichen Bad ist nicht weit. Obstgärten und Weinberge umgeben das Haus. Die umliegenden Wälder locken zu Spaziergängen. Kilchberg liegt ganz in der Nähe, und nach Zürich braucht der forsche Wanderer gerade mal eine halbe Stunde. »Jetzt wohne ich gar hübsch am See, und zwar habe ich genau in *dem* Haus *die* Fenster gekriegt, die ich vom Dampfschiff aus als die wünschenswertesten bezeichnete. Ich habe einiges Geschick und viel Glück mit Wohnungen«, schreibt er in einem Brief. Eine der Töchter der Wirtsfrau hat sich 1931 an ihre Jugendzeit erinnert, als Brahms im ›Nidelbad‹ wohnte: »Der Herr gefiel mir. Ich sehe seine Erscheinung jetzt, nach 57 Jahren, noch deutlich vor mir: mittelgroß, ziemlich behäbig, blondes, langes Haar, rasiertes Gesicht, lebhafte, freundliche Augen... Brahms war ein Frühaufsteher. Sehr oft begab er sich schon um 5 Uhr zum See hinunter, nahm sein Bad und bei der Rückkehr wünschte er in seinem Zimmer den Kaffee bereit zu finden. Nach dem Frühstück versenkte er sich in sein Studium; doch mußte das Kaffeekrüglein bis zur Mittagsstunde neben ihm stehen. Er hatte auch die Gewohnheit, nur halb bekleidet zu arbeiten. Ob er den Zug nach Luft, Licht und Sonne verspürte oder ob er seine Gewänder schonen wollte – so oder so, sicher ist: er war ›ein König, auch in Unterhosen‹.«

Mit Conrad Ferdinand Meyer, der in Kilchberg wohnte, hat Brahms keinen Kontakt gehabt, aber mit Gottfried Keller. Die beiden waren sich schon 1866 flüchtig begegnet, als Brahms in Fluntern bei Zürich wohnte, bevor er Mitte August nach Lichtenthal wechselte. Jetzt begegnet man sich öfter, und da sie Kenner und Genießer von guten Weinen waren, werden sie wohl hin und wieder gemeinsame Stunden beim Schoppen verbracht haben. Eine große Freundschaft wurde nicht daraus, aber gegenseitige Achtung. Für eine Hochzeit in Kellers Bekanntenkreis hatte Brahms sogar eine kleine Kantate geschrieben – eher widerwillig als begeistert. Der Dichter hatte den Text geliefert. Nach Wien, wo die Hochzeit im Beisein Kellers stattfand, schickte er im Juli das Gelegenheitswerk mit dem Kommentar: »... Ihre Freunde wollen Ihre Worte und ich freue mich einem Manne wie Ihnen einen ›Spaß‹ machen zu können. So bitte ich denn, daß Sie die Verantwortung für Text und Musik übernehmen.« Ansonsten findet sich in der langen Liste seines Liedschaffens nur dreimal Kellers Namen.

Ein anderer ist zwölfmal vertreten: Klaus Groth, der Dichterfreund aus der norddeutschen Heimat. Von der äußeren Erscheinung her war er, verglichen mit Brahms, eine Art Gegenentwurf der Natur: hochgewachsen, dünn, schmalbrüstig mit hängenden Schultern. Seit 1856 sind sie befreundet. Beide haben sich aus kleinen Verhältnissen hochgearbeitet. Groth, 1819 im holsteinischen Heide geboren (wie Brahms' Vater), kam über Lehrerberuf, Ehrendoktorwürde und als Begründer einer plattdeutschen Rechtschreibung zu einigem Ansehen. Er wurde in Kiel Privatdozent für deutsche Sprache und Literatur, 1866 Professor. Die meisten seiner Gedichte entstanden in den frühen fünfziger Jahren auf der Insel Fehmarn, wo er seine angegriffene Gesundheit wieder herstellte. *Quickborn* heißt das lyrische Hauptwerk – plattdeutsche Gedichte in dithmarscher Mundart. Brahms besaß ein Exemplar davon. Für den Komponisten aber wichtiger waren die *Hundert Blätter, Paralipomena zum Quickborn*, erschienen 1854 – Lyrik in hochdeutscher Sprache. Den Text »Regentropfen aus den Bäumen / fallen in das grüne Gras« hatte Groth eigenhändig auf den Innentitel von Brahms' persönlichem Exemplar geschrieben. Das Gedicht findet sich unter den ersten Groth-Vertonungen aus dem Tutzinger Sommer 1873. Die Groth-Bände enthalten die bekannten ›Kratzspuren‹, Zeichen von Brahms' intensivem Lesen. Er hatte die Angewohnheit, mit den Nägeln am Papier zu schaben und zu kratzen, wenn eine Lektüre ihn fesselte.

Nun wird er erneut von der Gefühlswelt und der Sprache seines Freundes Klaus Groth eingeholt. Den Sommer über, oben, in Rüschlikon, wächst ein neues Opus heran, eine Liederfolge von neun Titeln. Diese *Neun Lieder und Gesänge op. 63*, verteilt auf zwei Hefte, erscheinen bereits im November 1874, zusammen mit Opus 64, drei *Vokalquartetten* mit Klavierbegleitung, im Verlag C. F. Peters in Leipzig. Nicht bei Simrock also. Als Brahms Anfang des Jahres in der alten Messe- und Musikstadt seine verspätete Anerkennung fand, hatte er auch Kontakt zum Peters-Verlag aufgenommen. Die preiswerten und mit hoher Qualität ausgestatteten Werkausgaben rührten an sein soziales Gewissen. »So ein klein bißchen Sympathie für den Verlag Peters müssen Sie schon erlauben... Freude müßte es einem doch machen, wenn Partituren oder Liebeslieder z.B. so etwas leichter gekauft werden könnten. Auf den Galerien ist eben wirklich besseres Publikum als in den Logen«, schreibt er noch am 1. April 1888 an Simrock, der sein Brahms-Monopol mit aller Macht auch in späteren Jahren ausbauen wollte.

Zurück zu den Liedern op. 63. Das erste Heft enthält vier

Texte von Max von Schenkendorf, das zweite Gedicht von Felix Schumann, dem jüngsten Kind Claras, und von Klaus Groth. Es sind die drei ›Heimweh‹-Lieder. Das mittlere davon gehört zu den Schätzen Brahmsscher Liedkunst – »O wüßt ich doch den Weg zurück, den lieben Weg zum Kinderland!«

Nur 47 Takte umfaßt das Lied, das Seelenbild eines Heimatlosen, den das Leben weggeführt hat von den Ursprüngen, der sich nach der Mutter Hand sehnt – zu spät! Der nach Ruhe, nach Träumen, nach Liebe verlangt – zu spät! Der das Glück sucht und nur öden Strand findet. Da wächst die Sehnsucht, zum zweiten Mal ein Kind zu sein, »und nichts zu forschen, nichts zu späh'n, und nur zu träumen leicht und lind« – es ist alles zu spät! Er muß ihn im Innersten getroffen haben, dieser Text. In diesem Spiegel sieht er sich mit suchendem Blick. Wo ist *seine* Heimat, wo findet *er* Geborgenheit? Er steht im Zenit, hat keine finanziellen Sorgen, hat sich eingerichtet als Einzelgänger. Ein großer Freundeskreis nimmt ihn auf und verehrt ihn. Die Öffentlichkeit beginnt ihn zu verstehen, seine Werke zu lieben. Eine Woge der Sympathie schlägt ihm entgegen. Und doch: Er bleibt ein Einsamer. Obwohl er diese Lebensform gewählt hat, empfindet er das Defizit in seinem Leben – keine Frau, kein Kind, keine wirkliche Liebe. Das Lied spricht es aus: »O wie mich sehnet auszuruh'n, von keinem Streben aufgeweckt, / die müden Augen zuzutun, von Liebe sanft bedeckt!« Ja, von Liebe sanft bedeckt – er wiederholt die Stelle wie etwas später die Flucht in die Kindheit: »zum zweiten Mal ein Kind!«

Man meint zunächst ein beständiges Wogen zu erleben, ein Auf und Ab der Klavierfiguren. Auch die Singstimme bewegt sich in Bögen, weiter gezogen und länger die Wellen. Die Baßlinie, in halben oder gedrittelten Takten verlaufend, gibt etwas Entscheidendes preis. Sie sinkt immer tiefer. Sie durchmißt den Oktavraum in Stufen, erst diatonisch, dann chromatisch. Aber auch die Singstimme zieht es letztlich hinab. Und die gebrochenen Akkorde, die fließenden Achtel der rechten Hand – sie kommen nicht zur Ruhe. Wo sie die metrische Stütze finden, also zu Beginn und in der Mitte des Taktes, da wechseln sie von einer Dissonanz in die nächste, meist sind es verminderte Septakkorde oder Mollformen. Wohin das führt, offenbaren die letzten Textworte: »Vergebens such ich nach dem Glück, ringsum ist öder Strand!« Die fließende Bewegung ist erstarrt in Akkorden, fahl und ohne Trost. Im Nachspiel des Klaviers erinnern noch einmal die Akkordbrechungen an Verlorenes – das Lied selbst hat den Abschied vollzogen.

Der Kontrast: Eine neue Folge von *Liebesliedern* entsteht nebenher, wieder in der beliebten Gestalt für vier Singstimmen und Klavier zu vier Händen, auch in einer Version ohne Gesang. Nun wieder für Simrocks Verlag. Der Verleger-Freund bringt die fünfzehn Titel 1875 als Opus 65 auf den Musikalienmarkt. Die Texte entstammen, wie schon bei Opus 52, dem Sammelband *Polydora, ein weltpoetisches Liederbuch* – türkische, russische, serbische, spanische, sogar lettisch-litauische Gedichte in der Übersetzung von Georg Friedrich Daumer. Man muß sich fragen, wie diese walzerselige, unbekümmerte Musik in zeitlicher Parallelität zu den Grothschen ›Heimweh‹-Liedern des Opus 63 entstehen konnte. Die Antwort gibt das Leben, der Alltag. Wir schlüpfen tagtäglich in unterschiedliche Rollen, ohne unsere Identität deshalb zu gefährden. Ein Lied wie *O wüßt ich doch den Weg zurück* ist wie ein intimes Bekenntnis, das man fernab von den Geschäften des Tages einem vertrauten Menschen mitteilt.

Noch eine wichtige Begegnung fällt in die Sommerzeit von Rüschlikon. Hermann Götz, dessen Oper *Der Widerspenstigen Zähmung* in Mannheim bald zur Uraufführung gelangen wird, hatte am Vorabend des Zürcher Konzerts vom 12. Juli Gäste nach Hottingen, seinem Wohnsitz, eingeladen. Neben Hegar und Brahms sitzt ein Mann, Anfang dreißig: Joseph Viktor Widmann. Seine Vita ist schillernd. Geboren in Mähren 1842 als Sohn eines ehemaligen Zisterziensermönches, der zum Protestantismus konvertierte und Pfarrer in Liestal bei Basel wurde. Der Vater schickte ihn aufs Pädagogikum Basel, dann studierte er Theologie, Philosophie und Philologie in Heidelberg und Jena, kehrte als Organist und Musikdirektor nach Liestal zurück, wurde Pfarrhelfer, dann Schulleiter in Bern. Als Verfechter der damals in der Schweiz ziemlich verbreiteten protestantischen Reformtheologie brach Widmann mit seinem geistlichen Beruf und wurde auch gezwungen, sein Lehramt aufzugeben. Als Brahms ihn kennenlernt, lebt er als freischaffender Journalist; später wird er Feuilletonredakteur beim ›Berner Bund‹ (1880): Ein ungemein anregender Geist, auf vielen Gebieten belesen und bewandert, bedeutsam als Schriftsteller, Dramatiker und Essayist. Für Götz' Oper hatte er das Libretto verfaßt, und für Brahms hätte er zu gern eines geschrieben. Die beiden Männer kommen sich rasch näher. Daß sie in der theologischen Debatte unterschiedliche Standpunkte vertreten, hat ihrer Freundschaft keinen Abbruch getan. In späteren Jahren, als Brahms dreimal hintereinander die Sommerwochen in Thun verbrachte (1886-1888), ist die Gestalt Widmanns nicht wegzudenken. Regelmäßig ist Brahms zu Gast in Bern, und stets leiht er sich bei dem Freund Bücher aus, die beim nächsten Besuch gegen neue ausgetauscht werden. Dem Italienkenner vertraut er sich gern an. Die drei letzten Reisen in den geliebten Süden – 1888, 1890 und 1893 –, unternimmt er in seiner Begleitung. Schließlich haben wir Joseph Viktor Widmann die wohl lebendigsten Erinnerungen an den Komponisten Brahms zu verdanken.

Jetzt, nach den Zürcher Sommererlebnissen von 1874, läßt sich Brahms zu einer Alpenwanderung überreden. Schon in Rüdesheim war davon gesprochen worden. Am 21. Juli stehen Rudolf von Beckerath und Fritz Simrock vor der Tür. Brahms fühlt sich überrumpelt, sucht nach Ausflüchten – seine Sachen seien nicht in Ordnung und außerdem sei eine Chorprobe vereinbart. Simrock räumt alle Bedenken aus dem Weg. Zu dritt geht es über Luzern hinauf in die

Gletscherwelt zwischen Matterhorn und Monte Rosa. Von Zermatt wollen sie den Gornergrat erreichen. Beim zweiten Anlauf schaffen sie's. »Wir sehen alle drei aus wie die Araber, so verbrannt sind wir durch die Sonne auf dem Schnee in der dünnen Atmosphäre«, teilt Beckerath seiner Frau am 27. Juli mit. Dann geht es weiter zum Genfer See. »Herrlicher Mondschein, wundervolle Nacht, erquickendes Bad im See«, notiert Beckerath. In Lausanne trennen sich die Wege. Brahms kehrt zurück nach Rüschlikon. Die unterbrochene Arbeit wird wieder aufgenommen, die *Lieder und Gesänge op. 63* und die *Neuen Liebeslieder* abgeschlossen. Von den drei *Vokalquartetten* mit Klavier op. 64 liegen zwei vor, das dritte kommt erst nach der Rückkehr nach Wien hinzu.

Am 15. September verläßt er die Schweiz – Wien und die Aufgaben als Direktor der Gesellschaftskonzerte haben ihn wieder.

Ziegelhausen bei Heidelberg 1875
Drittes Streichquartett op. 67

Der Winter in Wien 1874/75 hatte Veränderungen gebracht, eine Erleichterung vor allem: Länger als drei Jahre schon war Brahms artistischer Direktor der ›Gesellschaft der Musikfreunde‹ – nun genügt es ihm. In der Passionszeit hatte er noch Bachs *Matthäus-Passion* in einem außerordentlichen Gesellschaftskonzert zur Aufführung gebracht, die Dustmann und Henschel zählten zu den Solisten. Es gab Ärger wegen der Probenzeiten. Brahms mußte sich brieflich bei der Direktion der Gesellschaft für seine Musiker einsetzen. Kleinkrieg, Intrigen. Johann Herbeck, Direktor der Wiener Hofoper, war gleichfalls in die Schußlinie einer gegnerischen Partei geraten und von seinem Amt zurückgetreten. Nun strebte er die Leitung der Gesellschaftskonzerte an, eine Position, die er schon einmal, von 1859 bis 1869, innehatte. Brahms räumt freiwillig das Feld, wohl wissend, daß er ohne feste Anstellung ein unabhängiges Leben führen kann. Finanziell war er längst abgesichert. Am 3. April 1875 löst er seinen Kontrakt mit der ›Gesellschaft der Musikfreunde‹. Von nun an ist er frei und bleibt es bis zuletzt. Die Konzertreisen im Winterhalbjahr werden intensiviert, die physischen Anstrengungen nehmen eher zu, aber – er ist frei! ›Frei, aber einsam‹ – das alte, vertraute Motto seines Freundes Joseph Joachim, es hat auch ihn endgültig eingeholt. Das Frühjahr 1875 markiert einen Lebenseinschnitt, eine Zäsur auch im Schaffen.

Noch kennt die Welt ihn nicht als Sinfoniker. Aber sie reift heran, die kommende *Erste*. Im nächsten Sommer, 1876, wird sie hervorgebracht, endlich. Die *Haydn-Variationen* waren der Vorbote – in München, Wien, Leipzig und Bremen sind sie schon erklungen. Die ›Variation‹, sie läßt ihn nicht los als musikalisches Phänomen. Schöpferische Phantasie, ausgelöst durch die Bindung an etwas Gegebenes, an das ›Thema‹, von wem auch immer. Nie hat Brahms ›Paraphrasen‹ komponiert, indem er ›Impulse‹ – von wem auch immer – aufnimmt für eigenes Gestalten, das sich dann vom Impuls, vom Ursprung, sehr weit entfernen darf. Immer blieb die Bindung erhalten. Sie blieb es auch, wenn er sich das Thema selbst gab. Ein neues Werk der Kammermusik wird es belegen.

Eigentlich wollte er im April, nachdem die Wiener Verpflichtungen erledigt waren, nach Italien reisen. Doch da gärt in ihm ein neues Werk. Wohin soll er gehen? Wieder nach Tutzing, wo er vor zwei Jahren so günstige Umstände vorfand, den beiden *Streichquartetten* des Opus 51 die endgültige Gestalt zu geben und die *Haydn-Variationen* zu schreiben? Oder zu den neuen Freunden, zu den Beckeraths an den Rhein? Eine Einladung nach Rüdesheim lag jedenfalls vor. Brahms läßt die Sache hängen. Wie immer: er kann sich so schnell nicht entscheiden. »Zu meinen Erholungen gehört nämlich, daß ich den Bädeker nehme und Sommerpläne mache! Da fahre ich denn auch den Rhein auf und ab...«, schreibt er am 21. März 1875 an Rudolf von Beckerath. Der Blick ist diesmal auf Heidelberg gerichtet. Erinnerungen an die Jugendzeit werden wach. Vor zwanzig Jahren ist er dort gewandert – zu Fuß durchs Neckartal. 1854 war das gewesen. Im Jahr darauf, am 23. Juli, stand er mit Clara vor der Heidelberger Schloßruine.

Brahms kommt von Düsseldorf. Joseph Joachim hatte am 17. Mai 1875 auf dem Musikfest das *Schicksalslied op. 54* aufgeführt. Zuvor waren in Karlsruhe und Mannheim die *Neuen Liebeslieder op. 65* erklungen. Brahms' Klavierpartner war Otto Dessoff, der neue Hofopernkapellmeister in Karlsruhe, gewesen. Nun trifft er am 20. Mai, eine Wegstunde von Heidelberg entfernt, in Ziegelhausen ein. Er wohnt in einem geräumigen Gartenhaus, das einem Herrn Anton Hanno gehört, Kunstmaler, emeritierter Sänger an der Mannheimer

Oper und Leiter der Heidelberger Liedertafel. Das Anwesen, von einem großen, leicht verwilderten Garten umgeben, bietet wieder beste Voraussetzungen für ruhiges Schaffen. Ein helles, fünffenstriges Zimmer steht zur Verfügung. Hell muß er es immer haben und Landschaft dazu! Der Odenwald auf der einen, die nördlichen Ausläufer des Schwarzwaldes auf der anderen Seite – weite Ausblicke, Wanderwege in Fülle, die Stadt am Neckarufer entlang erreichbar oder mit dem Kahn, wenn man die Eisenbahn nicht benutzen will. Auf halbem Wege lädt das Gasthaus ›Adler‹ ein mit seinem schattigen Garten zum Neckar hin. Dort läßt er sich bewirten und trifft sich mit Freunden.

Brahms ist in diesem Heidelberg-Ziegelhäuser Sommer sehr ausgeglichen, frohgestimmt, ja leutselig. Schon die glückliche Ankunft teilt er mit. Im Mai noch schreibt er an seine Stiefmutter:»In Eile will ich mitteilen, daß ich ganz reizend in Ziegelhausen bei Heidelberg wohne...« Karl Reinthaler erhält im Juni die Mitteilung:»Ich wohne und lebe allerliebst. Letzteres nur gar zu sehr! Heidelberg, Mannheim, Karlsruhe, alles in nächster Nähe. Die Badener Gegend, die Leute und Wirtshäuser kennst Du und kannst sie loben!« Der Brief verrät noch mehr:»Heute waren Levi und Dessoff da, den Abend kommt Frank, morgen allerliebste Sängerinnen aus Mannheim – kurz, es wird nur zu lustig gelebt.« Rieter wird eingeladen, Bertha Faber. Clara Schumann kommt vorbei. Im September besucht ihn das Ehepaar Simrock, auf der Rückreise von Bad Schwalbach. Häufig trifft sich Brahms mit Anselm Feuerbach, dessen Bilder er schätzt. Ein Porträt, das im Oktober 1873 in Wien begonnen worden war, wurde unvollendet vernichtet. Brahms hatte damals ratlos vor Feuerbachs Riesengemälde *Die Amazonenschlacht* gestanden und ihn vor einer Ausstellung in Wien gewarnt. Der empfindliche Feuerbach war tief getroffen (obwohl Brahms' gutgemeinter Ratschlag nur zu berechtigt war). Die Freundschaft der beiden ungleichen Männer blieb trotzdem ungetrübt.

Die heitere Grundstimmung in Ziegelhausen fördert natürlich das kompositorische Schaffen. Kammermusik steht im Vordergrund. Da gibt er endlich einem Werk den letzten Schliff, das bereits vor zwanzig Jahren begonnen wurde. Damals, Mitte der fünfziger Jahre, hatte er die beiden *Klavierquartette g-Moll op. 25* und *A-Dur op. 26* geschrieben, ein drittes aber, zunächst in cis-Moll, beiseite gelegt, nachdem bereits Clara von den ersten zwei Sätzen etwas gesehen haben muß. Jahre später arbeitet er wieder an der Komposition, nunmehr in c-Moll stehend. Vielleicht hat ihn das Werk sogar erst in Rüschlikon erneut beschäftigt. Jedenfalls bekommt es Clara, als sie im Juli ihren Besuch in Ziegelhausen macht, in einer Probe zu hören und ist stark beeindruckt, vor allem von den letzten beiden Sätzen. Die Stimmung dieses *Klavierquartetts* wandelt sich von anfänglicher Gespanntheit zu fast lockerer Spielfreude, ohne daß durch das Werk ein Riß verläuft. Brahms, in diesem Sommer immer wieder zu Scherzen aufgelegt, will Simrock verunsichern: »Dies Quartett ist zur Hälfte alt, zur Hälfte neu — es taugt also der ganze Kerl nichts!« Und dann treibt er den Spaß noch weiter. »Außerdem dürfen Sie auf dem Titelblatt ein Bild anbringen. Nämlich einen Kopf — mit der Pistole davor. Nun können Sie sich einen Begriff von der Musik machen! Ich werde Ihnen zu dem Zweck meine Photographie schicken! Blauen Frack, gelbe Hosen und Stulpenstiefeln können Sie auch anwenden, da Sie den Farbendruck zu lieben scheinen« (aus Ziegelhausen, am 12. August). Es kommt selten vor, daß Brahms sich so in vergangene Gefühlslagen hineinschauen läßt. Die Werther-Stimmung liegt weit zurück. Will man die Äußerung überhaupt ernst nehmen, dann führt sie in die Entstehungszeit der ersten Sätze zurück, als Robert Schumann in der Endenicher Nervenanstalt dahindämmerte und Brahms unsterblich in Clara verliebt war und keinen Ausweg sah. Hat die Erinnerung an Heidelberg, an die gemeinsame Reise mit Clara im Sommer 1855, den befreienden Schlußstrich unter das *c-Moll Klavierquartett op. 60* ziehen lassen?

Die andere große Komposition dieses Sommers ist ganz das Ergebnis sonniger Wochen. Ein frohgelaunter Nachzügler wird den beiden Tutzinger *Streichquartetten op. 51* hinzugefügt – das *Dritte Streichquartett B-Dur op. 67*. Schon aus dem launigen, an lustigen Hörnerklang erinnernden Hauptthema im bewegten Sechsachteltakt des ersten Satzes (Vivace) spricht Gelöstheit, wenn da nicht immer wieder ein Dreivierteltakt dazwischentreten würde. Dieser Wechsel von Zwei- und Dreiteilung des Taktes verleiht dem Ganzen tänzerischen Reiz. Es ist ein Spiel rhythmischer Kräfte, vom Komponisten augenzwinkernd und mit lockerer Hand gelenkt. Die Gegensätzlichkeiten finden sich weniger dort, wo sie aus klassischer Tradition zu vermuten wären, im sogenannten ›Themendualismus‹ der Sonatensatzform, sondern im spielerischen Wechsel von musikalischen Grunderscheinungen wie Dreiklang und Skala, Klangfläche und melodischer Linie. Und das alles mit souveränem Blick fürs Ganze. Auf das melodiöse sanfte Andante folgt ein agiles Scherzo mit hervortretender Bratschenstimme. Auch hier durchbrechen Zweischlagrhythmen den Dreivierteltakt. Gekrönt wird das Werk aber vom Finalsatz (Poco Allegretto con Variazioni). Wieder sind es also Variationen. Das Thema gibt sich fast volksliedhaft einfach, ist aber ›asymmetrisch‹ gebaut – einer Viertaktgruppe stehen sechs Takte gegenüber, wobei die letzten beiden motivisch auf den Anfang verweisen. Die nun folgenden acht Abwandlungen führen in der siebenten Variation auf das tänzerische Anfangsthema des ersten Satzes zurück. Die frische Eröffnungsfanfare des Quartetts erscheint auch hier wieder als Variation im Finale! Und das ereignet sich mit der größten Selbstverständlichkeit. Damit aber dieser Kunstgriff auch niemandem entgeht, läßt Brahms die ›Hörner‹ ganz zum Schluß noch ein letztes Mal erschallen. Mit ein paar raschen Bewegungen zieht er dann den Vorhang zu.

Im Januar 1876 begibt sich Brahms auf eine Konzertreise nach Holland. In Utrecht lernt er den Physiologen Theodor

Wilhelm Engelmann kennen. Ihm widmet er das Werk dann im Herbst mit den Worten: »Ich gebe... ein Streichquartett heraus und brauche vielleicht einen Mediziner dazu (wie zu den ersten).« Die *Quartette op. 51* hatte er Theodor Billroth zugedacht. Weiter schreibt Brahms: »Es handelt sich um keine Zangengeburt mehr; sondern nur um das Dabeistehen.« Engelmann verstand den Spaß und antwortete schlagfertig: »Brauche ich ja nun doch mir um meine Unsterblichkeit weniger Sorge zu machen!«

Saßnitz auf Rügen 1876
Erste Sinfonie op. 68

Seit den heimatlichen Sommeraufenthalten der frühen sechziger Jahre hatte Brahms die norddeutsche Landschaft ge-
mieden. Von Georg Henschel war die Anregung gekommen,
den Juli und den August 1876 auf der Insel Rügen zu verbringen. Aus der Kölner Begegnung im Mai vor zwei Jahren war
inzwischen eine Künstlerfreundschaft geworden. Und eine
gemeinsame Konzertreise durch das Rheinland im zurückliegenden Februar hatte die persönlichen Bindungen noch
gefestigt. Da mag der Gedanke an einen gemeinsamen Sommer auf der Ostseeinsel gekommen sein.

Am 7. Juni verließ Brahms Wien, um zunächst bei Clara
Schumann und bei Simrock in Berlin vorbeizuschauen – für
ein paar Tage nur. Am 12. Juni trat er dann die Reise nach
dem Norden an. Umständlich gestaltete sich die Fahrt damals. Mit der Bahn bis Greifswald oder Stralsund, dann mit
dem Schiff oder der Dampffähre weiter. Auf der Insel kam
man nur mit dem Fuhrwerk voran. »Von Berlin früh weg ist
man (auf alle Weise) hier abends um 9 Uhr« – so berichtet er
Simrock am 30. Juni. »Es ist herrlich hier, und auszusetzen
habe ich nur die Abgelegenheit«, heißt es dann weiter. Ist die
Abgeschiedenheit zu groß? Der Brief läßt es vermuten: »Es
geht mit Städten und Menschen in der Nähe wie mit Bü-
chern im Zimmer, man braucht sie vielleicht nicht, sie sollen
aber doch da und zur Hand sein... Sollte Joachim wirklich
denken, sich ein paar Tage hier auszulüften...« Die Sehnsucht nach Freunden ist groß.

Brahms hatte sich dennoch eingerichtet im stillen Saßnitz.
Ein schlichtes Quartier, zwei Zimmer und Balkon mit See-
blick – es genügte ihm im alten Fischerdorf.

Sein Aufenthalt fiel in die Zeit der Entwicklung von Saßnitz zum Modebad. Die ersten Hotels waren gebaut für die
zahlreich anreisenden Badegäste. Im ›Hotel zum Fahrnberg‹
ließ er sich gewöhnlich zum Mittagessen blicken. Dann zog
er sich wieder zurück.

Auf langen Spaziergängen ergründet er die reizvolle Umgebung. Die Natur zeigt sich hier oben an der Ostseeküste so
ganz anders als im lieblichen Lichtenthal oder am Starnberger See. Heimatgefühle erfassen ihn, wenn er die hohen
Buchenwälder der Stubnitz durchstreift oder zum sagenum-
wobenen Herthasee gelangt. Der Hochuferweg nach Stub-
benkammer führt an den Wissower Klinken vorbei, spitze
Kreidekegel, die schon 1815 Caspar David Friedrich fasziniert hatten. Und dann die tausend Sprachen des Meeres
und des Windes, die wilden Schluchten, die das Steilufer zer-
klüften. »Der schönste Teil der Insel«, schreibt ihm Theodor
Billroth, der gebürtige Rügener. »Alles andere lohnt nicht
der Mühe des Besuches; bei stürmischem Wetter etwa noch
eine Nacht im Leuchtturm von Arcona, bei schönem Wetter
eine Aussicht am Rugard bei Bergen, wo meine Wiege
stand.«

Am 7. Juli trifft Henschel ein. Zwölf Tage werden gemeinsam bis zur Neige ausgekostet. Er wohnt im ›Hotel
zum Fahrnberg‹ − Brahms unten im Dorf. Bis morgens elf
Uhr bleibt er unerreichbar, spaziert und komponiert in einem. Dann speist er mit Henschel zu Mittag, ist frei für
Unternehmungen. Henschel ist ein genauer Beobachter
und beschreibt Brahms: »Er sieht prächtig aus und geht
hier, wie es ihm gefällt, immer mit sehr sauberer Wäsche,
aber ohne Halskragen und Binde, und gewöhnlich mit offe-
ner Weste, den Hut in der Hand... Sein Appetit ist vortreff-
lich. Des Abends trinkt er regelmäßig drei Glas Bier und
zum Schlusse stets seinen Kaffee... Wenn wir zusammen
baden, kann ich seine muskulöse Gestalt nicht genug ansehen −. Er hat übrigens ein ganz solennes Schmerbäuch-
lein...«

Mit dem jungen Freund (Henschel war damals 36 Jahre alt) geht Brahms spazieren. Sie bauen sich im Wald ein Nest, installieren eine Hängematte, führen Gespräche, plaudern… Sie beobachten Unken, die sie fangen, freilassen, wieder fangen. Brahms »lachte aus vollem Herzen dazu«. Die Unkenlaute: »Gibt es etwas Traurigeres, etwas Melancholischeres als diese Musik, deren nicht einmal ganz bestimmbare Töne sich immer und immer nur im Umkreise einer kleinen Terz bewegen, meist so, wie in meinen letzten Liedern.« Erst im Mai hatte er *Alte Liebe* und *Sommerfäden* nach Texten von Karl Candidus vertont − elegische Gesänge mit auffallend engräumiger Melodiebildung.

Auf Richard Wagner kommen die Freunde zu sprechen. Den *Ring* verstünde er nicht, meint Brahms und deklamiert mit Pathos Verse aus der *Götterdämmerung*. Auch die *Tristan*-Partitur: »Wenn ich die am Morgen angesehen habe, bin ich den ganzen Tag verstimmt.« Henschel versucht, Brahms zur Teilnahme an der Eröffnung der ›Bayreuther Festspiele‹ zu bewegen. Ja, interessieren würde es ihn schon, aber er weiß nicht recht, außerdem sei es ihm zu teuer! Brahms ist auch später nie nach Bayreuth gefahren. Am 19. Juli reist Henschel ab. Vorher hatten beide noch ein Konzert im Salon des Hotels gegeben. Brahms begleitet den Freund noch eine kurze Strecke im Reisewagen − kurzer Abschied. Es war eine sommerliche Episode gewesen.

Brahms kehrt zurück zu der großen Aufgabe, die er sich gestellt hat, hier in der herben Landschaft. Noch drei Wochen wird er auf der Insel bleiben. Er arbeitet am Finale seiner *Ersten Sinfonie*. Er will das Werk nun endlich zu Ende bringen, das er seit mindestens vierzehn Jahren plant und dessen Verwirklichung ihn immer wieder zögern ließ.

»Ich werde nie eine Sinfonie komponieren! Du hast keinen Begriff, wie es unsereinem zu Mute ist, wenn er immer so einen Riesen hinter sich marschieren hört.« Noch Anfang der siebziger Jahre hat Brahms es gegenüber Hermann Levi bekannt. Mit dem »Riesen« war Beethoven gemeint. Kein Komponist kam an ihm vorbei, wollte er Sinfonien schreiben. »Wer vermag nach Beethoven noch etwas zu machen?« Resignierend hatte das schon vor sechzig Jahren der junge Franz Schubert seinem Freund Josef von Spaun anvertraut. Beethovens Übermacht wirkte lähmend auf die Nachgeborenen. Nicht auf alle. Einige fühlten sich beflügelt: die ›Neudeutschen‹ – Franz Liszt sah neue Wege in der Gattung der ›Sinfonischen Dichtung‹, Richard Wagner im ›Gesamtkunstwerk‹ und im ›Musikdrama‹. Für Brahms waren dies keine Alternativen.

Das ›Sinfonieproblem‹ war für ihn ein Trauma. Einerseits mag er schon frühzeitig davon überzeugt gewesen sein, sinfonische Werke hervorbringen zu können (hatte nicht Robert Schumann schon 1853 seine frühen *Klaviersonaten* »verschleierte Sinfonien« genannt?), andererseits ließ sich Beethovens Sinfonik nicht einfach weiterführen. »Ach Gott, wenn man wagt, nach Beethoven Sinfonien zu schreiben, so müssen sie ganz anders aussehen«, ein Wort des jungen Brahms. Aber wie könnten diese Sinfonien aussehen? Das war das Problem, für das er nach einer Lösung suchte. Seine bis dahin entstandenen Werke in größerer Orchesterbesetzung sind in diesem Zusammenhang zu sehen. Über allen steht die Frage nach dem Weg zur Sinfonie: über den beiden *Serenaden op. 11 und op. 16*, über dem *Klavierkonzert op. 15*, über den *Haydn-Variationen* op. 56 a.

Mit dem *Deutschen Requiem* war 1869 die Schumannsche Verheißung aus den ›Neuen Bahnen‹ in Erfüllung gegangen. Aber das war Chorsinfonik gewesen. Die verwickelte Entstehungsgeschichte des *Ersten Klavierkonzertes*, das ursprünglich eine Sonate für zwei Klaviere, dann eine Sinfonie werden sollte, läßt Brahms schon Ende 1857 klagen: »Ich habe kein Urteil und auch keine Gewalt mehr über das Stück… Es wird nie was Gescheutes daraus«, schrieb er damals an Joseph Joachim. Von den frühen Versionen ist nichts erhalten. Vermutlich wurden sie ebenso vernichtet wie die Partituren mehrerer Sinfonien, von deren Existenz Brahms' Stiefmutter Karoline und Stiefbruder Fritz Schnack gewußt haben wollen (Max Kalbeck hat es überliefert). Im Sommer 1862 hatte Clara Schumann zu ihrer großen Überraschung einen vollständigen Sinfoniesatz in c-Moll erhalten. Es war der Kopfsatz der späteren *Ersten*. In ihrem Brief vom 1. Juli an Joseph Joachim sind die ersten Takte des Allegro-Hauptsatzes im Notenbild mitgeteilt. So wissen wir auch, daß es damals die bedeutsame langsame Einleitung noch nicht gegeben hat. Der ziemlich abrupte Satzbeginn erschien der Freundin »wohl etwas stark«, sie meinte aber gleichzeitig: »Alles ist so interessant in einander verwoben...« Kammermusikalisch, feingliedrig also, motivisch verflochten – nicht die »kämpferische« Emphase Beethovens, nicht dessen strukturelle Direktheit der Sinfoniesätze. Noch war Brahms auf der Suche, noch sammelte er die Bausteine seiner künftigen Sinfoniegebäude.

Ein wichtiger Baustein dieser Art ist überliefert. Am 12. September 1868 gratulierte Brahms Clara zum 49. Geburtstag mit einer Art Albumblatt. Er hatte eine Melodie mit unterlegtem Text notiert: »Hoch auf'm Berg, tief im Tal, grüß' ich dich vieltausendmal!« Darüber stand: »Also blus das Alphorn heut«.

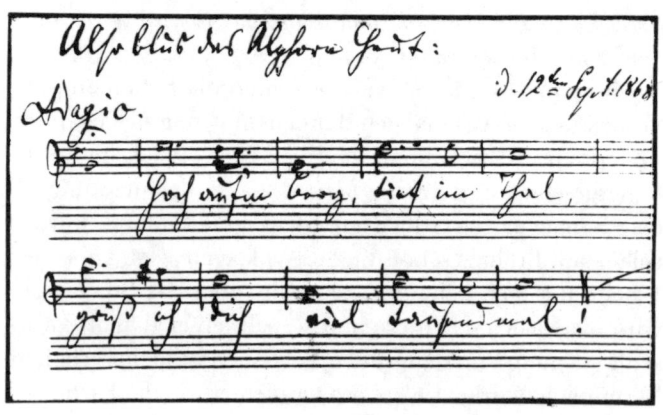

Der Gruß kam aus dem Berner Oberland – ein Zeichen der Versöhnung. Denn seit zwei Jahren schwelte zwischen beiden ein Konflikt. Brahms hatte sich während seines letzten Besuches in Baden-Baden 1866 wenig taktvoll benommen, hatte Clara in ihrer Künstlerehre gekränkt, sich eingemischt in familiäre Angelegenheiten. Der anschließende Briefwechsel steckt voller gegenseitiger Beschuldigungen. Jeder glaubte sich im Recht, keiner steckte zurück. Auch Freund Hermann Levi wußte ein Lied davon zu singen. Brahms müsse vom »Dämon der Schroffheit, der Kälte, der Herzlosigkeit« gerettet werden, schrieb er im Oktober 1867 an Clara, sonst »ist er für uns und für die Kunst verloren«. Brahms stieß die Freunde vor den Kopf. Vielleicht entsprang seine Grobheit einer inneren Gereiztheit, die auf Schaffensprobleme deutet? Eines ist sicher: Die Geburtstagsmelodie auf dem Albumblatt ist das Hornthema aus dem Finale der *Ersten Sinfonie*. Dieses Thema wird, wenn es erklingt, das ganze viersätzige Werk beherrschen, alles bis dahin Gehörte in einem neuen Lichte erscheinen lassen, die überlieferte Finalsatzgestaltung total verändern. Aber dieses Finale wird erst jetzt, acht (!) Jahre später, niedergeschrieben – in Saßnitz auf Rügen.

Kalbeck meint, das Finale sei 1874 in Rüschlikon am Züricher See begonnen, aber zwei Jahre später, in Saßnitz an der Ostsee in die letzte Fassung gebracht worden. Ging er deshalb nach dem Norden, weil er seinem Sinfonie-Erstling nur hier, in der Landschaft seiner norddeutschen Heimat, den nötigen Ernst eingeben konnte? Brauchte er dazu die Atmosphäre einer Landschaft, die ihm das ermöglichte? Er bringt den Ruf des Alphorns aus der Schweiz an die Küste. Im Gepäck befindet sich der längst schon fertige erste Satz. Und wenn Kalbeck recht hat, dann liegen auch Partiturblätter vom Finale dabei – die Eckpfeiler des großen epischen Vorhabens. Die ganze Mühsal mit dem ernsten Stoff begleitet den ruhelos schaffenden Küstenwanderer. Und immer »blus das Alphorn heut«! Die aufgewühlte See und die geplagte Seele aber werden befriedet vom hereinbrechenden Lichtstrahl des Hornsignals. Das wird die Lösung sein – die Ab-Lösung von der erdrückenden Übermacht Beethovens.

Allein schon mit der tragisch-ernsten Tonart c-Moll schafft er Beziehungen zu Beethovens *Pathétique*, zum *Dritten Klavierkonzert* zur *Coriolan-Ouvertüre* und zur *Fünften Sinfonie*. Und schließlich das Hauptthema des Finales in C-Dur – es assoziiert Nähe zum »Freuden«-Thema aus Beethovens *Neunter* so überdeutlich, daß Brahms später einmal, als er darauf angesprochen wurde, sarkastisch erwiderte: »Jawohl, und noch merkwürdiger ist, daß das jeder Esel gleich hört.« Reverenz, geistige Verwandtschaft und Bekenntnis zur historisch-künstlerischen Herkunft soll dies heißen. Doch da ereignet sich das Unerhörte: In das vertraute konfliktbeladene Ringen, also in die klassische Konzeption vom ›per aspera ad astra‹ dringen jetzt Kräfte von außerhalb ein. Das Vertrauen auf die menschliche Siegesfähigkeit gehörte seit den Tagen der Französischen Revolution zum fest verankerten Grundmuster sinfonischer Musik – es scheint fragwürdig.

Dort, wo nach den Kraftanstrengungen in der langsamen, aber zerklüfteten Moll-Einleitung des Finalsatzes schließlich der Durchbruch geschafft ist, ertönt keine Siegesfanfare, keine schmetternde Trompete, sondern das Horn trägt die befreiende Melodie in strahlendem Dur vor und leitet ein grandioses Naturbild ein. Über der vibrierenden Klangfläche der gedämpften Streicher antwortet die Soloflöte in romantischer Entrücktheit. Was darauf folgt, ist ein feierlicher Choral der Posaunen. Beides gehört zusammen – Naturbild und Choral. Es sind Klangsymbole übergreifender Instanzen, die auf das Individuum einwirken. Erst jetzt, nach dieser programmatischen Eröffnung, beginnt die lange Wanderung mit dem Hauptthema, das so an die ›Neunte‹ erinnert. Es wird ein steiniger Weg, herausfordernd und gefahrvoll. Aber im kritischen Augenblick ist sie wieder da, die Hornmelodie, jetzt so mächtig und allumfassend, daß diese Stelle nicht nur als Gipfel des Finales, sondern der ganzen

Sinfonie empfunden wird. Am Ende krönt der Choral das Werk. Zwei verschiedene Kräfte wirken also zusammen und durchdringen einander: Realität und Symbolik. Die Gesetze des klassischen Sinfoniesatzes scheinen von nun an beträchtlich erweitert. An den entscheidenden Stellen des sinfonischen Geschehens, dort, wo ein Bekenntnis erwartet wird, erfährt der Mensch in seinem dunklen Drange die Allmacht von Natur und Glauben, aber so weit gefaßt, daß Naturphilosophie und Pantheismus gleichermaßen Platz finden.

Hier oben, am Steilufer von Saßnitz, ist es Brahms gelungen, seine ureigenste Finallösung der Sinfonie zu finden. Singulär ist das Werk und singulär gleichermaßen das Ereignis im Leben des Komponisten. Bald reist er ab, jedenfalls trifft er am 10. August in seiner Vaterstadt Hamburg ein, arbeitet weiter an der Partitur. Dann aber zieht es ihn zurück in die lieblichere Gegend Baden-Badens. Den ganzen Herbst verbringt er dort im vertrauten Lichtenthal, vom 10. September bis 31. Oktober. Clara hat als erste das Neugeschaffene gehört. In ihr Tagebuch notiert sie am 25. September: »Johannes spielte mir zwei Symphoniesätze vor, was mich enorm interessirt hat – ich warte noch auf die zwei andern Sätze um mir ein Urtheil festzustellen. Großartig sind die zwei (1. und letzter Satz), schwungvoll, geistreich, durch und durch; nur wollen mir die Melodien nicht reich genug erscheinen, doch ich muß eben das Ganze hören!« Diese beiden Mittelsätze sind in Lichtenthal ziemlich schnell hinzugekommen – das Hauptwerk war ja getan! Die lang ersehnte *Erste Sinfonie* aus Brahms' Feder – sie liegt endlich auf dem Tisch. An Simrock geht am 5. Oktober die scherzhaft formulierte Nachricht: »An den Wissower Klinken ist eine schöne Symphonie hängen geblieben. Ich glaube, Henschel hat ein Lied daraus gemacht, Es-dur 4/4-Takt, verlangen Sie es nur.« Simrock wußte sofort Bescheid. Ende Mai 1877 wird er das Manuskript erhalten, im Oktober das Werk als Opus 68 vorliegen. Die ersten Aufführungen aber erfolgen noch aus dem ungedruckten Notenmaterial. Mit Otto Dessoff, dem damaligen Hofkapellmeister in Karlsruhe, ist für den 4. November 1876 die Uraufführung geplant. Brahms steht unter starkem Zeitdruck, er arbeitet angestrengt, um den Termin zu halten. Noch in letzter Minute ändert er, läßt die Stimmen schreiben und erörtert brieflich Einzelheiten mit Dessoff. Dann übergibt er das Werk der Öffentlichkeit und entläßt es aus der Verantwortung seines künstlerischen Gewissens.

Daß dann Hans von Bülow mit seinem Bonmot von der ›Zehnten Beethovens‹ für lange Zeit den Blick für das Unverwechselbar-Eigene dieses Werkes verstellt hat, gehört zu den Erfahrungen des schaffenden Künstlers. Zehn Jahre später offenbarte er sich Joseph Joachim und meinte, Rügen »ist ganz herrlich schön und ich habe einen Sommer dort sehr lange – ausgehalten! Leider mußte ich mir nämlich sagen, daß ich trotz aller Schönheit nicht wiederkommen würde.« Es war eben ein singuläres Ereignis – die Insel und das Finale.

1 Johannes Brahms, Ischl 1894

2 Brahms' Wohnung in Hamm bei Hamburg
Nächste Seite:
3 Johannes Brahms, Hamburg 1862
4 Elisabeth von Herzogenberg
5 Agathe von Siebold
6 Johannes Brahms und Julius Stockhausen, Wien 1869

7 Clara Schumann, Düsseldorf 1857
8 Clara Schumanns Haus in Lichtenthal, um 1865

9 Anselm Feuerbach
10 Brahmshaus in Lichtenthal

11 Julie Schumann, um 1865

12 Allgeyer, Brahms und Levi beim Betrachten eines
Hochzeitsgeschenkes für Julie Schumann, 1869

13 Brahmshaus in Tutzing
14 Brahmshaus in Rüschlikon

15 Joseph Viktor Widmann
16 Georg Henschel, Berlin 1877
17 Fritz Simrock, Karlsbad 1881
18 Joseph und Amalie Joachim, um 1865

19 Pörtschach am Wörthersee, 1876
20 Joseph Joachim, Pastell von L. Michalek, 1891
21 Theodor Billroth, Wien 1874

22 Johannes Brahms, 1887

23 Johannes Brahms mit Marie Soldat

24 Brahms am Klavier,
Kohlezeichnung von Willy von Beckerath;
aus dem Gedächtnis, 1899

25 Brahmshaus in Preßbaum bei Wien
26 Johannesplatz in Mürzzuschlag, links das Brahmshaus

27 Hermine Spies

28 Brahms' Sommerwohnung in Hofstetten bei Thun
29 Brahmshaus in Wiesbaden

30 Joseph Joachim und Robert Hausmann
31 Hans von Bülow und Brahms, Berlin 1889

32 Klaus Groth und Brahms in Thun, 1888
Karikatur von C. W. Allers

33 Johann Strauß und Brahms in Ischl, 1894

34 Richard Mühlfeld,
Zeichnung von L. Michalek, Wien 1899

35 Brahms in der Kutsche mit Karl Goldmark und
Victor von Miller zu Aichholz, Ischl, Juli 1893
36 Brahmshaus in Ischl
37 Herzog Georg II. mit seiner Gemahlin, 1914

38 Theodor Billroth in St. Gilgen am Wolfgangsee, 1892

39 Nach der Beerdigung von Clara Schumann am 20. Mai 1896
bei der Familie von Beckerath auf dem Hagerhof bei Honnef.
Johannes Brahms im Gespräch mit Gustav Ophüls
und Mitgliedern der Familie von Beckerath

40 Brahms auf der Silberhochzeit des Ehepaars Fellinger,
Wien, 15. Juni 1896

VIERTES KAPITEL

Dreimal Pörtschach
1877-1879

Pörtschach 1877
Zweite Sinfonie op. 73

»Also in Pörtschach bist Du? Hätte man nur eine Idee, wo das ist.« Ein wenig erstaunt fragt Clara Schumann am 6. Juli 1877 an. »Laß mich doch auch mal wissen, wie es Dir in Pörtschach gefällt? Wie es liegt? Berge, Seen, Wald?« Zwei Wochen ist Brahms schon dort, da will sie endlich etwas mehr erfahren, aber erst im August teilt er ihr kurz und bündig mit: »Unsre Landschaft gleicht beiläufig der vom Starnberger See, nur haben wir größere Berge im Hintergrund, die Karawanken.« – Brahms hatte sich diesmal schwer getan, Wien zu verlassen. Der Frühling im Prater war wunderschön gewesen. Einen vollen Strauß von Liedern hatte er hier im Überschwang der Gefühle niedergeschrieben, zusammengestellt, schon Vorhandenes gesichtet, überarbeitet, jedenfalls druckreif gemacht – die Opera 69 bis 72, 24 Lieder insgesamt. Darunter *Salome* und *Abendregen* von Gottfried Keller, *Mädchenfluch* aus dem Serbischen, *Alte Liebe* (»Es kehrt die dunkle Schwalbe...«) von Karl Candidus. Ende März erhält Theodor Billroth, der immer wieder ins Vertrauen gezogen wird, einige Manuskripte, läßt sich in Berlin von Amalie Joachim und Julius Stockhausen daraus vorsingen. Einen Monat später erhalten die Herzogenbergs die Lieder zur Begutachtung, aber nur für kurze Zeit, damit auch Clara Schumann sie zur Kenntnis nehmen kann. Erst dann trifft das komplette Paket bei Simrock am 6. Mai zur Veröffentlichung ein. Honorar: 150 Taler pro Lied. Bereits in den Sommermonaten Juli und August sind sie gedruckt.

Als Brahms am 6. Juni Wien verläßt, weiß er also seine neuen Liederfolgen in besten Händen. Die ernste und schwierige Arbeit der *Ersten Sinfonie* vom Vorjahr ist nun auch erledigt; er hat sich einer sehr lange getragenen Bürde entledigt, fühlt sich innerlich frei und gelöst, ist frohgelaunt. Mindestens zwei Tage benötigt er, bis er Kärnten, den Wörthersee und das Dorf Pörtschach erreicht, das damals noch unter der Postadresse Maria Wörth zu finden war. Die Empfehlung hatte vermutlich Karl Kupelwieser, Sohn des Schubert- und Grillparzerfreundes Leopold Kupelwieser gegeben, der mit seiner Frau, einer dilettierenden Malerin aus der Familie der Wittgensteins, in Pörtschach ein Haus bezogen hatte.

Brahms aber wohnt im Schloß bei der Familie des Baron von Pausinger, die er von München her kannte. Alles läßt sich bestens an. An Arthur Faber schreibt er:»Pörtschach liegt allerliebst, und ich fand eine niedliche und, wie es scheint, angenehme Wohnung im Schloß! Das kannst Du im allgemeinen einfach so erzählen, das imponiert. Nebenbei aber sage ich, daß ich eben zwei kleine Zimmer der Hausmeisterwohnung habe, *mein* Flügel würde die Treppe nicht heraufgehen, auch wohl die Wand sprengen. Zum Glück hat Dr. Kupelwieser aus Wien hier eine Villa und einen Stutzflügel. Den haben wir sofort ins Zimmer gestellt, und mein Flügel kommt nun in die Villa.«

Das Sommerdomizil scheint verschwiegen: Ein Rundbogentor, mit Weinlaub überwachsen, gewährt Einlaß. Im lauschigen Innenhof steht ein alter Brunnen und eine schattenspendende Linde. Über das enge Treppenhaus werden die kleinen Räume erreicht, die Brahms bewohnt. Keines der Fenster blickt zur Straßenseite. Es ist eine Art Klause für den schaffenden Eremiten. Schnell hat der Frühaufsteher und Selbstverpfleger seinen Tagesrhythmus gefunden. Und preiswert ist die Unterkunft außerdem – dreißig Gulden im Monat. Doch die Kehrseite: Frau Baronin möchten immer wieder vierhändig spielen mit dem berühmten Gast aus Wien. Außerdem ist sie eine unermüdliche Aquarellistin, erkundet mit kriminalistischem Spürsinn alle Schleichwege des einsamen Morgenwanderers, um sie in malerischen Motiven festzuhalten. Hinzu kommen Einladungen der ›Herrschaften‹ – Landpartien, Segelbootfahrten... es wird ihm bald zuviel. Willkommen heißt er dagegen den gebürtigen Westpreußen Iwan Knorr aus Charkow, dessen Orchestervariationen über ein ukrainisches Volkslied gründlich und wohlwollend durchgesprochen werden. Brahms hat an dem zwanzig Jahre Jüngeren Gefallen gefunden und ihn später mit Erfolg gefördert – ähnlich wie Antonín Dvořák. Brahms ist ausgelassen, »froh wie ein Kind«, bemerkt später Knorr. Franz Wüllner kommt hinzu. Gemeinsam besteigen sie den Dobratsch in der Villacher Alpe. Anschließend wandert Brahms allein im Ampezzotal zwei Tage lang. Begeistert berichtet er Clara: »Aber im Ampezzo-Tal wärst Du entzückt gewesen! Über alles, die Berge (Dolomitenfelsen von den eigentümlichsten Formen und Farben, daß man sich nicht satt sieht), die Seen, die Blumen, die prachtvolle Straße und was alles.« Das war Anfang August. Dann kehrt er zurück nach Pörtschach und vertieft sich erneut in seine Arbeit.

Wieder hatte Brahms einen geeigneten Ort für das sommerliche Schaffen gefunden. Sanfte Seenlandschaft, ein mildes, fast mediterranes Klima, die Harmonie der Farben von Grün, Blau und Weiß in unbeschreibbaren Schattierungen und Mischungen. Im Hintergrund die Silhouette des Gebirgszuges der Karawanken. Den »schwimmenden Vorgarten Italiens« hat Kalbeck die Gegend treffend genannt. »Ich gehe auch im Sommer nicht wieder aus Österreich hinaus. Es ist zu schön und lieb hier, und was soll ich mich mit Norddeutschen und Schweizern herumschlagen?« schreibt Brahms am 13. August an Simrock und kann es nicht lassen hinzuzufügen: »Schade, daß es keine österreichischen Verleger gibt, das müßten reizende Leute sein!« Über weite Strecken der Sommerwochen ist er allein. Einige wenige Freunde lädt er ein – Joachim, Simrock. Sie kommen nicht, was ihm so unrecht nicht ist. Am liebsten hält er sich diesmal alle Gäste vom Leibe. Der Hauptgrund: Er ist inspiriert und komponiert und komponiert... Er schreibt an seiner *Zweiten Sinfonie*.

Nur ein Jahr nach Vollendung der *c-Moll-Sinfonie* läßt er also schon die *Zweite* folgen. Drängt es ihn in zeitlicher Dichte zur Antithese des strengen Erstlings? Wie eng die beiden Sinfonien beieinander stehen, unterstreicht die Tatsache, daß der Komponist noch im Juni an der vierhändigen Klavierfassung des c-Moll-Werkes arbeitet, während gleichzeitig der Kopfsatz der *Zweiten Sinfonie* entworfen wird. Man hat sie Brahms' ›Pastorale‹ genannt, nicht zu Unrecht, begnügt man sich mit dem ersten Eindruck. Daß ein so anmutig heiteres Werk entstehen konnte, hat mindestens zwei Gründe. Einmal ist es das Resultat eines Befreiungsaktes nach jahrelangem Ringen um die Sinfonie als Gattung. Jetzt fühlt er sich sicher im Umgang mit der orchestralen Großform. Er fühlt sich sicher als Sinfoniker nach Beethoven ohne den Makel des Epigonenhaften (auch wenn immer wieder versucht wurde, ihm gerade dies zu unterstellen). Zum anderen aber wirken die freundlichen Stimmungen der sonnigen Pörtschacher Umgebung auf sein Gemüt. Das pure Gegenteil zur rauhen Schönheit von Saßnitz und der Insel Rügen! Brahms durchbricht die Krusten, mit denen er sich sonst einhüllt und nach außen hin abschirmt. An Eduard Hanslick schreibt er: »Wenn ich Dir etwa den Winter eine Symphonie vorspielen lasse, so soll's heiter und lieblich klingen, daß Du glaubst, ich habe sie extra für Dich oder gar Deine junge Frau geschrieben! Das ist kein Kunststück, wirst Du sagen, Brahms ist pfiffig, der Wörther See ist ein jungfräulicher Boden, da fliegen die Melodien, daß man [sich] hüten muß, keine zu treten.« Als es dann auf den Winter zugeht, hält die gute Laune noch immer an. Geradezu übermütig klingen die Sätze, die er Ende November an Elisabeth von Herzogenberg richtet: »Die neue ist aber wirklich keine Symphonie, sondern bloß eine Sinfonie, und ich brauche sie Ihnen auch nicht vorher vorzuspielen. Sie brauchen sich nur hinzusetzen, abwechselnd die Füßchen auf beiden Pedalen, und den f moll-Akkord eine gute Zeitlang anzuschlagen, abwechselnd unten und oben, ff und pp – dann kriegen Sie allmählich das deutlichste Bild von der ›neuen‹.« Brahms foppt, ist ausgelassen und zu Scherzen aufgelegt, gerade bei Elisabeth, die selbst so charmante, zwischen Verliebtheit und Anbetung schwankende Briefe zu schreiben weiß. Das f-Moll ist natürlich ein Schelmenstreich und wurde auch so verstanden. Als sich Brahms im September 1877 in Lichtenthal bei Clara Schumann aufhält – da war er nun abgereist aus Pörtschach –, spielt die *D-Dur-Sinfonie* natürlich eine große Rolle, und Clara berichtet an Hermann Levi, Brahms sei in guter Stimmung und sehr entzückt von seinem Sommeraufenthalt und habe überdies, »im Kopf wenigstens, eine neue Symphonie in D-Dur fertig – den ersten Satz hat er aufgeschrieben – ganz elegischen Charakters«. Die Empfindungsskala fürs Elegische ist gewiß weit, und es muß sich keineswegs ein Widerspruch ergeben zwischen Brahms' offeriertem »heiter und lieblich« und dem etwas anderen Eindruck Claras. Wenn dann allerdings Simrock Ende November, nachdem die Sinfonie längst geschrieben war, zu lesen bekommt: »Die neue Symphonie ist so melancholisch, daß Sie es nicht aushalten. Ich habe noch nie so etwas Trauriges, Molliges geschrieben: die Partitur muß mit Trauerrand erscheinen«, dann bringt Brahms wieder einmal seinen eigenwilligen Humor, seine Selbstironie ins Spiel. Will er sich schützen vor zu großer Huldigung, die ihm mit großer Wahrscheinlichkeit für die geglückte heitere Sinfonie-Antithese entgegenschwingen wird? Es scheint tatsächlich so, denn während der Endproben zur Uraufführung am 30. Dezember in Wien unter Hans Richters Leitung flaxt er weiter und meint gegenüber Elisabeth: »Hier spielen die Musiker meine Neue mit Flor um den Arm, weil's gar so lamentabel klingt; sie wird auch mit Trauerrand gedruckt.« Er hat sich festgebissen an seinem Spaß.

Die *Zweite Sinfonie in D-Dur op. 73* ist Brahms' heiterste sinfonische Komposition – und sie bleibt es, auch wenn bei genauerem Hineinhören das Etikett ›heiter‹ nicht ausreicht. Da ist gleich der Beginn: Ein Baßmotiv eröffnet den ersten Satz. Es wird kaum richtig wahrgenommen, geschweige ernstgenommen, besteht es doch aus nichts anderem als aus dem Grundton d und dem Leitton cis, der wieder zum d zurückführt, um dann in die Unterquarte a, die Dominante also, abzuspringen und drei Takte lang ausgehalten zu werden. Eine kleine, unscheinbare Pendelbewegung mit Ruheton – also nichts Besonderes. Inzwischen hat sich die Partitur belebt durch den Einsatz der Hörner im zweiten Takt mit weichen, ruhig schwingenden Dreiklangsbildungen – ebenfalls vier Takte umfassend. Also zwei Ebenen, um einen Takt verschoben. Jetzt wird die Baßebene, nennen wir sie einmal so, um eine Terz angehoben. Das Pendelmotiv mit dem Halteton erscheint also wieder, und die Oberstimmen, jetzt den Holzbläsern anvertraut, setzen den Dreiklangsgesang fort, wieder um einen Takt verzögert. Es entsteht ein Klangbild, das man in Anlehnung an die Poesie lyrisch nennen mag und das uns hineinzieht in ein Gefühl des Einklangs von Natur und Seele. Die pastorale Stimmung, der lyrische Tonfall, der, von der Natur abgelauscht, ins Musikalische eingeht, prägt den ganzen ersten Satz, die ganze Sinfonie. Brahms' Gestaltungsweise erschöpft sich aber nicht im bloßen Erzeugen einer ›Stimmung‹. Alle Vorgänge – jede melodische Wendung, jede Überleitung, jede rhythmisch-metrische Verschiebung – erweisen sich als etwas ›Gebautes‹, werden gleichsam zu ›Architektur‹ von Intervallen, Harmonien, Klangfarben und Rhythmen. Wer nur hörend genießt und dabei den schmerzlich süßen Tonfall des Seitenthemas wahrnimmt – wieder ist es ein Pendeln, jetzt zwischen den Tongeschlechtern Dur und Moll –, muß bald spüren, daß die ›Heiterkeit‹ dieser Musik auf unnennbare Weise gebrochen ist und daß das viele Licht auch Schatten wirft. Tiefem Glücksgefühl sind Tränen nicht fremd. Clara hat es gleich überstark empfunden – »ganz elegischen Charakters«.

Wir kennen solche ›Gebrochenheiten‹ von Glück und Schmerz, Naturbild und Sehnsucht aus dem sinfonischen Werk Gustav Mahlers, dort allerdings bis zur tragischen Zerrissenheit, bis zum Schrei des Individuums gegen die Scheinheiligkeiten der Welt gesteigert. Eine leise Vorahnung davon erfaßt uns, hören wir Brahms' *Zweite*. Im überschäumenden Finale, dort, wo man es am allerwenigsten erwartet, steht die Sequenz zweier fallender Quartschritte, die zu den Bausteinen des Finalsatzes gehören, plötzlich ganz fahl, einsam und verloren im Raum, verteilt auf Flöten und Klarinetten einerseits, Posaunen und Baßtuba andererseits, von flirrenden Streicherfiguren umgeben, alles im Pianissimo, fragend und resignierend in einem. Die Stelle hat etwas Prinzipielles, Existentielles. Es ist der Augenblick unmittelbar vor Eintritt der Reprise mit der Wiederkehr des kollektiv empfundenen Trubels. Da hängt das musikalische Geschehen für Momente am seidenen Faden. Genau mit diesem Motiv, anders instrumentiert zwar im einzelnen, aber übereinstimmend im musikalischen ›Bild‹, eröffnet sieben Jahre später der vierundzwanzigjährige Gustav Mahler seine *Erste Sinfonie*. »Wie ein Naturlaut« überschreibt er diese suggestive Introduktion. Das Aufregende ist die Art des Zusammenhangs: Bei Brahms erscheint die Stelle als kritischer Punkt einer Entwicklung, bei Mahler als deren Ausgangspunkt.

Zurück zu Brahms. Der zweite Satz der Sinfonie, ein inhaltsvolles Adagio in H-Dur, beginnt mit einer Cellokantilene, die durch neue Gestalten in den Bässen und den anderen Instrumentengruppen auf verschiedene Weise ausgeleuchtet wird. Die Form, die ›Architektur‹ also, schwankt zwischen Lied- und Sonatenform. Anders gesagt: Beide Formprinzipien durchdringen einander. Oboe und Flöte greifen den Hauptgedanken, die ›Grundidee‹ des Satzes, wieder auf – Friede kehrt ein. Der dritte Satz ist der kürzeste, problemloseste und deshalb beim breiten Publikum der beliebteste. Drei verschiedene Tänze spielt Brahms auf: das alte Menuett, den Galopp und schließlich den Geschwindwalzer. Ungarisches mischt sich mit Wienerischem, natürlich nicht direkt, sondern stilisiert. Szenenwechsel einerseits und innere Folgerichtigkeit andererseits – das ist meisterhaft gestaltet. Selbst hier, wo die Bilder einander ablösen, bleibt die

Ganzheit gewahrt. Wie ein mächtiges Tutti entfaltet sich das Finale, kraftvoll und großzügig, wenngleich es ganz sacht und verhalten beginnt. Das schleichend einsetzende Thema der Streicher – es greift auf die Pendelbewegung des ersten Satzes zurück! Die Hörner suggerieren wieder Naturstimmung. Energisch aufstrebende Partien, auch herzhafter Humor, unterstreichen die fortwährende freudige Bewegtheit. Ist das ein froher Ausklang, ein ›Kehraus‹ aus Haydns Zeit! Und in dieser Art der einzige Finalsatz unter den vier Brahmsschen Sinfonien. Er hat ihn erst in Lichtenthal im September 1877 zu Papier gebracht. Aber, wie schon gezeigt, so geradlinig und eindeutig frisch-fröhlich geht es eben doch nicht zu. Kurz nach Beendigung der Partitur kündigt Brahms in bester Laune seinem Verleger Simrock das Werk als »das neue liebliche Ungeheuer« an – so ganz nebenbei. Billroth fand, nachdem er die Sinfonie gehört hatte, treffende und poetische Worte: »Das ist ja lauter blauer Himmel, Sonnenschein und kühler, grüner Schatten. Am Wörther See muß es doch schön sein.«

Anders als die *Erste*, fand die *D-dur-Sinfonie* schnell ungeteilte Zustimmung. Schon bei der Uraufführung durch die Wiener Philharmoniker mußte der dritte Satz wiederholt werden. Der Siegeszug setzte sich in anderen Städten fort. Nur im Leipziger Gewandhaus ging am 10. Januar 1878 einiges schief. Es war die erste Aufführung nach der Wiener Premiere. Brahms dirigierte selbst. Im ersten Satz bliesen die Posaunen schrecklich daneben. Im zweiten wurden die Hornisten nervös und verdarben die Stimmung. Die offizielle Kritik rügte aber etwas anderes – das Heiter-Freundliche des Werkes! »Wir stellen andere Anforderungen an Brahms und verlangen mehr als ›hübsche‹ und ›sehr hübsche‹ Musik von ihm, wenn er als Symphoniker uns entgegentritt.« So die Meinung des angesehenen und seriösen Alfred Dörffel, nachzulesen in den ›Leipziger Nachrichten‹ vom 13. Januar. Es war zu wenig ›Beethoven‹ zu spüren – für die Leipziger der unverrückbare Maßstab.

Am Wörthersee gelangt aber auch noch ein anderes Opus zum Abschluß – die beiden *Motetten op. 74* für gemischten Chor a cappella. Wenn schon in der *Zweiten Sinfonie* elegische Töne mitschwingen, so führen uns die Motetten hin zum Ernst des Lebens. Die Frage nach dem Sinn des Daseins und nach dem Tod, dem unvermeidlichen, hat Brahms von früher Jugend an tief ergriffen. Die Beschäftigung mit den letzten Dingen wurzelt in einer religiösen Grundhaltung, nicht aber in einer konfessionellen Bindung oder gar in einer dogmatischen Auffassung. In seiner Bibliothek standen zuletzt fünf Bibeln, sogar eine plattdeutsche Ausgabe war darunter. Begleitet aber hat ihn lebenslang seine ›Knabenbibel‹ aus dem Jahr 1833, vermutlich ein Taufgeschenk. Sie zeigt intensive Lesespuren, verschiedenfarbige Anstreichungen und die charakteristischen Kratzstellen im Papier. Das, was ihn gedanklich bewegte, fand er hier treffend formuliert, wobei ihm das Alte Testament näher stand als das Neue. Dies ist zu verfolgen bis hin zu den *Vier ernsten Gesängen* von 1896.

Die erste Motette *Warum ist das Licht gegeben dem Mühseligen* ist vierteilig angelegt und gründet sich auf Texte aus dem Buch Hiob, den Klageliedern Jeremias, dem Jakobusbrief sowie dem Lutherischen Kirchenlied »Mit Fried und Freud ich fahr' dahin«. Ein Meisterwerk, das allein schon durch das mächtige Initial der mehrfachen »Warum«-Rufe Heinrich Schützsche Deklamationskraft aufleben läßt und die Hörer in seinen Bann zieht. Textausdeutung steht obenan. Die Musik bleibt durchweg dem Wort verpflichtet. Sie beugt sich mit Fuge, Kanon und Choral. Man denkt unwillkürlich an Johann Sebastian Bach. Ein Meisterwerk auch in anderer Beziehung: Die musikalische Substanz stammt aus früherer Zeit, nämlich aus der sogenannten *Missa canonica*, die bereits 1856 komponiert wurde, als sich der Dreiundzwanzigjährige intensiv mit Palestrina und der Wiedererweckung katholischer Kirchenmusik beschäftigte und sich in den Techniken des strengen Kontrapunkts übte. Nun also, zwei Jahrzehnte später, ist daraus ein reifes Kunstwerk entstanden. Nirgendwo Stückwerk, nirgendwo ein Beigeschmack von Kompilation. Ein ›Wurf‹, ein Werk aus einem Guß! – Die zweite Motette *O Heiland, reiß die Himmel auf* steht im Schatten der ersten. Der Form nach ist sie eine Choralpartita. In fünf Strophen wird die alte Kirchenliedmelodie von Friedrich von Spee aus dem Jahr 1631 kontrapunktisch kunstvoll ausgedeutet. Auch bei diesem Werk reicht die Beschäftigung mit dem Stoff, vielleicht sogar die Komposition, weit zurück. Den Text hatte sich Brahms schon 1863 herausgeschrieben, und die Melodie kannte er da auch bereits. In einem Brief vom 21. Februar 1870 an Max Bruch bemerkt Brahms, er habe die alte herrliche Melodie zum *Rorate coeli* nach einer älteren deutschen Übersetzung »in Motetten und Variationenform gesetzt«. Hat er das Ganze seitdem ruhen lassen, um es jetzt abschließend zu gestalten?

Eine andere, viel entscheidendere Frage drängt sich auf: Wie kommt Brahms ausgerechnet in der glücklichen Stimmung des ersten Pörtschacher Sommers auf so ernste Gedanken? Kalbeck glaubt den Grund im plötzlichen Tod des Komponisten Hermann Götz am 3. Dezember 1876 zu sehen. Das mag sein, obwohl durch Joseph Viktor Widmann überliefert ist, daß es zwischen den beiden grundverschiedenen Komponisten nie engere Beziehungen gegeben hat. Mehr als ein auslösendes Moment dürfte die traurige Nachricht nicht gewesen sein. In Brahms' Denken und Empfinden spielt jedoch der Tod eine fortwährende Cantus-firmus-Melodie, etwa die der alten gregorianischen Antiphone *Media vita in morte sumus* (Mitten wir im Leben sind mit dem Tod umfangen). Was diesen Gedankenkreis betrifft, so ist Brahms zeit seines Lebens dünnhäutig geblieben. Kann es nicht sein, daß gerade die Unbeschwertheit jenes Sommers außer den Energien für die *Zweite Sinfonie* auch das Gefühl für die Nähe des großen dunklen Gegenspielers freigesetzt hat? Brahms schafft mit den beiden Motetten das Korrelat zu seiner Sinfonie.

Brahms tut sich meist schwer, wenn es um die Widmung seiner Werke geht. Für die *Motetten op. 74* hatte er den Musikforscher und Bach-Biographen Philipp Spitta ausersehen – durchaus beziehungsreich. Joseph Joachim wußte davon und signalisierte die Absicht voreilig Spitta. Inzwischen aber kamen Brahms Bedenken: »... als ob ich Besonderes, Mustergültiges in dem Genre machen zu können glaubte... Das Ganze ist ja eine Kinderei...« (an Simrock am 31. Oktober 1878). Ein Rückzug war nicht mehr möglich, und das Opus 74 wurde Philipp Spitta zugeeignet. Der Vorgang scheint kaum erwähnenswert. Doch verbirgt sich dahinter eine charakterliche Eigenschaft, eine Form von Scheu gegenüber der Öffentlichkeit, ein bewußtes Herunterspielen der eigenen Leistung. Da neigt Brahms zu Untertreibungen – im entschiedenen Gegensatz zum großen Meister von Bayreuth.

Als er am 17. September 1877, von Pörtschach kommend, in Lichtenthal eintrifft, hat Clara lange warten und zugleich erfahren müssen, daß er diesmal sogar ihren Geburtstag am 13. vergessen hatte. In Baden-Baden trifft Brahms auf Max Bruch, den er nicht ausstehen konnte. Von beiden Komponisten erhält Fritz Simrock, ihr gemeinsamer Verleger, Briefe. Brahms an Simrock: »Aber Bruch ist mir fürchterlich böse – was kann ich für meine rohe Natur...?« Zuvor hatte sich Bruch Luft verschafft: »Er ist und bleibt mir ein greulicher Kerl«, beklagt er sich über »jenes eigentümlich teutonisch-lümmelhafte Wesen, welches er selbst in seinem 44. Jahr noch nicht abgelegt hat... Treffe ich mit Brahms im Himmel zusammen, so lasse ich mich in die Hölle versetzen!«

Die andere Seite – Brahms' Musik. Im Lichtenthaler Gasthaus ›Seelach‹ führt er sein großes Sommerwerk zu Ende. Die *Zweite Sinfonie* erhält ihr Finale. Der Ortswechsel hat keinen Einfluß auf die Arbeit. Menschliche Begegnungen, erfreuliche und weniger sympathische, berühren ihn nicht so, daß das Schaffen davon beeinflußt werden könnte.

Clara reist am 6. Oktober ab. Die beiden waren sich in diesen Spätsommertagen wieder sehr nahe gekommen. Erst am 23. oder 24. Oktober kehrt Brahms nach Wien zurück, die ›Lichtenthaler Sinfonie‹ im Gepäck und Erinnerungen an einen produktiven und erfüllten Sommer.

Pörtschach 1878
Violinkonzert op. 77

Der Sommer vollendet den Frühling. Und diesen verbrachte Brahms 1878 erstmals in Italien. Theodor Billroth
hatte es endlich geschafft, den Freund zu dieser Reise zu
überreden. Am 9. April brechen beide auf, Karl Goldmark
begleitet sie durch die Toskana bis nach Rom. Dort treffen
sie auf Gustav Nottebohm, den Beethoven-Forscher, mit
dem Brahms historische und musikwissenschaftliche Interes-
sen verbanden. Goldmarks Oper *Die Königin von Saba* sollte in
Rom in Szene gehen – so war ihr Komponist gebunden,
und Nottebohm als großer Weinkenner genoß das römische
Leben auf seine Weise. Brahms wäre am liebsten auch in
Rom geblieben, doch Billroth, begeisterter Italienfahrer,
zieht ihn weiter nach Neapel und Sizilien. »Mehr eine Stra-
paze als ein Vergnügen« sei es gewesen, meint Kalbeck.
Auch für Theodor Billroth war die Reise nicht immer er-
sprießlich. Brahms hatte seine Informationen über Italien
aus entsprechender Reiseliteratur bezogen, Billroth wußte
es aus eigener Anschauung oft besser. Brahms blieb der Un-
terlegene und konnte das nur schwer ertragen. Er mußte
sich fügen, begann sich aber nach und nach so wohl zu füh-
len, daß er sich später die italienischen Reisehandbücher
aus Wien nach Pörtschach nachschicken ließ, hauptsächlich, um im Geiste bereits die nächste Fahrt in den Süden
vorzubereiten. Noch weitere siebenmal wird es ihn nach der
südländischen Sonne ziehen, nach der Überfülle von Histo-
rie und Kunst, zuletzt 1893 – immer in Begleitung, auch der
Sprache wegen.
   Brahms hat den deutschsprachigen Raum konzertierend
intensiv bereist, aber weder England noch Frankreich je be-
treten (und dies meist politisch zu motivieren versucht). Nur

Holland kannte er noch gut, wo Deutsch kein Problem war, wie auch im zentralen Teil der Schweiz.

Am 6. Mai 1878, einen Tag vor seinem 45. Geburtstag, kehrt er aus Florenz zurück. Nicht nach Wien – nach Pörtschach! Es war eine Rückkehr, denn die guten Erinnerungen an das Vorjahr und den Wörthersee ließen ihn nicht los. »Ich bin so menschenfreundlich, Dir nichts von Italien zu erzählen…«, schreibt er drei Tage später an seinen Freund Arthur Faber nach Wien, »aber erzählen will ich, daß ich hier in ›Pörtschach am See‹ ausstieg mit der Absicht, den nächsten Tag nach Wien zu fahren. Der erste Tag war so schön, daß ich den zweiten durchaus bleiben mußte – der zweite aber so schön, daß ich fürs erste weiter bleibe.« Dann geht es ihm um einen kleinen Koffer, den er jetzt benötigt. Faber soll ihn schicken. »Vor allem wünschte ich einen zusammengebundenen Haufen Notenpapier (teils beschrieben, teils leer). Ich denke, er liegt schon in dem kleinen Koffer! Sonst aber in der dritten Schublade der Kommode im dritten Zimmer…« Kein Zweifel, Brahms will arbeiten. Mit voller Kraft geht er ans Werk. Den ganzen Sommer über, von Anfang Mai bis Ende August (mit nur ganz wenigen Unterbrechungen) ist er inhäusig, also schöpferisch. Es wird sein produktivster Sommeraufenthalt überhaupt.

Allerdings wohnt er nicht wieder im Schloß, sondern schräg gegenüber, im Haus des Kaufmanns Rapatz. Hier ist er ungestörter. Die ganze obere Etage wird gemietet, vier Zimmer. Davon bewohnt er – eines. Die anderen Räume bieten Schutz vor der Außenwelt. Der Mietpreis hat sich dafür um das Achtfache gegenüber der Schloßherberge erhöht. Vom Haus führt ein kurzer Weg direkt an den See zu einer umplankten Badehütte. In aller Frühe steigt Brahms ins Wasser, »so, wie ihn Gott geschaffen hatte« (will Kalbeck wissen), dann frühstückt er zwischen vier und fünf (!) zu selbstgebrautem Kaffee und verläuft sich danach »mit den ersten Sonnenstrahlen in der labyrinthischen Nacht des Bann- und Klosterwaldes« (Kalbeck). Wie immer entwirft und formt er auf den Wanderungen seine Musik, sammelt Eindrücke, läßt den Geist arbeiten und die Seele atmen. Wir sehen den Kurzsichtigen mit den Händen auf dem Rücken und mit stets zu kurzen Hosenbeinen auf ausgetretenen und verschwiegenen Pfaden ausschreiten, umfangen von den Reizen der Natur: Sonne und Wasser, das Rauschen der Bäume und die bewegte Luft, der Duft der Wiesen und die Silhouette der Hügel und Berge.

Das Erdachte, im Geist Gefügte, im Gedächtnis Bewahrte bringt er im Zimmer zu Papier, hält es als Skizze fest. Zu Mittag speist er am Stammtisch im Wirtshaus ›Werzer‹ allein oder in zufälliger Gesellschaft. Die Nachmittagsstunden sind ausgefüllt mit der Erledigung von Korrespondenz, mit Korrekturlesen, Notenschreiben und Arrangieren. Die lauen Sommerabende genießt er oft im Garten des Wirtshauses, trifft sich mit den Honoratioren – den ansässigen und angereisten. Es wird diskutiert, politisiert, gesungen und getrunken. Diese Form der Geselligkeit schätzt Brahms. Er braucht sie als Regulativ seines angespannten Geistes, aber sie verpflichtet zu nichts. Wollen alte Freunde vorbeischauen, kann ihnen das zum Wagnis werden. Heinrich und Elisabeth von Herzogenberg halten sich diesmal ganz in der Nähe auf, kommen zu kurzer Stippvisite vorbei und spüren, daß sie stören. Brahms verläßt Pörtschach kaum. Ende Juli besucht er Clara Schumann in Bad Gastein und fährt mit ihr ein paar Tage nach Berchtesgaden. Anschließend reist er noch kurz zu Joseph Joachim nach Aigen bei Salzburg. Dann ist er wieder in Pörtschach. Ins nahe Klagenfurt fährt er nur, um sich mit Notenpapier zu versorgen oder um als Zeuge »in einer Strafsache« beim k. k. Landesgericht Klagenfurt auszusagen. Er war vorgeladen für den 6. Juli 1878, 3 Uhr nachmittags. Simrock hatte den Verleger André in Offenbach verklagt wegen eines vermeintlichen Plagiats der *Ungarischen Tänze* durch den Komponisten Wilhelm Kuhé. Brahms sah der Angelegenheit eher belustigt entgegen, fühlte sich aber trotzdem aufgeschreckt in seiner Idylle. Hilflos in Gerichtsdingen fragt er bei Simrock an: »Schreiben Sie mir doch rasch, wie, wieso, wiewas ich mich benehmen, wie und was ich aussagen oder schriftlich von mir geben soll! Die verfluchten Ungrischen!«

Daß er aber Joseph Joachim Ende August nach Pörtschach einlädt, hat triftige Gründe. Er schreibt an einem Werk, das den Geiger angeht. Die Freunde haben viel zu bereden... Der Sommer 1878 ist die Zeit des *Violinkonzerts*. Ein starkes Band spannt sich vom Vorjahr herüber, von der *Zweiten Sinfonie* – die glückliche Stimmung des Komponisten, der lyrisch-heitere Grundton, die Dreiklangsthematik, selbst die gleiche Tonart D-Dur. Ein wesentlicher Unterschied zeigt sich in der Wahl der Gattung. Die *D-Dur-Sinfonie* war eben die zweite, die eigene Antwort auf die erste. Das *Violinkonzert* dagegen ist ein Novum. Es kennt keinen Vorgänger in Brahms' Schaffen. Doch wieder steht Beethoven in nächster Nähe. Auch er schrieb ein einziges Violinkonzert, und auch dieses steht in der D-Tonart.

»Die ganze Geschichte hat vier Sätze; vom letzten schreib ich den Anfang – damit mir gleich die ungeschickten Figuren verboten werden!« – eine Briefstelle vom 22. August an Joachim. Brahms schickt ihm die Solostimme vom ersten Satz zur Einsicht. Er fühlt sich unsicher, weiß nicht, ob alles auch violingerecht geraten ist. Wenn es um klavieristische, also speziell pianistisch-technische Fragen geht, weiß er genau Bescheid. Beim virtuosen Violinspiel sucht er den Rat des großen Geigers. Bis in den Sommer des nächsten Jahres, da war das Werk längst uraufgeführt und erprobt, aber eben noch nicht gedruckt, ziehen sich die Änderungen hin – Fragen der Notierung, der spezifisch geigerischen Artikulation, der Phrasierung... Ursprünglich also nicht drei, sondern vier Sätze, wie bei einer Sinfonie! Ist das ein Indiz für die Absicht, ein ›sinfonisches‹ Konzert zu schreiben, wie es drei Jahre später mit dem *Zweiten Klavierkonzert B-Dur* tatsächlich geschieht? Die Themen zu diesem Werk hatte er übrigens auch schon notiert, gleich nach der Ankunft aus Italien.

Die Gattung des Instrumentalkonzerts hat eine Tradition, die jetzt in Konflikt gerät mit Brahms' Anspruch auf gedanklichen Tiefgang. Wie weiter? Wenn mehr entstehen soll als ein brillantes Virtuosenstück mit Orchesterbegleitung, müssen die Erfahrungen mit der motivisch-thematischen Arbeit aus der klassischen Sinfonik und Kammermusik hineinwirken ins konzertante Gestalten. Der Reiz solistischer Präsentation aber darf dennoch nicht fehlen – kein leichtes Unterfangen. Beethoven hatte mit seinen Klavierkonzerten (zumindest den letzten drei) und dem Violinkonzert diesen Weg schon beschritten. Ihn einfach weitergehen hieße, sich dem Verdacht bloßer Gefolgschaft auszusetzen. Zu bedenken war auch, daß sich inzwischen das Volumen des Orchesterklangs erheblich vergrößert hatte. Sollte der Konzertbegriff nicht ad absurdum geführt werden, mußte die Erscheinungsweise der Virtuosität verändert werden, um gegenüber dem fülligeren Orchester bestehen zu können. Brahms' Konzerterstling, das *Klavierkonzert d-Moll op. 15*, kann als sein erster großer, ernster Entwurf in dieser Richtung gelten. Die orchestrale Kraft des vollgriffigen Klaviersatzes kündet von einem neuen Verständnis der Virtuosität. Die Möglichkeiten des Klaviers bieten zugleich die beste Gewähr für das Sinfonische innerhalb der Konzertform.

Mit einem *Violinkonzert* ist das eine andere Sache. Die Violine steht gegenüber dem großen romantischen Orchester wesentlich einsamer da. Durch doppelgriffiges Spiel kann sie zwar an ›Volumen‹ gewinnen, doch ihr ureigenstes Gebiet ist die beseelte Kantilene, der solistische Gesang. Auch zu kapriziöser Seiltänzerei ist sie prädestiniert. Kurzum: Sie ist die Primadonna unter den konzertfähigen Instrumenten, beansprucht besondere Rücksichtnahme vom Komponisten, um sich optimal darzustellen. Brahms hatte in seiner Kindheit ein wenig Geigespielen gelernt, sich später auch gelegentlich als Bratscher betätigt, aber ein Kenner der letzten Geheimnisse spieltechnischer Möglichkeiten des Instruments war er nicht. Hier waren fachmännische Ratschläge gefragt, denn ein Konzert muß aus dem Geist des jeweiligen Soloinstruments konzipiert sein, und das führt weit über das nur Spieltechnische hinaus. Probleme über Probleme, ein Wagnis also. Zunächst rückt Brahms vom Plan der Viersätzigkeit ab. Kalbeck vermutet, das Scherzo des *Zweiten Klavierkonzerts* von 1881 sei ursprünglich für das *Violinkonzert* gedacht gewesen. Zu beweisen ist es nicht, aber gut möglich.

Der großangelegte erste Satz, Allegro non troppo, überrascht durch seine Gestaltenfülle. Wieder kommen die ersten Klangbilder vom D-Dur-Dreiklang – wie schon bei der *Zweiten Sinfonie*. Die Solovioline geht dann, wenn sie nach der umfänglichen Orchesterexposition gleich mit einer geigerischen Variante des Hauptthemas in das Geschehen eingreift, schnell ganz eigene Wege, findet aber zum Kerngedanken immer wieder zurück – abgewandelt, versteht sich. Eine durchwärmte, freundlich-milde Grundhaltung durchzieht den gesamten Satz. Das energische Auftrumpfen der Violine mit einem in Tripelgriffen ausgeführten Mollgedanken löst zwar vorübergehend dramatische Aktionen aus, die auch auf den Durchführungsteil übergreifen – ein musikantisch vitales Aufbegehren, aber es bedeutet kein Ausbrechen aus dem abgesteckten Rahmen. Die Ausdrucksskala reicht von tief verankerter Besinnlichkeit bis zu männlich-kraftvollem Ernst. Auf immer neue Weise wird die musikalische Grundsubstanz ausgeleuchtet, umgedeutet, bereichert. In einem Konzert spielen da Figuren und Skalen, Floskeln und bravouröse Sprünge eine viel größere Rolle als etwa in einer Sinfonie oder einem Streichquartett. Wie hier durch Umspielungen, Versetzungen in hohe und höchste Lagen, durch klangliches Eindunkeln und dann wieder Aufhellen, auch durch rhythmische Verschiebungen, stimmliches Verdichten und andererseits Ausdünnen die Gedanken lebendig bleiben, fortgesponnen werden und dennoch sich selber treu bleiben: das alles läßt sich im einzelnen gar nicht beschreiben, das ist in seiner Allgegenwart etwas Selbstverständliches. Es existiert nur ein unübertreffbares Vorbild – die Natur in ihrer Vielfalt und Ordnung zugleich. Von ihr hat Brahms gewiß wesentliche Inspirationen empfangen, um sie mit menschlicher Phantasie und Logik zum Kunstwerk werden zu lassen. Nach der Solokadenz (die meistgespielte stammt von Joseph Joachim) findet der Satz im schönen Gesang der Violine seinen leicht wehmütigen Abgesang. Das milde Licht der Abendsonne verklärt den Sommertag. Mit wenigen Takten wird dann alles straff gebündelt, und kraftvoll schließt der Satz. Das Adagio, der zweite Satz, dessen sehnsüchtig herbe Melodie, zunächst von der Oboe vorgetragen, erscheint wie ein feingesponnener Faden. Die Violine greift behutsam den Oboengesang auf und macht ihn sich zu eigen. Ein Gespinst von zartestem Rankenwerk entsteht auf diese Weise durch Verwandlung und filigranhafte Auflösung der Konturen. Der kürzere Mittelteil gibt sich ein wenig robuster. Dann aber, in der leicht variierten Wiederkehr des Anfangsteils, umspielt das Soloinstrument mit arabeskenhaften Figurationen das Hauptthema, das nun wieder der Oboe überlassen bleibt – eine der kostbarsten Eingebungen des Komponisten. Das Finale mit der Bezeichnung Allegro giocoso, ma non troppo vivace, wiegt leichter. Ein mitreißendes ›ungarisches‹ Rondothema zieht den Hörer suggestiv hinein in das temperamentvolle Geschehen. Die Ausgewogenheit der Kräfte des ersten und der tiefe Frieden des zweiten Satzes finden jetzt ihre vordergründige Bestätigung durch allgemeine Lebensfreude, gepaart mit feuriger Virtuosität. Doch kurz vor Schluß erscheint eine Episode, nur sieben Takte lang, die uns nachdenklich stimmt. Als wolle Brahms etwas zurücknehmen, schiebt er eine kleine Wolke vor die Sonne. Eine leichte Ermüdung nur, mehr nicht. Da ist es schon vorbei. Der effektvolle Schlußakkord wischt den Schatten kraftvoll beiseite.

Die Premiere des Werkes soll im Neujahrskonzert 1879 im Leipziger Gewandhaus stattfinden. Noch am 23. Oktober, Brahms befindet sich zu Konzerten in Breslau, klingt seine Nachricht an Joachim nicht gerade verheißungsvoll: »Bestimmtes kann ich den Augenblick nicht sagen, zumal ich doch über Adagio und Scherzo gestolpert bin.« Brahms ist unsicher. Dann, im November, teilt er von Wien aus dem Freund mit: »Die Mittelsätze sind gefallen – natürlich waren es die besten! Ein armes Adagio aber lasse ich dazu schreiben.« Aus dieser Zeit datiert auch ein Brief an Paul Limburger, den späteren Vorsitzenden der Gewandhaus-Konzert-direktion: »Allerdings habe ich ein Stück für Geige (und Joachim) geschrieben, allein es will mir nicht gefallen.«

Man bedenke: Wenige Wochen vor der geplanten Uraufführung befindet sich noch alles in der Schwebe. Das Werk ist keineswegs fertig. Joachim studiert angestrengt das Vorhandene, denn es ist schwer, sehr schwer. »Ich will riskieren… es am 1ten in Leipzig zu spielen: es sind wirklich ungewohnte Schwierigkeiten drin.« Das stellt einer der großen Violinvirtuosen seiner Zeit fest! Joachim teilt es noch am 19. Dezember (!) Brahms mit. Eine Probe mit Klavier in Berlin Ende Dezember war die einzige künstlerische Verständigung. Dann folgte – natürlich nach einer Vorprobe mit Orchester – die erste öffentliche Aufführung am 1. Januar 1879 im Gewandhaus. Joachim spielte nach Noten und kämpfte ganz offensichtlich mit den enormen technischen Schwierigkeiten. Der Komponist als Dirigent vergaß in der Eile sich entsprechend umzukleiden und leitete das Ganze »in grauen Straßenbeinkleidern« (Max Kalbeck). Komplikationen gab es außerdem mit den Hosenträgern – jedenfalls ein dem Werk und Anlaß nicht angemessener Lacheffekt beim Publikum. Das also war die Uraufführung eines Violinkonzerts, von dem der Leipziger Kritiker Alfred Dörffel in Anspielung auf Beethoven und Mendelssohn urteilte: »Er [Brahms] mußte ein Werk zu schaffen suchen, welches die beiden bedeutendsten Violinconcerte (Beethoven's und Mendelssohn's) erreichen würde. Die Aufgabe war groß: wir gestehen, wir erwarteten ihre Lösung und hielten den

Maßstab danach zurecht. Welche Freude erlebten wir doch! Brahms hat ein solch' drittes Werk im Bunde geschaffen.« Es gab auch Stimmen, die meinten, es sei ein Konzert gegen die Violine. Wie so oft bei Brahmsschen Kompositionen, dauerte es einige Zeit, bis auch dieses Werk sich durchgesetzt hatte.

Ein anderes Stück für Violine entsteht im zweiten Pörtschacher Sommer – die *Violinsonate G-Dur op. 78*. Endgültig abgeschlossen wird sie zwar erst ein Jahr später, doch gehört sie in ihrer Anmut und Grazie, ihrer unvergleichlichen Mischung aus Gelöstheit und leiser Wehmut ganz den Sommerwochen von 1878. Die Stimmung und die Reize der Landschaft dürften den entscheidenden Impuls gegeben haben. Max Kalbeck, dessen große vierbändige Biographie angefüllt ist mit Details und kleinen, aber sehr aufschlußreichen Begebenheiten, beschreibt das Umfeld zur G-Dur-Violinsonate besonders anschaulich. Es ist möglich, daß er sich dabei auch auf Hinweise stützen konnte, die ihm Brahms im persönlichen Gespräch gegeben hat, wie so oft. Kalbeck erzählt, wie eine mit Wasserlilien übersäte Seenbucht bei Pörtschach Brahms an die eigene Kindheit erinnert und Gedanken an die norddeutsche Heimat geweckt habe. Bilder werden lebendig: »Wie der Knabe vor Sehnsucht nach dem Besitz einer solchen Wunderblume brannte, die ihren weißen schimmernden Blütenleib mit fraulicher Anmut kühl und schlank zwischen dem grünen Blättergebreite der Schlingpflanzen aus der dunklen Flut erhebt« (Kalbeck). Die ›Heimweh‹-Lieder nach Texten seines Landsmannes Klaus Groth klingen wieder auf, zum Beispiel »Ich sah als Knabe Blumen blühn – ich weiß nicht mehr, was war es doch?«, oder »O wüßt ich doch den Weg zurück, den lieben Weg zum Kinderland!« (aus Opus 63), oder »Walle, Regen, walle nieder« und »Regentropfen aus den Bäumen fallen« (aus Opus 59).

Die beiden ›Regenlieder‹ waren im April 1873 entstanden, die ›Heimweh‹-Lieder etwas später. Das vokale Element dringt gerade bei den Violinsonaten wie ein unterirdischer Kraftstrom in die Sphäre der reinen Instrumentalmusik ein. Für Gustav Mahler ist dies später geradezu ein Schaffensprinzip geworden. – Das Brahmssche *Violinkonzert* war ein Erstling gewesen und sollte es auch bleiben. Die *Erste Violinsonate* ist es nicht. Man nimmt an, daß sie Vorgängerinnen hatte, vielleicht drei, die aber dem kritischen Blick ihres Schöpfers nicht standhielten und deshalb – verschwanden. Als der zwanzigjährige Brahms von Robert Schumann bei dem berühmten Leipziger Musikverlag Breitkopf & Härtel eingeführt wurde, standen auf der Vorschlagsliste für die Veröffentlichung auch einige Werke, von denen heute jede Spur fehlt, darunter auch eine *Sonate in a moll für Piano und Geige* als Opus 5. Brahms hat sie – wie anderes auch – wieder zurückgezogen.

Der einzige Privatschüler, den Brahms je hatte, der spätere Musikdirektor des Marburger Konzertvereins Gustav Jenner, hinterließ eine kleine, aber sehr wertvolle Schrift *Johannes Brahms als Mensch, Lehrer und Künstler*, angefüllt mit Erinnerungen an die vielen Gespräche aus den Wiener und Ischler Jahren seit 1887. Jenner gewährt uns Einblicke in die Werkstatt des Komponisten, vor allem aber in sein Denken und Verhalten. Wir lesen: »Sie müssen arbeiten lernen. Sie müssen viel schreiben, Tag für Tag, und nicht glauben, es müsse immer etwas Bedeutendes sein, was Sie schreiben. Auf das Schreiben selbst kommt es zunächst an. Ich will das nicht immer sehen, dafür ist der Ofen da.« Was Brahms hier seinem Schüler rät, entspringt der eigenen Erfahrung. Und dann teilt Jenner mit, »daß Brahms' erste Violin-Sonate die vierte ist. Drei vorangehende wurden, weil sie seiner Kritik nicht genügten, unterdrückt«. Woher kann er das wissen, wenn nicht von Brahms selbst. Als Kalbeck die Biographie schrieb, erfährt er noch mehr. Kistenweise lagerten die vielen unveröffentlichten Werke – Sonaten, Quartette – in Hamburg auf dem Boden. »Das Zeug ist alles verbrannt worden... besser, ich tu's, als andere!«

Die *Violinsonate op. 78* zählt zu Brahms' schönsten Kammermusikwerken. Anmut gepaart mit elegischer Süße. Die Ausgewogenheit der musikalischen Gedanken und das innige Einverständnis der musizierenden Partner ließen die Sonate von Anfang an hoch in der Gunst des Publikums stehen. Die Bezeichnung ›Regenliedsonate‹ stammt natürlich nicht von Brahms. Sie führt eher in die Irre, als daß sie etwas vom Wesen dieser Musik erhellt. Der Grund liegt in der Bezugnahme auf die beiden ›Regenlieder‹ aus Opus 59, deren charakteristisches Tropfen-Motiv die Ecksätze der Sonate beherrscht. Das geht so weit, daß im Finale sogar die ganze erste Liedzeile von »Walle, Regen, walle nieder« einschließlich der Klavierbegleitung übernommen wird. Ein Zitat also, unverschlüsselt und direkt. Hinter dem punktierten Rhythmus, der nur tonmalerisch vordergründig Regentropfen andeuten will, steht ein großes Gefühl – die Sehnsucht nach der verlorenen Kindheit. Die feine Poesie Klaus Groths läßt keinen Zweifel: »Wecke mir die Träume wieder, die ich in der Kindheit träumte, wenn das Naß im Sande schäumte!« Was im Lied sich aussingt, schwingt weiter in der Sonate. Zart und verhalten trägt die Violine den Hauptgedanken vor. In schwingenden Bögen greift das Klavier die Bewegung auf, immer durchsichtig und klar in den Konturen, leuchtend in den Farben. Der Mittelsatz, ein Adagio in Es-Dur, hat Beethovensches Gewicht. Das Fließen und Dahinströmen des ersten Satzes scheint jetzt in andere Bahnen gelenkt – in die Tiefe führend. Ein Innehalten, Besinnen, Insichgehen. Sextenklänge der Violine begleiten die intensive Melodik. Der kurze rhythmisch gestraffte Mittelteil erreicht noch dunklere Regionen. Im Finale führt das schon erwähnte Liedzitat zu weit ausschwingenden Linien, von äußerst zartem und getupftem Klaviersatz gestützt. Hier breitet sich die leise Melancholie am deutlichsten aus. Rückgriffe auf das Adagio verstärken noch den kontemplativen Grundzug des Werkes. Auffällig auch das immer stärkere Einsinken ins Moll, aus dem Brahms eigentlich auch nicht mehr heraus will, es aber wohl muß, denn die Sonate steht in G-Dur. So erscheint das Ende des Satzes wie ein milder Nachklang, gebrochen durch Glück und Schmerz, wie auch das Groth-Gedicht spüren läßt: »Wenn die Sonne wieder scheinet, / wird der Rasen doppelt grün: / doppelt wird aus meinen Wangen / mir die heiße Träne glühn.«

»Wissen Sie einen besseren Titel?«

Pörtschach 1879
Zwei Rhapsodien op. 79

Ende September 1878 war Brahms nach Wien zurückgekehrt – vollbärtig. Sein Antlitz hatte sich vom »romantischen
Jünglingsgesicht« zum »Prophetenkopf des Symphonikers«
(Hans Gal) gewandelt. Er ist jetzt Mitte vierzig und fühlt sich,
nachdem er den Bart so »lang unterdrückt« hatte, ganz im
Einklang mit seiner vorwiegend bärtigen Männer-Umwelt,
aber doch auch mit sich selbst. Georg Henschel war ver-
blüfft, als er den Freund nach längerer Zeit wiedersah: »Im
Künstlerzimmer nach dem Konzert gewahrte ich unter al-
lerhand Freunden, die gekommen waren, um uns zu gratu-
lieren, einen Unbekannten – etwas beleibt, von mittlerer
Statur, mit langem Haar und Vollbart –, der auf mich zukam
und sich mit tiefer, heiserer Stimme vorstellte: ›Musikdirektor Müller!‹ Dazu eine steife, zeremonielle Verbeugung, die
ich mich mit ebensolcher Würde zu entgegnen anschickte,
als wir alle in fröhliches Gelächter ausbrachen: die Mysti-
fizierung war Brahms völlig gelungen.« Drei Jahre später
gab Brahms Joseph Viktor Widmann eine Erklärung: »Mit
rasiertem Kinn wird man entweder für einen Schauspieler
oder einen Pfaffen gehalten.« Vergnügt fügte er hinzu, daß
sogar eine Photographie von ihm in einem Schulbuch als
»Typus des Kaukasiers« benutzt worden sei. Tschaikowski
sah in ihm »den Typus des echten Großrussen, wie man ihn
besonders oft unter Personen geistlichen Standes antrifft«
(Erinnerungen, 1888). Die beiden Komponisten waren sich
Anfang 1888 in Leipzig begegnet.

Doch kehren wir zurück zum Jahr 1878. Von dieser Zeit an
gehörte der Vollbart zu den Attributen seiner Körperlich-
keit. So kennt ihn die Welt, so lebte er noch fast zwei
Jahrzehnte bei robuster Gesundheit bis zum erschreckend

raschen Verfall. Der bärtige Brahms ist der reife, der alternde Meister. Er steht jetzt im Zenit seiner Schöpferkraft. Sein Ruhm hat etwas Einsames. Er lebt ohne Skandale und Affären. Er provoziert mitunter seine unmittelbare Umgebung, nicht aber die Welt wie etwa Richard Wagner. Er ist sehr ernst in seinem Wesen und wird auch ernst genommen.

Brahms hat sich seine Unabhängigkeit erkämpft und lebt sie aus – ohne finanzielle Sorgen, ohne Frauen, ohne Familie. Er ist Mittelpunkt eines großen Freundeskreises, aber nur wenige läßt er an sich heran – Clara Schumann, Joseph Joachim, Theodor Billroth, Elisabeth von Herzogenberg. Seine Geselligkeit wird geschätzt, sein mitunter galliger Humor verschreckt die, die ihn nicht wirklich kennen. Wer kennt ihn wirklich? Nicht einmal jene engsten Freunde. So kommt es selbst mit ihnen irgendwann einmal zum Zerwürfnis. Bis es überwunden ist, leiden beide Seiten. Brahms haßt das Exzentrische, Anmaßende, denn von frühester Jugend an hat er sich in Selbstdisziplin geübt. Im Umgang mit Menschen zeigt er sich oft kantig und rauh bis hin zur Unhöflichkeit. Er kann sehr gütig und liebevoll, aber auch verletzend sein. Wer seine Ironie nicht versteht, hat es schwer mit ihm oder wendet sich ab. Das bürgerliche Image, mit dem ihn die Nachwelt versah, bleibt trügerisch. In ihm glüht es, rumort es. Aber er vermag seine Schaffenszwänge zu kanalisieren. In ihm kocht ein Vulkan, nur daß dieser nicht permanent Feuer speit. Brahms verkörpert Kraft – die Kraft des Ausbruchs und der Bändigung zugleich.

Im Sommer 1879 zieht es ihn noch einmal nach Kärnten ins vertraute Pörtschach. Der zurückliegende Winter war anstrengend gewesen. Konzertreisen hatten ihn als Dirigent und Pianist gefordert. Noch im alten Jahr dirigierte er in Breslau die *Alt-Rhapsodie* und die *Zweite Sinfonie*, spielte außerdem sein *Klavierquartett op. 26*. Das *Violinkonzert* machte ihm noch immer zu schaffen. Und dann wurde es ja nicht nur in Leipzig vorgestellt, sondern auch in Budapest und Wien. Im

März erhielt er die Ehrendoktorwürde der Universität Breslau. Danach fuhr er zu Clara Schumann nach Frankfurt, leitete anschließend eine Aufführung des *Deutschen Requiems* in einem Konzert der Bremer Singakademie. Auf der Rückreise machte er kurz Station bei den Verwandten in Hamburg, besuchte Fritz Simrock in Berlin und traf endlich am 17. April wieder in Wien ein.

Über den dritten Pörtschacher Sommer ist wenig zu erzählen. Brahms kennt sich aus, die äußeren Gegebenheiten gleichen denen vom Vorjahr. Zwei Frauen bringen etwas Abwechslung: Die eine seit langem berühmt, 47 und als Künstlerin schon über den Zenit, die andere fast noch ein Kind, fünfzehnjährig. Frau Marie Luise Meyer-Dustmann, bis 1875 die Diva der Wiener Hofoper und eine der besten Wagner-Sängerinnen der Zeit, verbringt ihren Sommer am Wörthersee. Zufall war es sicher nicht. Sie gehörte seit langem zu Brahms' engeren Frauenbekanntschaften und hatte eine ganze Reihe seiner Lieder uraufgeführt, auch die *Liebesliederwalzer op. 52*. Brahms war der Sängerin erstmals auf dem Niederrheinischen Musikfest 1862 in Köln begegnet. In Wien kam man sich dann näher, sehr nahe. Ihre Briefe beginnt sie mit »Lieber Hansi«, und Kalbeck schreibt ganz unverblümt: »Gewiß ist, daß Brahms intim mit ihr verkehrte.« Marie Soldat, die junge Geigerin aus Graz, unternahm ihre erste Konzertreise durch Kärnten. Sie hatte Brahms fasziniert. Schnell wird ein gemeinsames Konzert arrangiert – am 12. August, um sechs Uhr abends im Saal der Aktiengesellschaft zu Pörtschach unter »besonders gefälliger Mitwirkung der k. k. Kammersängerin Frau Luise Dustmann«. Marie Soldat spielt das Mendelssohn-Konzert, Brahms begleitet, natürlich auch die Lieder von Schubert, Schumann und die eigenen. Brahms empfahl die junge Künstlerin Joseph Joachim, auf dessen ›Amati‹ sie spielen durfte und dessen Schülerin sie wurde. Bald schon zählte sie zur Elite der Violinvirtuosinnen. Sie starb zweiundneunzigjährig, 1955.

Schon im Sommer des Vorjahres hatte sich in Brahms' kompositorischem Schaffen eine Wende abgezeichnet. Nach fünfzehnjähriger Abstinenz wandte er sich wieder ›seinem‹ Instrument zu, dem Klavier. Die Rückkehr zur Klaviermusik fällt zeitlich zusammen mit der Editionsarbeit an der kritischen Gesamtausgabe der Werke Frédéric Chopins bei Breitkopf & Härtel. Brahms' Anteil sind die *Mazurken* und *Nocturnes*, die *Sonaten* und Einzelstücke wie *Berceuse* und *Barcarole*, vorwiegend also die lyrischen Miniaturen. Das hat ihn inspiriert. Da konnte er sich auch auf früher Entstandenes beziehen.

Neben *Violinkonzert* und *Violinsonate* wuchs ein drittes Opus heran, die *Acht Klavierstücke op. 76*. Eine Sammlung ist es, kein Zyklus wie etwa Schumanns *Carnaval* oder *Kreisleriana*. Jedes einzelne Stück stellt eine in sich geschlossene Mikrowelt dar mit einer unverwechselbaren Stimmung. Wer eintaucht in diese Fülle, der erlebt den Zauber einer Frühlingsnacht, die Helle des Morgens, den Duft von Blüten, den Herbstwind und die Stille, aber auch Unrast und Drängen. Dazu die Feinarbeit der Stimmführung, das Fundament des Basses, die versteckten kanonartigen Nachahmungen im Gespinst des Tonsatzes. Man findet, wenn man sucht, auch mögliche ›Auslöser‹, Vorbilder bei Chopin und Schumann, bei Theodor Kirchner… Was man aber unmittelbar erfährt, ist das ganz und gar Eigene. Und da offenbart sich ein gewandelter Stil bei Brahms. Weder große Sonaten, die wie »verschleierte Sinfonien« (Schumann) klingen, noch Variationszyklen, die sich mit virtuosem Anspruch den Konzertsaal erobern wollen, sondern kleine Gebilde, zwei, drei, vier Notenblätter umfassend, aber von einer Gedanken- und Bilderfülle ohnegleichen. Eine neue Klangwelt tut sich auf, nur vergleichbar mit den Liederfolgen. Mit Opus 76 setzt eine Entwicklung ein, die zum Spätstil der gedankenschweren Monologe der Ischler Jahre führen wird, und es beginnt die Not der Titelfindung. An Simrock richtet er die Frage: »Wissen Sie einen Titel!??!!??!? ›Aus aller Herren Länder‹ wäre der aufrichtig-

ste, Kirchneriana der lustigste, fällt Ihnen einer ein? Kapri-
cen und Intermezzi oder Phantasien wäre das Richtige,
wenn es der verschiedenen Endungen wegen ginge. Etwas,
das Ähnliches sagt! Oder etwas ganz Einfaches!« Schließlich
einigt man sich auf »Capriccio« und »Intermezzo«, jeweils
vier und des Kontrastes wegen in der Abfolge vermischt. Die
Intermezzi erscheinen mehr nach Innen gerichtet, die Capriccios wirken etwas offensiver. Die Überschriften bleiben
Verlegenheiten.

Clara Schumann lernt die Stücke kennen, auch Elisabeth
von Herzogenberg. Sie geben wieder ihre Ratschläge.
Brahms erwartet das und macht dann doch, was er will. Mit
den *Acht Klavierstücken op. 76* vom Sommer 1878 hatte er sich
also auf einen neuen Weg begeben. Er wird ihn in Zukunft
häufig gehen, mit Bedacht und kleinen Schritten, den Blick
nach innen gerichtet, gebunden an das Erscheinungsbild der
Klavierminiatur als einem individuellen Kunstwerk und
Charakterstück, dessen lyrische Stimmungsdichte sich verbindet mit kompositorischer Subtilität.

Im Juni 1879 aber schreitet er nun doch noch einmal
mächtig aus, blickt in die Ferne und zugleich zurück, als
wolle er mit der gelebten Gegenwart ein letztes Mal die romantischen Bilder seiner Jugend heraufbeschwören, sich
erinnern an die großen, weiträumigen *Klaviersonaten* und die
Balladen op. 10. Doch kein Schwelgen, keine Redseligkeiten,
kein Abgleiten ins Dunkle und Verborgene. Die Rede ist von
den beiden *Rhapsodien op. 79* für Klavier.

›Brahms am Klavier‹ – ein bekanntes Bildmotiv, das in
verschiedenen Versionen populär geworden ist. Der alte
Mann sitzt am Flügel, sein Körper gedrungen, die Beine
streng parallel, der linke Arm über den rechten geführt, den
Moseskopf nach hinten gelegt, schmerzvoll der Gesichtsaus-
druck. Der schlohweiße Bart ruht wie ein Latz auf der Brust.
Varianten zeigen Brahms Zigarre rauchend und mit weißem
Taschentuch, das lose in der Jackettasche steckt. Diese Bilder
sind nach Brahms' Tod entstanden. Aus dem Gedächtnis

und mit genauer Erinnerung an charakteristische Haltungen beim Spiel. Ihr Schöpfer: Willy von Beckerath. Dem achtundzwanzigjährigen Zeichner war im Mai 1896 eine Skizze gelungen, als Brahms nach der Beisetzung von Clara Schumann für ein paar Tage Ablenkung auf Gut Hagerhof bei Honeff fand. Vor einem kleinen Kreis von Freunden trug er tief bewegt seine noch ungedruckten *Vier ernsten Gesänge* vor. Auf Beckeraths Skizze liegen Brahms' Hände noch nebeneinander, und tatsächlich kommt in den *Ernsten Gesängen* ein ›Übergreifen‹ nicht vor. Die späteren Darstellungen, wo die linke Hand über die rechte hinweg die Klaviertasten erreicht, meinen ein anderes Werk: die *Rhapsodie g-Moll* aus Opus 79. So, wie es Beckerath damals erfaßte, hat Brahms dieses energische Stück gespielt, und so muß es ausgesehen haben. Das Temperagemälde von 1911 hielt der Maler selbst für seine geglückteste Darstellung. An Gustav Ophüls schrieb er dazu 1923: »... ein verhältnismäßig authentisches und künstlerisch anständiges Bild des musizierenden Brahms... also des Künstlers, in einem Moment, wo er, vollkommen seine Umgebung vergessend, seiner Kunst hingegeben ist.«

Die beiden Klavierstücke des Opus 79 zählen im weitesten Sinne zu den ›Charakterstücken‹. Doch, was heißt das schon: Gute Musik hat zwangsläufig ›Charakter‹. Meint man aber mit dieser Bezeichnung das lyrische Klavierstück, die Miniatur also, dann ragen diese beiden Werke heraus. Ihre großflächige Anlage läßt eher an Sonatensätze denken. Tatsächlich rückt das erste Stück (h-Moll) in die Nähe der Rondoform, wie sie häufig im Finale einer zyklischen Sonatenkomposition begegnet. Das zweite (g-Moll) trägt dagegen Züge eines Sonatenhauptsatzes mit Exposition, Durchführung, Reprise und Coda.

Als Brahms im Spätherbst 1879 die Manuskripte Elisabeth von Herzogenberg schickte, trug das h-Moll-Stück noch die Überschrift »Capriccio« und die Tempobezeichnung »Presto agitato«. Zuvor aber hatte er – noch von Pörtschach

aus – Theodor Billroth und Clara Schumann die Noten zu-
kommen lassen, sehr vertraulich. »Hier kommen denn 2
Klavierstücke, an denen Du, wenn sie Dir einigermaßen gefallen, Dich recht austoben kannst... Ich erinnere und bitte,
daß Du von den Sachen nicht irgend aus der Hand gibst...«
Die Reaktionen werfen ein bezeichnendes Licht auf die unterschiedlichen Temperamente der beiden Frauen. Clara,
von Natur eher nüchtern und nicht zur Euphorie neigend,
meint, sie müsse die Stücke erst studieren, und befürchtet, sie
könne sie – wie die meisten Brahmsschen Klavierwerke –
erst nach und nach liebgewinnen. Ganz anders Elisabeth,
der romantische Schwarmgeist. Sie findet die Stücke ganz
herrlich. Im Brief vom 4. Februar 1880 (das Opus war noch
immer nicht gedruckt) gibt sie eine einfühlsame Analyse. Sie
rühmt die »schönen Biegungen und Windungen«, das wun-
derbare »Ebben und Fluten, das mich an beiden und an dem
g moll-Stücke so absonderlich berührt«. Dann schreibt sie:
»Daß das g moll mein Liebling ist, macht mich aber nicht
unempfindlich gegen die kraftvoll stachelige Schönheit des
h moll mit dem sehr süßen Trio.« Clara, die Professionelle,
Elisabeth die Dilettierende – für Brahms nicht sonderlich
hilfreich in der Substanz, aber doch wohltuend für das innere Gleichgewicht.

Daß der elegische Seitengedanke im h-Moll-Stück motivisch mit »Åses Tod« aus Edvard Griegs *Peer-Gynt*-Musik
übereinstimmt, ist erst später aufgefallen. Ob Zufall oder
nicht, das bleibt unerheblich. Nordisch-balladesk klingt es
jedenfalls. Sind es Balladen, wie das frühe Opus 10 aus dem
Jahre 1854? Der erzählende Charakter ließe diesen Titel zu.
Die strenge Formung aber steht dem entgegen. Wie also soll
er die Stücke nennen? Brahms weiß es nicht. Er steht vor
derselben Frage wie bei seinem Opus 76. Clara kann er da
nicht fragen. Aber Elisabeth. In Wien, im Winter 1880, muß
er sich wegen der Veröffentlichung bei Simrock entscheiden.
»Wissen Sie einen besseren Titel als ›Zwei Rhapsodien für
das Pianoforte‹?« Anfang Mai erhält er die kluge Antwort:

»Was Ihre Frage anbelangt, so wissen Sie, daß ich für das nichtssagende Wort ›Klavierstücke‹ immer am meisten eingenommen bin, eben weil es nichts sagt; aber das geht wahrscheinlich nicht, und da ist denn die Benennung Rhapsodien wohl die passendste, obwohl die geschlossene Form der beiden Stücke beinahe dem Begriffe des Rhapsodischen zu widersprechen scheint…. Also willkommen, Ihr in meinem Herzen Namenlosen im Nebelkleid der Rhapsodie!« Brahms hat sein Opus 79 Elisabeth von Herzogenberg gewidmet.

FÜNFTES KAPITEL

Österreich und eine Ausnahme
1880-1885

»… die eine weint, die andere lacht…«

Ischl 1880
Zwei Ouvertüren op. 80 und op. 81

»Orden sind mir Wurscht. Aber haben will ich sie« – ein
drastisches Brahms-Wort, das etwa meint: Ehrungen habe
ich nicht nötig, aber sie stehen mir zu. Ähnlich denkt er auch
in Honorarangelegenheiten. Er hat ein gesundes Selbstwert-
gefühl und ein gewachsenes Bewußtsein seiner Bedeutung.
Aus bescheidenen Hamburger Verhältnissen hat er sich
längst in die vorderste Reihe des Bildungsbürgertums hin-
aufgearbeitet. Er ist befreundet mit Persönlichkeiten ›aus
gutem Hause‹, wie Theodor Billroth und Hans von Bülow,
den Herzogenbergs und Simrock. Er fühlt sich heimisch in
Unternehmerkreisen, wie in den Familien von Beckerath,
Faber, von Miller zu Aichholz und später noch dem Siemens
& Halske-Direktor Richard Fellinger. Selbst im Herrscher-
haus des Herzogs Georg II. von Sachsen-Meiningen wird er
bald freundlich aufgenommen werden. Auf Gesellschaften
war er ein gern gesehener Gast, auch wenn immer zu be-
fürchten stand, daß er mit seinen Bemerkungen irritieren
kann. Die Zahl seiner Anhänger wächst ständig, aber auch
die Kritik seiner Gegner. Ihn stört es nicht mehr sonderlich.
Er hat seinen Platz in der musikalischen Welt eingenommen.

In den zurückliegenden drei Jahren war er regelmäßiger
Gast des Breslauer Orchestervereins gewesen, den Scholz
seit 1871 leitete. Jetzt, im Oktober 1878, dirigiert er dort seine
Zweite Sinfonie und die *Alt-Rhapsodie*. Eine Ehrung wird vorbereitet. Die philosophische Fakultät der Universität Breslau
verleiht ihm am 11. März 1879 die Ehrendoktorwürde. Übrigens hatte dies 1876 schon die Universität Cambridge vorge-
habt. Brahms konnte sich indes nicht zu der dazu erforder-
lichen Reise nach England entschließen, und so unterblieb
die Auszeichnung.

Scholz, nachdem er dem Freund gratuliert hat, kommt gleich mit einer Bitte: »Willst Du uns nicht eine Doktor-Symphonie für Breslau schreiben? Einen feierlichen Gesang erwarten wir mindestens« (18. März 1879). Wann Brahms sich mit dem Gedanken an die Erfüllung dieser Bitte anfreundete, bleibt verborgen. Jedenfalls fuhr er im Mai 1879 das dritte und letzte Mal nach Pörtschach und widmete sich dort anderen Vorhaben.

Anschließend unternimmt er mit Joseph Joachim eine längere Konzertreise durch Siebenbürgen – Temesvar, Kronstadt, Hermannstadt, Klausenburg. Vierzehn Tage im September konzertierend, genießend und die bisher unbekannte Landschaft, begrenzt von den Hängen der Karpaten im östlichsten Winkel der alten Donaumonarchie, in sich aufnehmend. Das war schon ein Erlebnis besonderer Art. Der folgende Winter ist vollgestopft mit Konzertterminen: Wien, Budapest, Hannover, Köln, Krefeld, Bonn und wieder Hannover. Und wieder geht es mit Joseph Joachim in Richtung Osten – nach Krakau und Lemberg, schließlich nach Prag. Dort trifft er sich mit Antonín Dvořák, den er Ende 1877 in Wien kennenlernte und dem er ein Stipendium des österreichischen Unterrichtsministeriums verschaffte. Doch die Konzerttermine jagen ihn weiter – nach Schwerin und Königsberg im April, nach Bonn Anfang Mai zum Schumann-Fest. Seinen Geburtstag am 7. Mai verbringt er bei Clara in Frankfurt. Dann kehrt er zurück nach Wien und rüstet schon bald zum Aufbruch in die verdiente Sommerfrische.

Nach Pörtschach will er nicht wieder fahren. Ruhe und Ungestörtheit waren dort inzwischen dahin, nachdem Neugierige und Wichtigtuer ihn förmlich belagert hatten. Der Wiener Pianist Ignaz Brüll wußte Rat. Er verschaffte ihm eine Wohnung im oberösterreichischen Kurort Ischl. Das etwas außerhalb des Ortes gelegene Haus gehörte dem Eisenbahnangestellten Engelbert Gruber. Vier Zimmer in der oberen Etage mietet Brahms und erkennt sofort die Vorteile des Quartiers. Der Haupteingang liegt zur Salzburger

Straße. In die oberen Räume gelangt man auf zweierlei Weise, entweder über die Innentreppe oder über eine Außenstiege an der Schmalseite des Hauses. Sah Brahms auf der übersichtlichen Straße unliebsame Besucher kommen, konnte er von seinen Zimmern aus direkt durch den zweiten oberen Ausgang ins Freie und über einen Wiesenhang in den nahen Wald entfliehen. Für die Bedürfnisse eines nach Unabhängigkeit Strebenden sind die Gegebenheiten ideal: der Kurort, ähnlich Baden-Baden, ganz in der Nähe, und die Verlockungen der Natur gleich hinter der Haustür. Für die Mahlzeiten bieten sich das ›Hotel Elisabeth‹ und der alte Gasthof ›Post‹ an. Hier findet er schnell seinen Stammtischkreis. Das mondäne Leben in Ischl läßt ihn ziemlich ungerührt. Elisabeth von Herzogenberg wundert sich über die Wahl von Ischl, wo doch dort immer halb Wien anzutreffen sei. Das macht ihm aber nichts aus, da ihm selbst »das ganze Wien durchaus nicht zuwider« ist. »Ja, vor dem halben Berlin oder Leipzig würde ich wohl laufen. Das halbe Wien aber ist ganz hübsch und kann sich sehen lassen« (14. Juli).

Der Morgenwanderer ergründet gewiß schon in den ersten Tagen die Umgebung. Seit dem 1. Juni 1880 lebt er hier, wie die Ischler Kurliste es ausweist. Das Wetter ist schön, ja heiß. Da besucht er die Schmalnau, genießt den Blick zum Dachstein, wandert den Rettenbach entlang. Wenn er aber, wie stets, in aller Frühe umherstreift, dann arbeitet wieder sein Geist, dann trägt er wieder musikalische Gedanken aus. Die Konzentration läßt ihn über Stock und Stein dahineilen, so daß er, völlig abwesend, selbst Freunde nicht wahrnimmt. Max Kalbeck hat uns eine anschauliche Schilderung davon gegeben. Als er Brahms im Juli besuchte, sah er ihn eines Morgens aus dem Wald herausstürzen in sonderbarem Zustand. »Barhäuptig und in Hemdärmeln, ohne Weste und Halskragen, schwenkte er den Hut in der einen Hand, schleppte mit der andern den ausgezogenen Rock im Grase nach und rannte so schnell vorwärts, als würde er von einem unsichtbaren Verfolger gejagt. Schon von weitem hörte ich ihn schnaufen und ächzen. Beim Näherkommen sah ich, wie ihm von den Haaren, die ihm ins Gesicht hingen, der Schweiß stromweise über die erhitzten Wangen herunterfloß. Seine Augen starrten geradeaus ins Leere und leuchteten wie die eines Raubtieres, – er machte den Eindruck eines Besessenen. Ehe ich mich von meinem Schrecken erholte, war er an mir vorbeigeschossen, so dicht, daß wir einander beinahe streiften; ich begriff sofort, daß es ungeschickt von mir wäre, ihn anzurufen: er glühte vom Feuer des Schaffens. Nie werde ich den beängstigenden Eindruck der elementaren Gewalt vergessen, den der Anblick der Erscheinung in mir zurückließ.«

Diese Szene weckt Erinnerungen an Beethoven. Auch Brahms sah sich eines Tages schicksalhaft in Beethovens Nähe, als er Hörprobleme bekam – ganz plötzlich. In panischem Schrecken reiste er nach Wien, konsultierte Billroth, der ihn beruhigen konnte und an einen Spezialisten vermittelte. Die Diagnose: ein Ohrenkatarrh ohne weitere Folgen.

In Ischl erfüllt er Scholz' Wunsch und bedankt sich musikalisch für die Breslauer Auszeichnung. Zwar komponiert er keine »Doktor-Symphonie«, aber immerhin ein einsätziges Orchesterwerk in großer Besetzung. Das Schlagwerk ist um Große Trommel, Becken und Triangel erweitert. »Ein Potpourri à la Suppé« nennt Brahms seine Komposition, die kein Potpourri ist. Wie es Gelegenheitswerken meist ergeht – ihnen werden Anlaß und Zeitgebundenheit zum Verhängnis. Auch die *Akademische Festouvertüre* zählt zu diesen Opfern, denn sie erweist der studentischen Burschenherrlichkeit ihre Reverenz. Und das ist Geschichte, Überlebtes aus dem 19. Jahrhundert. Vier bekannte Studentenlieder finden ihren Platz in dem Werk: »Wir hatten gebauet ein stattliches Haus«, das feierliche »Alles schweige! Jeder neige ernsten Tönen nun sein Ohr!«, mit dem Refrain »Hört, ich sing das Lied der Lieder! hört es, meine deutschen Brüder!« Dann das ausgelassen-banale Lied »Was kommt dort von der Höh«

und schließlich das bekannte »Gaudeamus igitur«. Brahms entnahm die Melodien und Texte vermutlich dem »Commers-Buch für den deutschen Studenten« von 1861, das er damals besaß. Man könnte schnell über das Werk hinweggehen, wäre es nicht so meisterhaft komponiert! Denn wie er die Liedzitate in den Verlauf einer Sonatenform einbaut, eben kein Potpourri entstehen läßt, sondern einen musikalisch-organischen Zusammenhalt herstellt, wie der verhältnismäßig simple Zitatenschatz fast beiläufig, episodisch dem sinfonischen Geschehen zugeordnet wird, das alles verrät die Hand des souveränen Gestalters. Daß sich zum Schluß das »Gaudeamus igitur« ins Pompöse versteigt, war zu erwarten gewesen. Der eigentliche Hauptgedanke aber, vom rhythmischen Impuls stakkatierter Achtel bestimmt, bleibt bei wechselnden Gestalten die beherrschende Kraft des Ganzen.

Wie so oft, gefällt Brahms der Titel des Werkes nicht so recht. Er bittet von Ischl aus Scholz um Mitarbeit bei der Suche nach etwas Treffenderem. Der weiß auch keinen Rat, außer der Feststellung, daß *Akademische Festouvertüre* eben doch »verflucht akademisch und langweilig« klingt. So ist es bei der Brahmsschen Bezeichnung geblieben.

Aber es blieb nicht bei dieser einen Ouvertüre. Sie fordert den Komponisten zu einem Gegenstück heraus. Auch das ist kein Sonderfall, denkt man an die beiden *Serenaden op. 11 und 16*, die beiden *Streichquartette op. 51*, die beiden *Sinfonien op. 68 und 73*. Bereits am 28. August teilt er Billroth mit: »Die ›Akademische‹ hat mich noch zu einer zweiten Ouvertüre verführt, die ich nur eine ›Dramatische‹ zu nennen weiß – was mir wieder nicht gefällt.« Dieses Schwesterwerk, das offenbar in einem Zuge niedergeschrieben wurde, heißt schließlich *Tragisiche Ouvertüre*. Noch deutlicher artikuliert Brahms sein polares Schaffensgesetz, als er am 6. September dem Verleger-Freund Simrock einerseits von der »sehr lustigen Akademischen Fest-Ouvertüre« schreibt, »mit Gaudeamus und allem Möglichen«, aber gleich hinzufügt: »Bei der Gelegenheit konnte ich meinem melancholischen Gemüt die

Genugtuung nicht versagen – auch eine Trauerspiel-Ouvertüre zu schreiben!«

Sinfonischer Ernst ist gemeint, wenn sich der Komponist schwertut mit dem Epitheton »dramatisch« oder »Trauerspiel-« oder letztlich »tragisch«. Schon die Tonart d-Moll weist in diese Richtung (man denke an das *Erste Klavierkonzert*). Auffällig wird gerade in dieser Ouvertüre die charakteristisch fallende Melodieführung, absteigende Motive also, die den Ernst, ja einen fatalistischen Zug verdeutlichen. Zwar kämpfen trotzige Sforzati und heftig geführte Attacken dagegen an – und somit wird das Abgleiten in Hoffnungslosigkeit und Resignation verhindert –, doch dem tragisch-unerbittlichen Geschehen ist damit nicht eigentlich Einhalt geboten. Ist es nicht wie ein Vorausahnen der *Dritten Sinfonie*? Jedenfalls klingt uns mit der *Tragischen Ouvertüre* ein vollgültiger erster Sinfoniesatz entgegen. Könnte es nicht auch sein, daß Brahms auf alte Skizzen und Entwürfe zurückgegriffen hat? Haben nicht Stiefbruder und Stiefmutter dem Biographen Kalbeck mitgeteilt, daß »Johannes schon mehrere Symphonien vor der c-moll Symphonie komponiert hat«? Es bleibt Spekulation. Wenn man aber bedenkt, wie rasch diesmal innerhalb weniger Wochen gleich zwei sinfonische Sätze zu Papier gebracht wurden, ist es immerhin möglich, daß schon etwas vorlag. Genau da hat sich Brahms nie in die Karten sehen lassen – Werkstattangelegenheiten. Sie gehen die Öffentlichkeit nichts an.

Franz Wüllner, seit 1877 Hofkapellmeister in Dresden, hatte sich offenbar um eine Aufführung der beiden Ouvertüren bemüht (entsprechende Briefe an Brahms sind leider nicht erhalten). Jedenfalls antwortet der Freund, der inzwischen nach Wien zurückgekehrt war, er könne die eine im Manuskript oder schon gestochen haben, müsse aber auf Simrock Rücksicht nehmen, in dessen Verlag das Erscheinen vorbereitet wird. »Der Ouvertüren sind zwei, die eine weint, die andere lacht. Nun amüsiert es mich, daß Ihr beharrlich ›die andere‹ verlangt, ein deutliches Zeichen Eures niedren

Vertrauens in meine tragische Kraft – wogegen ich nichts einzuwenden habe!!« (November 1880).

Die Wege der beiden ungleichen Schwestern trennten sich. Die erste Aufführung der *Tragischen* erfolgte am 26. Dezember 1880 im Wiener Musikvereinssaal unter Hans Richter, nachdem Brahms eine Probeaufführung mit Joseph Joachims Berliner Hochschulorchester Anfang Dezember durchgeführt hatte. »Die Andere« hatte am 4. Januar 1881 in Breslau unter Brahms' Leitung Premiere. – Die *Akademische* ist von den Konzertprogrammen inzwischen nahezu verschwunden, auch die *Tragische* erklingt nicht allzu oft.

Preßbaum bei Wien 1881
Zweites Klavierkonzert op. 83

Herrliche sechs Wochen in Italien lagen zurück. Am 25. März 1881 war Brahms gemeinsam mit Theodor Billroth in Wien aufgebrochen. Diesmal ging es bis hinunter nach Sizilien, nach Messina, Syrakus und Palermo. Billroth mußte wegen einer Chirurgentagung früher zurückkehren, und so genoß Brahms die Tage in Rom und die Heimfahrt über Siena, Orvieto, Florenz und Pisa allein. Pünktlich zum Geburtstag am 7. Mai traf er in Wien wieder ein, erfüllt von Licht, Farben und der Leichtigkeit des Südens. »Es ist der herrlichste Frühling; in Sizilien der erste, hier der zweite, in Wien werde ich den dritten genießen!«, hatte er am 25. April aus Rom an Simrock geschrieben. Der Wiener Frühling fand im Prater statt. Wie alle Jahre kostete er aus, was sich an Vergnügungen bot.

Wohin in diesem Sommer? In Ischl hatte er sich sehr wohl gefühlt. Doch endete die Sommerfrische nach wochenlangem Dauerregen mit regelrechten Überschwemmungen. Aus Österreich wollte er aber nicht mehr hinaus. Freunde empfahlen Preßbaum, einen stillen Villenort im Wienerwald, an der Westbahnstrecke gelegen, vierzig Minuten Bahnfahrt von Wien entfernt. In der Brentenmaisstraße 12 bezieht er am 22. Mai drei Zimmer. Das Haus hatte damals noch kein Obergeschoß, war von einem Garten umgeben. Vereinzelte Landhäuser befanden sich auf der einen Seite, Wiesen und Wald auf der anderen. Spazierwege und Ausflugsziele gab es zur Genüge, insgesamt ein anmutiges Gelände – für Brahms wie geschaffen. Wien dazu nicht weit, die Freunde und Künstlerkollegen traf er lieber dort. In Preßbaum wollte er ungestört bleiben, denn er hatte sich einiges vorgenommen. Nur wenige Besucher empfing er in seiner ländlichen Abgeschiedenheit – Fritz Simrock, Joseph Joachim. Die Ehe des Freundes war zerrüttet. Kann Brahms hier helfen oder vermitteln? Hat er es nicht schon mehrmals versucht? Joachims Eifersucht ist die Ursache für zahlreiche Krisen in seiner achtzehnjährigen Ehe mit Amalie, der bedeutenden Altistin. Brahms ist es leid, sich immer wieder die alten Geschichten anhören zu müssen. Er stellt sich auf die Seite von Joachims Frau – aus ehrlicher Überzeugung, aber ohne das nötige Gespür für die Situation des Freundes. Joachim verläßt wütend die Preßbaumer Idylle. Brahms' älteste Freundschaft ist vorerst aufgekündigt. Zwei starrsinnige Männer werden sich für sechs Jahre aus dem Weg gehen. Inzwischen wird Joachims Ehe geschieden. Erst mit dem *Doppelkonzert* von 1887 bewirkte Brahms die Aussöhnung.

Eine weitere Begegnung fällt in den August 1881. Joseph Viktor Widmann, noch immer auf die Verwirklichung eines gemeinsamen Opernprojektes hoffend, kommt nach Preßbaum. Als er den bärtigen Brahms am offenen Fenster ein Buch lesen sieht, wird ihm klar, daß dieser jetzt »in eine Periode seines Schaffens eingetreten sei, in der für ihn nicht mehr die Rede davon sein könnte, sich auf ein völlig neues Gebiet zu begeben«. Beide treffen sich dann nochmals in Wien, speisen zusammen im ›Roten Igel‹, sprechen über dies und das, nur nicht über den Plan einer Oper. Daß Widmann aber sein Ziel dennoch nicht aufgegeben hat, wird sich in späteren Jahren in Thun zeigen.

Die Zeit vom 22. Mai bis in den Oktober hinein, viereinhalb Monate also, verbringt Brahms in Preßbaum. Abgesehen von den Fahrten nach Wien geht er hier ›in Klausur‹. Zwei sehr verschiedene Kompositionen gehen daraus hervor – *Nänie* für Chor und Orchester und das *Zweite Konzert für Klavier und Orchester*.

Als Anselm Feuerbach im Januar 1880 einsam und enttäuscht vom Leben in Venedig gestorben war, wollte Brahms dem Freund ein Denkmal setzen. Schillers Gedicht schien hierfür besonders geeignet. Der gedankliche Bezug auf die griechische Mythologie und die Klage über den Tod Eurydikes, Adonis' und Achills ließ sich auf schöne Weise mit der Person des Malers aktualisieren. Dessen klassizistisches Schönheitsideal und die Sehnsucht nach dem mediterranen Süden hatten den Komponisten, dem inzwischen auch die italienisch-römische Kunst und Kulturlandschaft ans Herz gewachsen war, tief berührt. Ein musikalisches Gedenken schien ihm angemessen. Erst im Preßbaumer Sommer kann er es in Töne fassen. *Nänie op. 82* ist ein stilles Werk. »Auch das Schöne muß sterben!« – der Eingangstext erfährt in freier Fugentechnik eine edle verhaltene Vertonung. Eindringlich, durch Wiederholung der Textworte, wird die Klage der Götter im Mittelteil vorgebracht: »Siehe, da weinen die Götter, es weinen die Göttinnen alle.« Mit dieser Art der Textbehandlung erreicht Brahms am Schluß eine inhaltliche Akzentuierung, die Schiller nicht im Sinn hatte. Der Dichter läßt seine Distichen mit bitterer Klage enden: »Denn das Gemeine geht klanglos zum Orkus hinab.« Brahms dagegen überlagert diesen Gedanken, verdrängt ihn geradezu durch die Wiederholung der vorletzten Zeile »Auch ein Klaglied zu sein im Munde der Geliebten, ist herrlich«. Dies ist sein Schlußwort, und er läßt es den Chor mehrmals singen. Nicht Resignation, sondern Trost bildet das Ende. Musikalisch schließt Brahms den Bogen auch dadurch, daß er thematisch und tonartlich zum Anfang zurückkehrt. Sanfte Harfenakkorde durchwärmen die letzten Takte. In mildem D-Dur verklingt das Werk.

Er hat es Henriette Feuerbach, der Stiefmutter des Malers, gewidmet. »Gar oft mußte ich, wenn mir die schönen Worte durch den Sinn gingen, Ihrer und Ihres Sohnes gedenken, und ich empfand unwillkürlich den Wunsch, meine Musik seinem Gedächtnis zu widmen.«

Die zweite Komposition, die im Preßbaumer Gartenhaus offenbar in sehr kurzer Zeit geschaffen wurde, ist zugleich Brahms' umfangreichstes Konzertwerk, das viersätzige *Zweite Klavierkonzert B-Dur op. 83.* Schon am 7. Juli erhält Elisabeth von Herzogenberg die Nachricht, er habe »ein ganz ein kleines Klavierkonzert geschrieben mit einem ganz einem kleinen zarten Scherzo«. Vier Tage später schickt er Billroth die fertige Partitur mit dem Vermerk: »Hier schicke ich ein paar kleine Klavierstücke...« Wenn es keine größeren Vorarbeiten gegeben haben sollte, dann ist das Werk im Juni 1881 niedergeschrieben worden, vielleicht auch schon gleich nach der Ankunft in Preßbaum begonnen worden, und vielleicht hat sich die Arbeit bis in den Juli hingezogen. Aber am 11. Juli schickt er die Noten an Billroth. Da ist es fertig – in maximal sechs Wochen zu Papier gebracht! Und dann diese Musik!

In seiner kraftvoll-heiteren Grundhaltung unterscheidet sich das Konzert ganz wesentlich von der Leidenschaft, Dämonie und herben Strenge des älteren, vor zweiundzwanzig Jahren und mit starken Geburtswehen hervorgebrachten *d-Moll-Konzerts*, mit dem es andererseits den ausgeprägt sinfonisch-orchestralen Charakter teilt. Mit der Ausweitung zur Viersätzigkeit vollzieht Brahms auch in der äußeren Form den Schritt zum sinfonischen Konzert. Die Partnerschaft von Solist und Orchester beruht auf wechselseitiger Durchdringung des musikalischen Stoffs, weniger auf dem konzertierenden Dialog oder Disput, wenngleich es natürlich solcher Vorgänge nicht mangelt. Dem Soloinstrument aber wird von vornherein orchestrales Gewicht auferlegt. Dies bedeutet eine enorme Steigerung der spieltechnischen Schwierigkeiten, ohne deshalb für den Interpreten ›dankbar‹ zu sein. Brahms' Schaffensprinzip zeigt sich in der bewußten Abkehr von ohrenfälliger Virtuosität und bravouröser Eleganz ganz aufs Inhaltliche, auf das ›Musikalische‹ gerichtet.

Ein Hornruf, wie aus weiter Ferne, eröffnet das Werk. Wir kennen diese Stimmung aus dem Beginn von Webers *Oberon-Ouvertüre*: ein Ruf aus den Tiefen des Waldes, aus den Fernen der Berge. Lockung und Geheimnis. Wir denken auch an das Hornthema, mit dem Schubert seine große *C-Dur-Sinfonie* eröffnet oder an die eben uraufgeführte *Vierte Sinfonie* Anton Bruckners, an das »Also blus das Alphorn heut« in Brahms' *Erster*... Nennen wir es beim Namen – es ist romantische Stimmung. Wie heißt es doch in den Fragmenten des Novalis: »Das Wort Stimmung deutet auf musikalische Seelenverhältnisse.« Zurück zum Klavierkonzert – bedeutet dieser programmatische Anfang das ›Thema‹ des Satzes oder eher das ›Motto‹? Vielleicht beides. Brahms kommt nicht los davon, auch wenn er den Einfall dem weichen Hornklang später entzieht und ihn härtet, dem vollen Orchester lautstark anvertraut, dem Pianisten ihn vollgriffig vortragen läßt. An den Nahtstellen der großen Sonatenform – zu Beginn der Durchführung und der Reprise – da erscheint sie wieder, da schimmert sie durch, da wird sie zurückgeholt, die Grundstimmung, die Urgestalt, doch stets verändert. – Mit einer bedeutsamen und klanglich sehr kompakten Kadenz greift das Klavier ein. Zwei weitere Themen – ein lyrisch versponnenes und ein rhythmisch aktives – treten hinzu. Sie bestimmen den Charakter des gedankenreichen, kontraststarken und sehr umfänglichen ersten Satzes (Allegro non troppo) mit seinen vielfältigen Verknüpfungen und Verwicklungen. Kraftvoll und selbstbewußt wird der Schluß erreicht. Die Energie springt über auf den zweiten Satz (Allegro appassionato), kein »ganz ein kleines zartes Scherzo«, vielmehr ein zupackendes Stück, das mit seinem kantigen Hauptgedanken noch einmal die Welt des *d-Moll-Konzertes* wachruft, aber eben auch ganz eigenartig verschleierte Episoden enthält, im Trioteil. In sich versunken entfaltet der langsame Satz (Andante) sein herbstlich durchsonntes Melos. Das Solovioloncello stimmt ein Thema an, das fünf Jahre später in dem Lied *Immer leiser wird mein Schlummer* wiederkehren wird. Im *Violinkonzert* war es die Oboe, die den Dialog mit dem konzertierenden Soloinstrument geführt hatte. Das feingesponnene Rankenwerk des Klaviers umgarnt die Melodie, sehnsüchtig und elegisch. Das gelöste Finale (Allegretto grazioso) befreit von allen Lasten und bildet zugleich die Synthese. Hier bin-

det Brahms noch einmal alles ein – tänzerische Beschwingt-
heit, Humor und Liedhaftes, schwelgerische Sexten im
ungarischen Tonfall (im Klavierpart vernimmt man sogar
Cymbaleffekte), Freude am Spielerischen, Vitalität und
Transparenz der Gedanken. Federnd und leicht gleitet dieser Schlußsatz dahin. Italiens Sonne dringt in fast jeden Takt
ein. Dieses Konzert stellt den Gegenentwurf zur balladesken
Düsternis des *d-Moll-Konzertes* dar. Dessen Ernst wurde gelegentlich schon verstanden. Dennoch: Auszischen lassen, wie
damals, am 27. Januar 1859 in Leipzig, wollte er sich nicht
noch einmal.

Mit seinem Verleger Simrock spielte Brahms ein wenig
Katz und Maus. Ursprünglich wollte er das Werk dem Leipziger Peters-Verlag anvertrauen. Als Simrock davon erfuhr,
intervenierte er heftigst und versuchte, seinen Konkurrenten
Dr. Max Abraham auszuschalten. Brahms reagierte auf
seine Art: »Sie sollten doch ehrlich sein und sich bedanken,
daß ich ein Klavierkonzert z. B. an Ihnen vorbeigehen lasse«
(8. August 1881). Nachdem Simrock seine verlegerische Vor-
zugsrolle in puncto Brahms unmißverständlich geltend gemacht hatte, lenkte der Komponist ein, drehte den Spieß um
und suggerierte Abraham den Verzicht auf das Werk als Vor-
teil: »Herr Simrock ist Ihnen ein viel zu freundlich gesinnter
Kollege. Er will das schwere Kreuz durchaus auf sich nehmen und für Sie tragen!«

Mit dem *Zweiten Klavierkonzert* bleibt aber auch ein Ereignis
verknüpft, das tief eingreift in Brahms' Leben – die begin-
nende Freundschaft mit Hans von Bülow. Seit Oktober 1880
wirkte er als Hofmusikintendant in Meiningen. In kurzer
Zeit entwickelte er das Orchester des kleinen Meininger Ho-
fes zu einer Musterkapelle. Das kunstsinnige Herzogenpaar
Georg II. von Sachsen-Meiningen und Helene Freifrau von
Heldburg förderten in großzügiger Weise Bülows Unternehmungen. Eine dieser Unternehmungen betraf Brahms. Er
wurde nach Meiningen eingeladen. Das Angebot ist verlok-
kend. Brahms kann mit Bülows Orchester ohne Termin-

zwang und ohne Publikum seine Werke durchnehmen, dabei korrigieren, bevor sie in Druck gehen. Wo hat es bisher Derartiges gegeben! Für Brahms geradezu ideale Bedingungen. Daß sich nicht nur die künstlerisch-menschlichen Bande zu Hans von Bülow festigen, sondern sich auch ein sehr herzliches Verhältnis zum Herzogspaar entwickelt, gehört zu den glücklichen Erfahrungen des Komponisten. Bis ins Todesjahr bleibt ihm Meiningen eine ganz wesentliche Konstante persönlicher und künstlerischer Befriedigung. Von hier aus gelang ihm schließlich auch der Durchbruch als Großmeister der Sinfonie. Dem hohen Niveau der Hofkapelle unter Bülows, später Fritz Steinbachs Leitung sind die beispielhaften Interpretationen seiner Orchesterwerke zu danken – weit über die kleine südthüringische Residenz hinauswirkend. Und die folgenreiche Begegnung mit Richard Mühlfeld, dem Soloklarinettisten der Kapelle, die Spätwerke mit Klarinette: Es waren Meininger Inspirationen.

Brahms reist also im Oktober 1881 erstmals dahin, kann sein neues *Klavierkonzert* in aller Ruhe ausprobieren. Bülow hatte die Vorproben abgehalten, am 20. Oktober sitzt der Komponist selbst am Flügel und dirigiert außerdem die beiden Ouvertüren – die *Akademische* und die *Tragische*, auch noch die *A-Dur-Serenade*. Alles noch immer unter Ausschluß der Öffentlichkeit. Zur Uraufführung des Konzerts reist er Anfang November nach Budapest. Dort erklingt es dann am 9. November zum ersten Mal vor Publikum. Nach Meiningen zieht es ihn noch im selben Monat zurück. Ein ganzer Brahms-Abend im Herzoglichen Hoftheater »unter gütiger Mitwirkung des Herrn Dr. Johannes Brahms« – *Tragische Ouvertüre*, *Zweites Klavierkonzert* (»neu, Manuskript« heißt es auf dem Programmzettel), *Haydn-Variationen*, *Akademische Festouvertüre* und *Erste Sinfonie*. Zweieinhalb Stunden allein die Musik! Und alles gründlich vorbereitet – ein denkwürdiger Abend, der 27. November 1881.

»Es wird mit Schere und Faden gearbeitet«

Ischl 1882
Gesang der Parzen op. 89

15. Mai 1882: »Ich aber sitze in Ischl – schaudervoll, höchst schaudervoll, es regnet (oder schneit), schwarz ist das Kraut und der Himmel nun erst! In diesem Zimmer steht ein Ofen, und er brennt auch dahin, im andern muß einer gesetzt werden!« Sätze aus einem Brief an Elisabeth von Herzogenberg. Wieder ist miserables Wetter, und wieder ist er in Ischl, zum zweiten Mal. Mit der klugen Elisabeth konnte Brahms Zitate tauschen, sie kannte seine Lieder. »Schwarz ist das Kraut und die Heide so leer«, heißt es in Theodor Storms Gedicht *Über die Heide*, das er vor einigen Jahren vertont und erst vor kurzem, zusammen mit anderen Liedern, Simrock zum Druck angeboten hatte.

Wohin es in diesem Sommer gehen sollte, war lange nicht entschieden. In die Umgebung von Wien wie im Vorjahr oder an den Wörther See oder etwa nach Weimar? Kalbeck jedenfalls nennt diese Ziele. Letztlich hat es Brahms erneut nach Ischl gezogen. Er wohnt, wie vor zwei Jahren, im Haus des Herrn Gruber in der Salzburger Straße 51. Arbeit wird es zur Genüge geben. Halbfertiges hat er im Reisekoffer, neue Pläne im Kopf.

In den ersten Ischler Wochen beschäftigt ihn ein Kammermusikwerk, ein *Streichquintett in F-Dur* mit zweiter Bratsche (wie bei Mozart). Schubert hatte in seinem *C-Dur-Quintett* aus dem Todesjahr 1828 statt dessen zwei Violoncelli verwendet und dadurch dem Klang mehr Tiefe gegeben. Aber Brahms schwebt diesmal etwas ganz anderes vor, eine leichtere, freundlichere Gangart. Gleich der erste Satz nimmt uns auf einen Spaziergang durch die frühlingshaft erwachende Natur mit. Freundlich und sonnig erscheint die Welt, eine »Fußreise« wert, wie sie Eduard Mörike in einem Gedicht beschrieben hat, das Hugo Wolf (1888) vertonte: »Am frisch geschnittnen Wanderstab, wenn ich in der Frühe so durch die Wälder ziehe, Hügel auf und ab…«

Auch in Ischl scheint nun die Sonne, und Brahms wird »im leichten Wanderschweiße eine solche Morgenreise« regelmäßig angetreten haben. Jedenfalls nannte er einmal sein *F-Dur-Quintett* »ein Frühlingsprodukt«. Interessantes verrät der zweite Satz mit wechselnden Tempoangaben – »Grave ed appassionato«, dann »Allegretto vivace«, »Tempo I«, »Presto«, wieder »Tempo I«. Hier drängen sich Langsamer Satz und Scherzo aneinander, zwei tradierte Satztypen, die – da sie ja sehr Unterschiedliches zu sagen haben – sonst getrennt aufeinander folgen. Mehr noch: Das thematische Material entstammt frühester Schaffenszeit. Mitte der fünfziger Jahre hatte der junge Brahms verschiedene Klavierstücke komponiert, darunter je zwei *Sarabanden* und *Gavotten*. Sie waren damals zwar gespielt worden, aber unveröffentlicht geblieben. Jetzt, nach fast dreißig Jahren, greift er darauf zurück und verwendet ihre Themen im Quintett. Der so überaus selbstkritische Brahms bedient sich scheinbar bedenkenlos der Einfälle aus dem eigenen Frühschaffen. Gibt es denn keine ›Entwicklungen‹, keine Häutungen in seinem Komponistendasein? Ja und nein. Natürlich schreibt der Fünfzigjährige anders als der Zwanzigjährige. Aber die Grundhaltungen, das Grundempfinden, die Inspirationsquellen – sie bleiben unverändert. So kann er auch im ›Spätwerk‹ sehr früh Geschaffenes verwerten, ohne sich dem Verdacht auszusetzen, ›ausgebrannt‹ zu sein. – Das Finale des *Streichquintetts* beginnt mit einer – Fuge! Diesmal ein Rückgriff in die Musikhistorie, die ihm aber aus ähnlichen Gründen immer Gegenwart war – die *Händel-Variationen op. 24*, der Schlußsatz der *Ersten Violoncello Sonate op. 38* belegen es sehr deutlich. Das Seitenthema des Satzes, das dem Fugenthema zugeordnet wird, deutet auf Sonatenform. Und so ist es auch – Synthese zweier Formprinzipien als frisches Schlußwort eines unbeschwerten Kammermusikwerkes.

Im Sommer 1880 waren in Ischl zwei Klaviertrios in C-Dur und in Es-Dur begonnen worden. Die ersten Sätze zu beiden Kompositionen lagen vor, und Theodor Billroth bekam sie zugeschickt. Auch Clara kannte sie, denn in ihrem Tagebuch lobte sie vor allem das Es-Dur-Stück, von dem heute jede Spur fehlt. Offensichtlich hat es Brahms' Vorstellungen nicht entsprochen – es wurde vernichtet. Aber nun, zwei Jahre später, führt er das C-Dur-Projekt zu Ende. Mitte Juli 1882 erhält wieder Billroth und durch ihn der Notenkopist Franz Hlavaczek ein beschriebenes Bündel Papier – das *Klaviertrio C-Dur op. 87.*

Konzentriert und drängend im Charakter, deutet das neue Werk auf den Spätstil hin. Alle wesentlichen Gedanken leiten sich aus dem Anfangsmotiv ab, das in seiner kategorischen Aussage auch von Beethoven stammen könnte. Der gedrungenen Kraft des ersten Satzes steht eine ungarisch gefärbte Variationenfolge im Andantesatz gegenüber, die in einem Schlußteil kulminiert, der – mehr als nur Coda – ganz dem gedanklichen Abwandeln gehört. Gespenstisch dann der Prestosatz, auch ›Fledermaus-Scherzo‹ genannt. Mit seinem flatternden Auf und Ab, fast ständig im schwer zu realisierenden Pianissimo, ist er ein echtes Nachtstück von starker Imaginationskraft. Im überschwenglichen Finale begegnet uns wieder jene Direktheit der Aussage, die nun fast zu geradlinig verläuft.

Das *Klaviertrio* war Ende Juni fertig geworden, das *Streichquintett* schon im Mai – zwei sehr gegensätzliche Werke, denn im Trio überwiegen die dunklen, mitunter dämonischen Züge. Das Manuskript des Quintetts schickt er nach Innichen ins Pustertal, wo die Herzogenbergs die Dolomitenlandschaft genießen. »Kleines Liedchen« nennt Brahms das viersätzige Werk. Und Elisabeth schickt es schnell wieder zurück. Tage später folgt ein ausführlicher Brief voll begeisterter Worte und Notenbeispiele, die sie aus dem Gedächtnis notiert hat.

Brahms plant eine Aufführung beider Werke noch im

Sommer. In der Villa des Budapester Professors Ladislaus Wagner in Altaussee probiert er beide Stücke mit Ignaz Brüll, dem Londoner Geiger Ludwig Straus und weiteren Mitwirkenden, meist dilettierenden Musikern. Ein Rittmeister namens Moritz von Kaiserfeld, der noch nie eine Bratsche in Händen gehalten hatte, muß sich innerhalb von zwei Tagen auf dem Instrument zurechtfinden, um mitspielen zu können. In Gmunden wird Karl Goldmark von Brahms persönlich aufgesucht und zum Konzert eingeladen. Theodor Billroth kommt extra angereist. Am 25. August gelangen dann beide Kompositionen in der Villa Wagner vor geladenen Gästen zur Uraufführung, jedenfalls werden sie – halb öffentlich – zum ersten Mal vorgestellt. Wie Kalbeck berichtet, muß es eine sehr vergnügliche Unternehmung gewesen sein. Für den Komponisten bedeuteten solche Abende in privater Runde sehr viel. Es sind gleichsam Generalproben mit der Chance zu letzten Veränderungen am Notentext im einzelnen, bevor die Novitäten ins eigentliche Konzertleben entlassen werden.

Inzwischen hatte Brahms aber noch ein drittes Werk vollendet und die Partitur an Billroth geschickt – den *Gesang der Parzen.* »Es geht Dich ein wenig besonders an – es wird ja mit Schere und Faden gearbeitet!«, schreibt er dem Freund im Begleitbrief vom 31. Juli, eine Anspielung auf das Wirken des Chirurgen, der – wie die antiken Schicksalsgöttinnen – den Lebensfaden in Händen hält. Charlotte Wolter, die große Tragödin am Wiener Burgtheater, hinterließ als Goethes Iphigenie einen langen Nachhall in Brahms' empfänglicher Seele, besonders ihre unübertreffliche Gestaltung des Schlusses vom vierten Akt. Von der Allmacht der Götter ist die Rede, die das Menschengeschlecht beherrschen, »wie's ihnen gefällt«. Düstere Bilder erstehen, und Furcht erfaßt uns, denn »Es wenden die Herrscher / ihr segnendes Auge / von ganzen Geschlechtern / und meiden im Enkel / die ehmals geliebten, / still redenden Züge / des Ahnherrn zu sehn.«

Dunkel und drohend beginnt nach der ernsten Orchester-
einleitung der sechsstimmige Chor, in dreistimmige Grup-
pen aufgeteilt, die mahnenden Worte zu skandieren: »Es
fürchte die Götter / das Menschengeschlecht!« Unerbittlich
im Rhythmus, strophisch gegliedert und variierend aus dem
Kopfmotiv entwickelt. Seltsam, bei der Vision von der dro-
henden Katastrophe in der fünften Strophe, wo sich die
Götter abwenden und die Menschen ins Verderben stürzen,
stellt Brahms seine Musik völlig um. Weich und »dolcissimo«
trägt der Chor in hellem Dur den Text vor. Die Musik sagt
das Gegenteil der Dichtung! Auf diesen Widerspruch verwei-
send, gibt er viel später, 1896, seine Deutung preis: »Ich
meine, dem arglosen Zuhörer müßte beim bloßen Eintritt
des Dur das Herz weich und das Auge feucht werden; da erst
faßt ihn der Menschheit ganzer Jammer an.« Ist es der Versuch einer Tröstung? Wenn im Abgesang »So sangen die
Parzen« am Ende »der Alte« kopfschüttelnd das Schicksal
der Kinder und Enkel bedenkt, bedeutet dies Zweifel an der
Schreckensvision. Ob sich daraus aber neues Hoffen ableiten
läßt, bleibt offen. Eine Kantate in nachdenklicher Stille. Mit
dem *Parzenlied* schließt Brahms das Kapitel seiner Werke für
Chor und Orchester ab. Was er im großen Stil künftig zu
sagen haben wird, vertraut er der Sinfonie an. Die nächsten
Sommer werden es zeigen.

Die Ischler Wochen von 1882 enden mit Dauerregen und
Überschwemmungen. Die Straßen konnten zeitweise nur
mit Booten befahren werden. Auch die oberitalienische
Reise im September, gemeinsam mit Billroth, war schrecklich verregnet. Verona mußte aus diesem Grunde aus dem
Programm gestrichen werden. Doch Lugano und Bergamo,
Mailand und Vicenza, sogar zehn Tage Venedig und ein Zusammentreffen mit Clara Schumann in der Lagunenstadt
entschädigten für die kleinen Ärgernisse.

Wiesbaden 1883
Dritte Sinfonie op. 90

Eigentlich wollte er Österreich im Sommer nicht mehr verlassen – Pörtschach, Ischl, Preßbaum und wieder Ischl –
Brahms scheint Wort zu halten. Aber die andere Gegend, die
er von Jugend an kennt und liebt, das schöne Land von
Rhein, Neckar und Main, blieb ihm immer eine Versuchung. Die großen Musikfeste führten ihn ohnehin fast jähr-
lich ins Rheinland. Und Clara Schumann übte auch ihre
Wirkung aus und zog den Freund regelmäßig zu Besuchen
nach Frankfurt. Seit 1874 kennt er noch eine weitere Adresse
– Rüdesheim und die Familie von Beckerath mit ihrer musi-
schen, heiteren Atmosphäre und den Verlockungen ihres
Weinkellers.

Auf dem Kölner Musikfest Mitte Mai 1883 hatte Brahms
sein *B-Dur-Konzert* gespielt und die *Zweite Sinfonie* dirigiert.
Die Beckeraths, immer auf dem Sprung den Meister einzu-
fangen und für sich zu gewinnen, wenn er nur in ihre Nähe
kam, laden ihn auch diesmal auf ihr Weingut ein. Für ein
paar Tage, meint Brahms, käme er schon sehr gern – er
bleibt länger als vier Monate, bis zum 2. Oktober. Allerdings
wohnt er nicht in Rüdesheim, sondern in Wiesbaden. Die
Wohnung fand er durch Beckeraths: das frühere Atelier des
Malers Ludwig Knaus, das jetzt in anderem Besitz war. Aus
Laura von Beckeraths Tagebuchaufzeichnungen gewinnt
man ein anschauliches Bild von Brahms' Wiesbadener Zeit.
Sie schreibt:»Die Wohnung bestand aus dem großen saalför-
migen Atelier mit etwa 6 Parterre-Räumen… Das Haus, nur
Hochparterre, lag von einem schönen Garten mit alten Bäumen umgeben und aus der Gehörweite des Klavierspiels
liegender Nachbarhäuser. Man hatte von den Räumen die
herrlichste Aussicht über ganz Wiesbaden bis zum fernen,

sich bei Sonnenschein wie eine Silberschlange durch das Rheintal schlängelnden Rheinstrom.« Brahms mietet alle Räume. Ähnlich dem Ischler Haus, konnte er bei Bedarf unbemerkt verschwinden. Ansonsten die gewohnten Verhältnisse: der weite Blick ins Land, ringsum Wälder, die Stadtmitte nur wenige Minuten von der Geisbergstraße 19 – so die Sommeradresse – entfernt. Brahms hat wieder ein Quartier mit Überblick, etwas oberhalb und mit einem gewissen Sicherheitsabstand zum geschäftigen Treiben des Ortes. Auch die Verkehrslage ist wieder günstig für Besuche und Besucher. Drei Bahnhöfe hatte Wiesbaden damals zu bieten, den Taunusbahnhof, den Rheinbahnhof und den Bahnhof der hessischen Ludwigsbahn. Frankfurt, Rüdesheim, Koblenz – alles schnell zu erreichen. Bei Beckeraths ist er ständiger Gast. Aus Laura von Beckeraths Tagebuch: »Wenig Musik in der ersten Zeit, aber viel Gespräche über literarische Sachen... Briefe von Damen mit Anerbietungen von Operntexten zu ›unsterblichen‹ Werken, Liebeserklärungen... Sonntag, den 10. Juni. Stockhausen bei uns mit Brahms... Öfteres Musizieren mit Rudolf. Mozart und Haydn. Großartigkeit und Innigkeit des Vortrags... 24. Juni. Sonntagabend Mitteilung Brahms' über das Heiraten. In seinen jungen Jahren wäre die Zeit für ihn gewesen, da habe er unter der Unmöglichkeit gelitten und diese Seite sehr durchgekämpft... Die Verleger wollten auch keine Honorare zahlen für Sachen, die in Leipzig ausgepfiffen wurden, und so habe er nicht seinen Herd gründen können. Er habe jetzt die Sache überwunden, wenngleich er sich denken könne, daß einer in seinen Jahren noch einmal die Thorheit begehen – und gründlich hereinfallen könne... 30. Juni. Wieder das Heiratsthema. Mitteilung über einen Abend, wo Brahms ein schönes junges Mädchen nach Hause geleitete bei Mondschein: ›Die hätte mich haben können, wenn sie nicht so geschwätzt hätte.‹...«

Wo kreisen seine Gedanken? Brahms ist verliebt. Er war ihr in Krefeld begegnet, im Januar, als er dort konzertierte.

Sie hatte ihn verwirrt, die junge temperamentvolle, dunkelhaarige Rheinländerin, mit ihrer dunklen sinnlichen Altstimme – Hermine Spies, Gesangsschülerin von Julius Stockhausen. Sie lebt derzeit in Wiesbaden, beide kommen sich näher. Er ist fünfzig, sie sechsundzwanzig. Seine Lieder singt sie wie keine andere so schön. Lauras Tagebuch enthält aber keine Hinweise, die unsere Neugier befriedigen könnten. Nur ein Eintrag gibt einen Fingerzeig: »5. September. Mit Hausmann. Letztes Trio, Cellosonate. Lieder, von Fräulein Spies gesungen, Konzert von Schumann für Cello. Gleich nach dem Trio seufzte er: ›Ach, ich armer unverheirateter Mensch!‹« Brahms hütet sich vor ›Dummheiten‹, aber er flirtet. Hermine fühlt sich geschmeichelt, sagt einmal, er sei ihre »Johannespassion«. Sie beschwichtigt: »Was Sie da von Brahms in Bezug auf mich schreiben, das ist ein Irrtum, liebes Frauchen. Nein, das ist ganz gewiß ein Irrtum! Er mag mich ja ganz gut leiden, denn ich singe seine Lieder nicht schlechter als andere und ich bin ja auch ein mit fünf gesunden Sinnen ausgestattetes Geschöpf. Aber – daß er mir gehört, das muß ich von mir abwälzen. Nein, die Verantwortung nehme ich gar nicht auf mich. Ich wüßte mich ja gar nicht dabei zu benehmen... ich kann dann nur Unsinn mit ihm treiben, und er versteht das auch...« Sie schreibt das an Maria Fellinger, die ältere Freundin. Immerhin muß es Anlaß gegeben haben, daß die Freunde eine Heirat nicht für ausgeschlossen hielten. Aber Brahms weicht – wie immer – aus. Er zieht sich in seine Wiesbadener Atelierwohnung zurück und läßt niemanden wissen, was da entsteht. Als Franz Wüllner Ende August zu Besuch kommt, erfährt er als erster, daß es eine neue Sinfonie ist.

Sechs Jahre nach der idyllisch-heiteren *Zweiten* nun also ein neues sinfonisches Werk. Auch diesmal bleibt im dunkeln, ob da nicht schon Teile vorher entstanden waren. Max Kalbeck und Florence May jedenfalls nehmen es an. Am 15. September macht Brahms in einem Brief an Simrock eine Andeutung, die darauf schließen läßt: »... wenn ich etwa noch einmal Notenblätter aus meiner Jugendzeit finde, so will ich sie Ihnen auch schicken.«

Nähme man die Rezension eines Dreiundzwanzigjährigen, des frischgebackenen Musikkritikers des ›Wiener Salonblattes‹ vom 30. November 1884 ernst, so müßte es sich um ein total mißglücktes Werk handeln. Es war wieder Hugo Wolf, der all sein Gift verspritzte: »Als Sinfonie des Herrn Dr. Johannes Brahms ist sie zum Teil ein tüchtiges, verdienstliches Werk; als solche eines Beethoven Nr. 2 ist sie ganz und gar mißraten, weil man von einem Beethoven Nr. 2 alles das verlangen muß, was einem Dr. Johannes Brahms gänzlich fehlt: Originalität... Er ist ein tüchtiger Musiker, der sich auf seinen Kontrapunkt versteht, dem zuweilen gute, mitunter vortreffliche, zuweilen schlechte, hie und da schon bekannte und häufig gar keine Einfälle kommen.« Er stellt ihn in die Ecke der Ewig-Gestrigen, entwirft eine romantisch-groteske Szene vom mühsam Schaffenden, ausgestattet mit vergilbtem Notenpapier und bestaubtem Tintenfaß, umgeben von Spinnweben in verödeter Behausung und schließt mit den Worten: »Mühevoll greift er nach der Feder, und was er aufschreibt – wahrhaftig! –, sind Noten, eine Menge Noten. Diese Noten werden nun regelrecht in die gute, alte Form gestopft, und was dabei herauskommt, ist – eine Sinfonie.«

»...In die gute, alte Form gestopft...« Eben das trifft nicht zu. Wolf verfolgt als Komponist andere Ziele. Sein Blick ist verstellt. Er kann oder will nicht wahrnehmen, daß Brahms in seiner *Dritten Sinfonie* »die gute, alte Form«, also den überkommenen Sinfoniebegriff der Klassik schon verlassen hat, zum Teil jedenfalls, und zwar aus einem kompositorischen Ansatz heraus, der in der Tat mit einem »Beethoven Nr. 2« nicht mehr zu etikettieren ist.

Bedeutungsschwer, wie ein großes, massives Initial, wird der erste Satz (Allegro con brio) mit drei Akkorden eröffnet, die als Oberstimme die Tonfolge f – as – f im Rahmen der aufsteigenden Oktave enthalten. Ein Motto, eine Chiffre, sein persönlicher Wahlspruch ›f(rei), a(ber) f(roh)‹ und zugleich ein Bezug auf die Jugendjahre mit Joseph Joachim und dessen ›frei, aber einsam‹. Als Leitgedanke erklingt es nach diesem mächtigen Klangportal sogleich in den Bässen, während der eigentliche Hauptgedanke (nach den Formregeln des klassischen Sonatensatzes das ›erste Thema‹) von den Violinen vorgetragen wird – ganz von oben heruntersteigend, eine Gegenbewegung auslösend, die beim Hörer mit dem Empfinden von ›Raum‹ verbunden bleibt. Daraus erwächst zum Beispiel auch das häufige Pendeln zwischen Dur und Moll in diesem Satz. Von Beethovens Art, Themen aufzustellen und zu verarbeiten, sie rhythmisch auszubeuten und motivisch zu zerkleinern, ist Brahms' Vorgehen deutlich unterschieden. Seine Spannungsfelder gewinnt er aus den Raumbeziehungen, aus Hoch und Tief, Weit und Eng, Dicht und Locker. Brahms baut sein Sinfoniegebäude wie ein planender Architekt. Dabei erschließt er ›Nebenräume‹, mischt er Empfindungen und Gefühle. Heroisch mutet der Anfang an, doch bald verliert sich dieser leidenschaftliche Zug im lyrisch-versonnenen Seitenthema der Klarinetten. Die Partitur verrät die Feinarbeit des Kammermusikers. Die Schönheit des zweiten Satzes (Andante) gründet sich weitgehend auf der volksliedhaft-schlichten Weise, zunächst von den Holzbläsern vorgetragen. Aus ihr erwachsen Variationen, kunstvoll gebaut in ausgefeilter Satzarbeit, seltsam untermischt von einer fast trauermarschartigen Melodie. Schmerzlich-süß und sehnsüchtig dann der dritte Satz (Poco Allegretto), zu dessen zartem Liebeswerben der Violoncelli die Welt eines Beethovenschen Scherzos absolut nicht passen kann. Eigentlich gehört der Satz in die Reihe der Intermezzi, wie sie der alternde Brahms in seinen späten Klavierzyklen ausspinnen wird.

Die *Dritte* steht auf der Schwelle zum Spätschaffen. Widerstreit der Gefühle: Leidenschaft und Verhaltenheit, Liebessehnsucht und Verzicht, Innigkeit und leise Resignation. Wie wohl fühlte er sich doch in Wiesbaden, und wie schmerzlich muß ihn gerade dort die Begegnung mit Hermines Jugend und Schönheit berührt haben. – Doch dann eröffnen schemenhafte Unisonogänge das dramatisch hochgespannte Finale (Allegro). Gedankenvoll und zerklüftet bäumt sich der Riese noch einmal auf, den Keim der Entsagung schon in sich tragend. Auch das ist kein Beethovensches Finale. Sieghaftigkeit äußert sich in der bewußten Rücknahme von Jugend. Nach teilweise heftigen Auseinandersetzungen mit sehr unterschiedlichen Motiven in den Violinen und Posaunen – energisch auffahrende und feierlich schreitende stehen gegeneinander – findet Brahms zum Ausgleich der Kräfte. Das freudige, jubilierende Hornthema bindet die Energien. Eine leichte Rücknahme des Tempos gegen Schluß wirkt beruhigend. Die beiden Hauptthemen des Satzes haben nun alles Drängende abgelegt und singen sich über webenden Sechzehntelfiguren der Streicher aus. Die letzten Takte lassen noch einmal den Hauptgedanken des ersten Satzes aufscheinen, herabsinkend und eingebunden in die verklingenden Tremoli der Streicher. Ein stiller, ein ganz stiller Ausklang. Im Erinnern liegt zugleich Entledigung. Die wuchtig eingerammten Fundamente des Sinfonieanfangs liegen weit zurück, alle Spannungen scheinen gelöst. Die Geschichte ist erzählt. Das Ende will sagen: So ist es nun einmal, aber es war schön. Friedrich Nietzsche spricht von der »Melancholie des Unvermögens«. Joseph Joachim meinte die Liebesgeschichte von Hero und Leandros herauszuhören. Brahms aber hat kein Wort darüber verloren.

Mürzzuschlag 1884 und 1885
Vierte Sinfonie op. 98

Wiesbaden war doch eine Ausnahme gewesen. Brahms bevorzugte österreichische Sommerfrischen. Möglichst in der
Wiener Umgebung. Preßbaumer Erinnerungen werden
wach. Aber er sucht und kann sich nicht entschließen. Eine
dreiwöchige Italienreise liegt hinter ihm – im Mai 1884 war
er gemeinsam mit Rudolf von der Leyen gereist. Trient, Riva
am Gardasee, Turin und Mailand hießen die Stationen. Vor
allem aber der zweiwöchige Aufenthalt in der Villa Carlotta
bei Cadenabbia am Comer See. Das Meininger Herzogspaar hatte ihn auf ihren Sommersitz eingeladen. Wundervolle Maientage waren es gewesen. Brahms und Rudolf von
der Leyen spielten dem Herzog die vierhändige Fassung der
Dritten Sinfonie vor. Die gedruckte Ausgabe hatte Simrock inzwischen herausgebracht. Ende Mai war Brahms direkt
nach Düsseldorf zum 61. Niederrheinischen Musikfest gefahren, um dort seine *Dritte* und den *Gesang der Parzen* zu dirigieren. Dann, am 6. Juni, kehrte er nach Wien zurück. Mit
Kalbeck hält er nun Ausschau nach der diesjährigen Sommerwohnung. Vielleicht in der Umgebung von Mödling? Im
Gespräch entwickelt er seine Theorie von den ›drei Len-
zen‹ – den ersten will er in Unteritalien verleben, den zweiten
in Rom oder Florenz, den dritten im Prater. Dem Frühling
entgegen und dann mit ihm zurück in den Norden – das ist
die Idee. Nach Sizilien wird Brahms erst 1893 wieder kommen. Es wird seine letzte Italienreise sein. Den Prater aber
genießt er in diesem Jahr in vollen Zügen, bevor er am
21. Juni 1884 Wien verläßt, mit der Südbahn in Richtung
Steiermark fährt und über den Semmering Mürzzuschlag
erreicht. Gefunden hatte er das »reizende Fleckchen« (Clara
Schumann) mit Hilfe des jungen Eusebius Mandyczewski,

seit drei Jahren Chormeister der Wiener Singakademie. Dieser kannte den kleinen Ort durch eine befreundete Familie. Und auch Brahms war schon einmal hier gewesen, als er mit seinem Vater und Joseph Gänsbacher über den Semmering kam und von Mürzzuschlag einen siebenstündigen Fußmarsch nach Mariazell antrat. Siebzehn Jahre liegt das zurück.

Bei Sonnenuntergang findet er die passende Wohnung, ziemlich ausgefallen diesmal. Es war der alte fürstliche Herrensitz der Sulkowskis, einer polnischen Adelsfamilie. An der Ecke Wiener- und Ölberggasse präsentierte sich das Anwesen, aus Vorderhaus und Seitengebäuden bestehend, mit Einfahrt und einem Arkadengang im Innenhof. Von hier aus gelangt Brahms in seine Wohnung, bestehend aus drei Zimmern und Küche. Die Räume sind groß, haben Stuckdecken und sind von dickem Gemäuer umgeben. Um von einem Raum in den anderen zu gelangen, sind immer zwei Stufen zu steigen, da das Haus, der alten Stadtmauer folgend, an den Hang gebaut ist. Hier kann er ausschreiten. Die Überwindung der kleinen Höhenunterschiede hat besonderen Reiz. Daß aber die Wohnungstür direkt ins Freie führt, dürfte bei der Anmietung den Ausschlag gegeben haben. Brahms kann entweder den Ölberg hinauf gehen oder nach der rechten Seite den Wald erreichen, zur Mürz hinunter. Für seine Bedürfnisse also genügend Auslauf. Der Vermieterin überläßt er gleich einen Teil der Einrichtung und muß nun nicht 300, sondern nur 250 Gulden bezahlen. Zum Arbeiten reicht ihm ein Zimmer völlig aus – das mittlere natürlich, damit er sich besser abschirmen kann. Störungen und Neugier von draußen sind ihm lästig. Aber er ist nicht der einzige Mieter. Das Haus ist voller Sommergäste. Vor allem auf die Kinder muß er einen gewaltigen Eindruck gemacht haben mit seinem Rauschebart. Sie lauern ihm auf, weil sie wissen, daß er sie verwöhnt mit Süßigkeiten und Näschereien – wenn er entsprechend aufgelegt ist. Aber das ist er immer, wenn er Kinder sieht. Joseph Viktor Widmann, der vielleicht von allen Zeitgenossen, die über Brahms geschrieben haben, der genaueste und einfühlsamste Beobachter gewesen ist, hebt in seinen *Erinnerungen* diese Kinderfreundlichkeit hervor: »In Kindern, die sich in all ihrem naiven Egoismus ganz so gaben, wie sie waren, und durchaus keine Engel zu sein brauchten, für die er sie auch nicht hielt, ruhte sein eigenes, durch und durch treues und ehrliches Gemüt von so mancher Enttäuschung aus, die ihm die Großen bereiteten. Besonders fühlte er sich zu Kindern der ärmeren Klasse hingezogen.« In Mürzzuschlag springt er die Stiege hinab und wirft eine Handvoll Silberstücke unter die spielenden Kinder, die sich darum raufen. Er hat seinen Spaß daran.

Dabei beschäftigen ihn sehr ernste Dinge. Ein neues Werk ist im Entstehen. Früh schon ist er unterwegs, wie immer. Auf der Neuberger Straße erreicht er die Rote Wand, eine Felsenkuppe, die den Blick auf die vor ihm liegende Schneealpe freigibt. Weiter östlich davon die Raxalpe, im Vordergrund der Große Scheibenberg und die Kampalm, der Semmeringpaß – eine vielgliedrige Landschaft, herb und freundlich zugleich. Brahms, der eigenwillige Sommerfrischler, nimmt ihre Reize auf, genießend und schaffend. Er durchwandert die Täler und beginnt gleichzeitig, das Hochgebirge einer Komposition aufzurichten. Zwei lange Sommer benötigt er zu diesem Kraftakt. Denn auch 1885 wird er nach Mürzzuschlag kommen.

Ein paar Lieder liegen schon auf dem Schreibpult – Mitgebrachtes aus Wien, Frischgeschaffenes. Auch im nächsten Sommer werden ihm die Gedichte nicht aus dem Sinn gehen. Ein neuer Zyklus? Nein, aber doch Texte, die überwiegend einer Stimmungslage zuzuordnen sind – Verzicht, Resignation, Abschied. »Mit vierzig Jahren ist der Berg erstiegen, / wir stehen still und schaun zurück; / dort sehen wir der Kindheit stilles liegen / und dort der Jugend lautes Glück« – Verse von Friedrich Rückert, die ihn im Innersten getroffen haben müssen. Vor allem die letzte Strophe: »Nicht atmend aufwärts brauchst du mehr zu steigen, / die Ebne zieht von selbst dich fort; / dann wird sie sich mit dir unmerklich neigen, / und eh du's denkst, bist du im Port.« Blättert man weiter, folgt ein Gedicht von Friedrich Halm: »Steig auf, geliebter Schatten, / vor mir in toter Nacht, / und lab mich Todesmatten / mit deiner Nähe Macht!« Fallende Terzen, elegisch und bitter, bestimmen die Melodie bis zum Ende des Liedes, wo es aber doch heißt: »So komm! Still meine Tränen, / gib meiner Seele Schwung, / und Kraft dem welken Sehnen, / und mach mich wieder jung.« Die Grundfarbe der Musik bleibt dunkel, die melodische Linie führt abwärts, und noch tiefer sinkt das kurze, von Vorhaltbildungen dissonant geschärfte Klaviernachspiel. Auch *Kein Haus, keine Heimat* gehört zu dieser Liederfolge. Ein Hauch von Lebensabschied überzieht diese Lieder des Opus 94. Die Stimmung greift über auf Opus 95, auch wenn hier die Liebestexte vorherrschen – ein dünner Schleier von Wehmut liegt darüber. Und dann erst die *Vier Lieder op. 96*! »Der Tod, das ist die kühle Nacht, / das Leben ist der schwüle Tag«, nach Heinrich Heine, schwer und lastend schleppt sich der Gesang über den Orgelpunkt des Klaviers, chromatisch gespannt die kurze Modulation vor der Stelle: »Es dunkelt schon, mich schläfert, / der Tag hat mich müd gemacht.« Nur in der Entrücktheit des folgenden Traumbildes blüht es auf – die Singstimme wird warm und weich, vom Klavier mit zarten Arpeggien begleitet, bis auch dann im Nachspiel verlorenes Glück besungen und als milde Reminiszenz der Orgelpunktanfang wieder aufgegriffen wird. In all diesen Liedern kein sentimentales Ausufern! Die musikalischen Strukturen, die Variantenbildungen, die Imitationen der Stimmführung, die bedeutungsvolle Dissonanzbehandlung – alles zeugt von Brahms' starkem Formwillen, der auch schwache Texte bezwingt, wie zum Beispiel Georg Friedrich Daumers *Wir wandelten* (op. 96 Nr. 2), wo die Geschichte einer unausgesprochenen Liebe in den musikalischen Fluß eines Kanons eingebunden wird – teils streng, teils frei (»Was du gedacht in jenem Fall... Was ich gedacht, unausgesprochen verbleibe das!«).

Im Mai 1885 wird Brahms eine weitere Liederfolge abschließen, darunter das beziehungsreiche *Komm bald* nach einem Text von Klaus Groth. Der Dichter hatte ihm die Verse zum 52. Geburtstag übersandt. In Mürzzuschlag wird er sie vertonen und dabei an Hermine Spies denken, die *beiden* Männern den Kopf verdreht hatte. Er wird der Altistin sein »neues Produkt von – bloß zweien Ihrer Verehrer« zusammen mit einem neckischen Begleitbrief schicken – Flirt eines Mannes, der längst den »Berg erstiegen« hat. Abgeklärt schwingt die letzte Zeile aus: »Und von den Lieben, die mir getreu, und mir geblieben, wär'st du dabei!«

Diese beiden Liederhefte aber sind nur Begleitung eines großen und zugleich finalen Werkes, das in den beiden Sommern in Mürzzuschlag zu Papier gebracht wird. Ganz beiläufig, wie immer, wenn Brahms Wichtiges ankündigt, macht er eine Andeutung. Am 18./19. August 1884 schreibt er Simrock einen langen Brief, mokiert sich über den Maler Encke, der ihn porträtieren soll (in Simrocks Auftrag), sich aber am Vollbart stört. Außerdem sehe ihm Brahms »zu jüdisch« aus. Hanslick sei dagewesen, und der Kopist schreibt fleißig »alles mögliche für Sie – und andere. Sopran- und Alt-Lieder...« Und dann: »Mir scheint aber, ich nehme besseres Papier mit mehr Systemen.« Das ist der Wink. Größeres Notenpapier also! Was wird da kommen? Der hellhörige Verleger tappt im dunkeln und fordert Brahms heraus: Er erwarte nicht nur diese Lieder, Solo-Quartette usw., sondern etwas »Solides«, zum Beispiel Kammer- und Orchestermusik, ein Oratorium oder ähnliches. »Denn Ihre Faulheit ist schon nicht mehr schön!! – Anderthalb Jahre habe ich auf die kleine F-dur-Symphonie warten müssen!!« (4. September 1884). Das ist der Umgangston zweier Männer, die sich in scherzhaften Sticheleien gern überbieten.

Die *Vierte Sinfonie* entsteht. In Freundeskreisen verbreitet sich die vage Kunde. Elisabeth von Herzogenberg wird

Ende Oktober anfragen, ob es auch wahr sei, Clara Schumann Anfang Dezember. Brahms schweigt. Angeblich schreibe er auch an einem Violoncellokonzert. Sein konsequentes Schweigen schürt die Gerüchte. Tatsächlich aber komponiert er die ersten beiden Sätze im Sommer 1884, die anderen zwei ein Jahr später. Die *Vierte Sinfonie* ist die herbe Frucht von Mürzzuschlag. Nachdem er das Werk abgeschlossen hat – Ende August 1885 –, sind die Herzogenbergs die ersten, die etwas zu sehen bekommen. Brahms schickt ihnen den ersten Satz, »das Stück eines Stückes..., und hätten Sie Zeit, es anzusehen und ein Wort zu sagen? Im Allgemeinen sind ja leider die Stücke von mir angenehmer als ich, und findet man weniger daran zu korrigieren?! Aber in hiesiger Gegend werden die Kirschen nicht süß und eßbar – wenn Ihnen das Ding also nicht schmeckt, so genieren Sie sich nicht. Ich bin gar nicht begierig, eine schlechte Nr. 4 zu schreiben« (an Elisabeth, die »liebe verehrte Freundin«, 29. August 1885). Zur selben Zeit erhält Hans von Bülow aufschlußreiche Post: »... leider ist es mit dem Klavierkonzert, das ich gern geschrieben hätte, nichts Rechtes geworden. Ich weiß nicht, sind die beiden vorigen zu gut oder zu schlecht, aber sie sind mir hinderlich. Ein paar Entr'actes aber liegen da – was man so zusammen gewöhnlich eine Symphonie nennt. Unterwegs auf den Konzertfahrten mit den Meiningern habe ich mir oft mit Vergnügen ausgemalt, wie ich sie bei Euch hübsch und behaglich probierte, und das tue ich auch heute noch – wobei ich nebenbei denke, ob sie weiteres Publikum kriegen wird! Ich fürchte nämlich, sie schmeckt nach dem hiesigen Klima – die Kirschen hier werden nicht süß, die würdest Du nicht essen!« Von Richard Wagner ist man es gewöhnt, daß er in seinem unstillbaren Mitteilungsdrang gleichgeartete Formulierungen in verschiedenen Briefen wiederholt, nicht aber von Brahms, der mit Worten eher geizt. Das Bild von den Kirschen, die hier oben in Mürzzuschlag nicht süß werden wollen, muß ihm gefallen haben, vor allem die Verbindung seiner Musik mit Natur und Klima.

Ein drittes Klavierkonzert habe er ursprünglich erwogen – nur sei daraus »nichts Rechtes geworden«. Soll das heißen, daß es davon schon Niedergeschriebenes gegeben hat? Bekannt ist es nicht. Daß er andererseits die vier neuen Sinfoniesätze zu »ein paar Entr'actes« herunterspielt, also in den Rang von Zwischenaktmusiken herabstuft, sollte nicht besonders ernst genommen werden. Er weiß sehr wohl, was er da komponiert hat. Schließlich bleibt noch die Scheu vor allzu rascher öffentlicher Präsentation. Das Meininger Orchester und die Meininger Verhältnisse, bestimmt durch das großzügige und verständnisvolle Verhalten des Herzogs, der wie ein Mäzen aus alten Zeiten handelt, lassen es zu, in der Stille zu probieren, ohne Zeitdruck und ohne in den Veranstaltungsplan eines kommerzialisierten Konzertinstituts mit wenigen Proben eingezwängt zu werden. Ideale Bedingungen für ein so ungewohntes und schwieriges Werk wie die *e-Moll-Sinfonie*!

Waren schon mit der *Dritten Sinfonie* die Bande zur klassisch-romantischen Formtradition gelockert, so rückt die *Vierte* noch weiter davon ab und beschreitet ganz neue Wege. Äußerlich betrachtet, läßt sich die ›Formschablone‹ des Sonatensatzes mit Exposition, Durchführung, Reprise und Coda durchaus auf den ersten Satz (Allegro non troppo) legen. Wem das als Erklärung genügt, hat nichts verstanden. Was stellt allein schon das Hauptthema dar, das ohne jede Einleitung von den Violinen angestimmt wird? Hinter dem regelmäßigen Wechsel von fallenden Terzen und steigenden Sexten verbirgt sich eine durchgängige Terzenkette, zunächst abwärts geführt, dann aufwärts. Der elegische Gesang, der uns in das vielschichtige Geschehen des Satzes hineinzieht, auch Trotz und Aufbegehren heraufbeschwört, beruht strukturell auf der Kraft eines Intervalls, der Terz. Mit Fortspinnung und Abwandlung, mit »entwickelnder Variation«, mit dem stets variiert auftretenden Seitenthema der Bläser schichtet Brahms sein Sinfoniegebäude auf. Da ist die Nahtstelle, die den Reprisenbeginn markiert: Nicht die befreiende Wiederkehr des Hauptgedankens, gekräftigt hervorgegangen aus den Verwicklungen und Kämpfen der Durchführung, begegnet uns da, sondern die reine Struktur, das Skelett der Terzen, ganztaktig und einstimmig, leise und dolce, nur von den Holzbläsern angestimmt! Erst vierzehn Takte später schwingt sich das vertraute Thema ein, aber als Fortsetzung des anders gestalteten Anfangs. So hat kein ›Klassiker‹ komponiert! Einzig Mozart vermochte ähnliches zu schaffen, wenn man an die *g-Moll-Sinfonie KV 550* vom Jahr 1788 denkt. Brahms hat ein Jahrhundert später die Grenze erreicht, die innerhalb tonal gebundener und thematisch organisierter Musik gezogen war. Sein Wagnis versteht sich aus der inneren Logik seines Schaffensweges. Diese Logik treibt er aber noch weiter – im Finale. »Können Sie das Finale überhaupt bis zum Schluß aushalten?«, fragt er Elisabeth von Herzogenberg, der inzwischen das vollständige Werk zur Einsicht vorlag.

Die Gestaltung des Schlußsatzes einer Sinfonie hatte seit Beethoven eine neue inhaltliche Dimension erhalten. Das Finale als Zielpunkt eines mehrsätzigen Werkes stellt das Ergebnis eines Weges, Kampfes dar, gipfelnd in einer Aussage von bekenntnishafter Größe. Dieses Bekenntnis war die Verkündigung einer Botschaft, einer frohen Botschaft für die Menschen – Sieghaftigkeit, Jubel, gesteigerte Freude mit oder ohne Götterfunken. Beethovens Ideenwelt entsprang noch dem Geist der Französischen Revolution. Für das Bürgertum des 19. Jahrhunderts war von diesem Höhenflug nicht mehr viel übrig geblieben. Viele Hoffnungen blieben unerfüllt. Die relative Ruhe in der zweiten Jahrhunderthälfte nach den gescheiterten Revolutionen von 1848/49 war trügerisch – es fanden immerhin Kriege statt, die sozialen Spannungen nahmen zu, die Bildungs- und Besitzunterschiede innerhalb der Gesellschaft gruben sich immer tiefer ein – dennoch: beflügelt vom unaufhaltsamen Aufschwung der Wirtschaft befand sich die Zeit in einer Phase gesicherter Verhältnisse.

Das bürgerliche Konzertpublikum demonstrierte diese Sicherheit, indem es an liebgewonnenen Traditionen festhielt. Und dazu gehörte, daß man seit Beethoven wußte, was von einer ernstzunehmenden Sinfonie erwartet werden darf. Der Sinfoniker Brahms mußte es ertragen, daß er ständig an Beethoven gemessen wurde und außerdem noch an Schumanns Voraussagen in den *Neuen Bahnen.* Wo bleiben Brahms' befreiende, dahinstürmende Finalsätze? Er kann sie nicht mehr schreiben, will er sich selbst gegenüber aufrichtig bleiben. Widerstände beim Publikum und bei der Fachkritik konnten nicht ausbleiben.

Johannes Brahms ist dessen ungeachtet längst eine geschichtliche Größe. Er weiß das. Als Autorität wird er von der Öffentlichkeit akzeptiert. Aber er hört nicht auf, diese immer wieder herauszufordern. Sein Finale der *Vierten Sinfonie* ist eine solche Herausforderung, wenn nicht sogar eine Zumutung. Er schreibt keine Jubelmusik, nichts Befreiendes, nichts Himmelstürmendes, schon gar nichts Pathetisches. Nein, er versammelt seine Zuhörer zu einer Musik von großem Ernst. Er zwingt sie, mit ihm eine beschwerliche Wanderung anzutreten in eine Gedankenwelt, in der Kirschen nicht süß werden. Er zwingt sie unter das Gesetz einer strengen musikalischen Form. Eine Chaconne als Sinfoniefinale! Brahms verschafft dem Werk eine ganz und gar unerwartete und unvergleichbare Pointe.

Möglicherweise wurde der Gedanke an eine Chaconne durch die Begegnung mit einem Bachschen Werk geweckt. Brahms war Subskribent der ersten Gesamtausgabe der Werke Bachs. Im August 1884 erschien Band 30 mit der Kantate Nr. 150 *Nach dir, Herr, verlanget mich.* Ihr Schlußteil, eine Ciaccona mit vierstimmigem Chor (»Meine Tage in dem Leide«), muß Brahms' Interesse erregt haben. Es heißt, er habe das Stück Hans von Bülow und Siegfried Ochs, dem Leiter des Berliner Philharmonischen Chores, vorgespielt und dabei die Meinung geäußert: »Was meinst du, wenn man über dasselbe Thema einmal einen Symphoniesatz schriebe? Aber das ist zu klotzig, zu geradeaus. Man müßte es irgendwie verändern.« Die alte Form der Passacaglia oder Chaconne beruht auf der fortwährenden Wiederholung eines Baßthemas, zu dem kontrapunktische Variationen treten. In Fachkreisen war diese Technik zwar bekannt, aber sie gehörte doch der Vergangenheit. Brahms greift beides auf: das Bachsche Thema und die alte Variationspraxis. Er verändert leicht die Tonfolge, verlegt sie in die Oberstimme und harmonisiert das Ganze.

Als gebieterischer Bläsersatz steht das achttaktige Thema nun da: streng und feierlich – die Herausforderung. Dreißig Variationen folgen, streng achttaktig und streng an das harmonische Urbild gebunden. Aber welche Fülle erwächst aus dieser Bindung! Alle Feuer- und Wasserproben hat das Thema zu bestehen. Welche Verwandlungen vollziehen sich! Energisches Zupacken, gesteigert bis zu heroischer Größe, schmerzliches Erbeben und dann wieder in tiefe Tragik versinkend. In der Mitte des Satzes schweigen die Bässe. Die Soloflöte singt einsam in der Verlassenheit der Höhe ihre Elegie. Dann folgen Klarinette und Oboe im zarten Zwiegespräch. Es ist des Staunens kein Ende, verfolgt man die instrumentatorischen Feinheiten, die Wechsel der Klangbilder, der dramatischen Situationen. Eine davon betrifft den Zusammenprall von fast ersterbendem Ausklingen und dem lapidaren Hereinbrechen der Initialgestalt – wie bei einer Reprise im Sonatensatz. Diese scharfe Zäsur ist von starker formbildender Kraft, weil sie der Abfolge der Verwandlungen eine Gliederung gibt, die das Finale in größere Komplexe aufteilt – eine Gestaltungsebene, die der Feinarbeit des Variierens die große Kontur hinzufügt. Noch stärker werden nun die Kontraste erlebt: Ausbrüche von geradezu elementarer Wucht, rhythmische Attacken, gefolgt von Musik, die ihre Geschichte gleichsam mit vorgehaltener Hand erzählt. Gegen Ende, kurz vor der mitreißenden Coda, tauchen die Terzenketten aus dem ersten Satz auf, erst einfach, dann im Kanon zwischen hohen und tiefen Streichern. Es ist der schlagende Beweis für Brahms' Idee, aus wenigen Grundbausteinen das Ganze zu erschaffen. Zugleich treten damit auch die Merkmale seines Spätstils in ihrer konzessionslosen Härte hervor.

Die beiden Mittelsätze treten etwas zurück. Sie erscheinen eingelassen in den Spielraum, den die monumentalen Ecksätze gewähren. Verhalten gibt sich das E-Dur-Andante. Das phrygische Hornthema schlägt den Naturton an. Wie von ferne klingt er als Motto herüber. Bläser und Streicher sind aufs feinste aufeinander abgestimmt. So erfaßt die beseelte Violoncellokantilene als zweites Thema alle Streicher. Der ganze Satz gleicht einem Bild, das in unterschiedlicher Beleuchtung aufscheint. Wehmütig und versonnen wird es beschrieben. Der dritte Satz (Allegro giocoso) verkehrt die Dämmerung ins grelle Tageslicht. Tänzerisch, aber kein Scherzo, auftrumpfend, aber ohne eigentliche Lustigkeit, eher mit grimmigem Humor – so treibt die Musik ihre burlesken Spiele, unterstützt von einem erweiterten Instrumentarium, nämlich durch Piccoloflöte, Kontrafagott und Triangel. Ein wenig Spuk, ein wenig Lärm. Aber das ganz Große, das steht eben noch bevor. Denn das Finale dieser Sinfonie ist ja auch Brahms' letztes Wort im sinfonischen Bereich. In der Auseinandersetzung mit der Formensprache der Vergangenheit zieht er für sich die letzte Konsequenz eines vernehmlichen Protestes gegen die Programmusik seiner Zeit. »Eine Art Nr. 4 aber, auf die gar kein Text paßt, will ich nächstens in Meiningen probieren...«, heißt es in einem Brief an Franz Wüllner (4. Oktober 1885).

Die engeren Freunde, voran die Herzogenbergs und Clara Schumann, lernen als erste das Manuskript kennen und sind irritiert. Nach vier Wochen Schweigen äußert sich Elisabeth und legt noch einen Brief bei, den sie vor drei Wochen (am 8. September) geschrieben, aber nicht abgeschickt hatte: »Es ist mir, als wenn eben diese Schöpfung zu sehr auf das Auge des Mikroskopikers berechnet wäre, als wenn nicht für jeden einfachen Liebhaber die Schönheiten alle offen dalägen, und als wäre es eine kleine Welt für die Klugen und Wissenden, an der das Volk, das im Dunkeln wandelt, nur einen schwachen Anteil haben könnte... Man möchte einmal die Hände falten, die Augen schließen und dumm sein dürfen, an dem Herzen des Künstlers ruhen, und nicht so rastlos von ihm in die Weite getrieben werden...«, heißt es darin. Dies alles bezieht sich nur auf den ersten Satz, die anderen kennt sie noch nicht! Clara weicht aus: »Wir haben verschiedentlich geschwärmt, ... aber ein Urteil fällen, das würde ich mir nicht erlauben. Sende nur bald das Weitere...« (17. September 1885).

Ende September 1885 ist Brahms wieder in Wien. Ein internes Vorspiel der Sinfonie an zwei Klavieren – Ignaz Brüll ist sein Partner. Billroth, Hanslick, Kalbeck, Hans Richter und andere wichtige Leute hören zu. Doch auch hier betretenes Schweigen. Nur Hanslick platzt nach dem ersten Satz heraus: »Den ganzen Satz über hatte ich die Empfindung, als ob ich von zwei schrecklich geistreichen Leuten durchgeprügelt würde.« – Verlegenes Lachen...

Brahms setzt alle Hoffnungen auf die Probenarbeit mit dem Meininger Orchester. Am 17. Oktober trifft er in der Residenzstadt ein, am 25. Oktober findet die begeistert aufgenommene Uraufführung im Hoftheater statt. Hans von Bülow hatte mit akribischer Genauigkeit die Einstudierung besorgt, Brahms leitet die Premiere. Anschließend soll die ganze Sinfonie noch einmal – ohne Publikum – gespielt worden sein, auf persönlichen Wunsch des Herzogs. Im November folgt dann eine ausgedehnte Konzertreise der Hofkapelle durch das Rheinland bis nach Holland. Als Novität steht natürlich die *Vierte* auf dem Programm. Der Komponist dirigiert sein Werk allein neunmal, Bülow das übrige Programm. Und da passiert es: In Frankfurt will Brahms die Sinfonie im Wiederholungskonzert ebenfalls dirigieren, hatte es aber ursprünglich Bülow überlassen wollen. Die Kränkung des empfindlichen Stardirigenten saß so tief, daß er sein Eintreten für Brahms als beendet betrachtete und überdies seine Entlassung aus dem Amt des Hofmusikinten-danten einreichte. Spannungen hatte es hier schon vorher gegeben. Jetzt aber zieht er alle Register: »Ich bin nicht Hof-rat genug, um die Drehorgel Beethoven und Brahms ohne Unterlaß zu drehen.« Herzog Georg nahm den Rücktritt sofort an, und der verstörte Brahms war um eine Künstler-freundschaft ärmer. Später haben sich die beiden Musiker wieder ausgesöhnt.

In Wien war man beleidigt, daß Brahms die erste Auffüh-rung der Sinfonie einer Kleinstadt anvertraut hatte. Hans Richters Interpretation mit den Philharmonikern am 17. Ja-nuar 1886 wurde kein Erfolg. Die Gegenpartei zischte sogar. Den rhythmischen Verlauf des Hauptthemas aus dem ersten Satz skandierte man ironisch: »Es – fiel — ihm – wie-der – mal — nichts – ein —«. Hugo Wolf ließ sich mit der Feststel-lung vernehmen, daß die Kunst, ohne Einfälle zu komponie-ren, in Brahms ihren würdigsten Vertreter gefunden habe: »Ganz wie der liebe Gott versteht auch Brahms sich auf das Kunststück, aus nichts etwas zu machen.« Was Wolf abwer-tend meinte, trifft zu, wenn man sich entschließt, eine Terz für ein ›Nichts‹ zu halten. Brahms' wegweisendes Gestalten blieb noch unerkannt. Die *Vierte Sinfonie* ist ein schwieriges Werk und hatte bis zur völligen Anerkennung einen schwe-ren Weg vor sich. »Die Kirschen hier werden nicht süß, die würdest Du nicht essen.«

SECHSTES KAPITEL

Thuner Triade
1886-1888

»Wie Melodien zieht es...«

Hofstetten bei Thun 1886
Kammermusik op. 99 bis op. 101, Lieder op. 105

»Ich bin nämlich nur Ihrer verfl. Korrektur wegen noch hier. Wenn Sie aber diese Woche nicht mehr kommt, oder wenn Sie überhaupt etwas Bestimmtes schreiben oder telephonieren können, so tun Sie's! Falls ich abreise, ist meine Adresse einstweilen: Bern, Musikdirektor Munzinger. Bis Montag denke ich noch zu warten...« Es ist Dienstag, der 20. Mai 1886. Brahms drängt seinen Verleger Fritz Simrock in gewohnt drastischer Weise – er kann es sich dem vertrauten Freund gegenüber leisten. Er will weg – wie jedes Jahr. Es ist Frühsommer, höchste Zeit, Wien den Rücken zu kehren. Da wartet er noch immer auf die Korrekturen der Klavierfassung seiner *Vierten Sinfonie*. Sie treffen schließlich ein, werden noch rasch, aber gründlich, gelesen, am 23. Mai nach Berlin zurückgeschickt, nicht ohne die Bitte, wenn alles gedruckt sei, ein Exemplar an Frau Schumann zu senden. Dann hält ihn nichts mehr. Sein Ziel: die Schweiz. In Bern trifft er Joseph Viktor Widmann. Seit mehr als zwölf Jahren kennt man sich. Und seit einem Jahrzehnt geistert zwischen beiden das Phantom einer Oper – von Widmann immer wieder ins Gedankenspiel gebracht, von Brahms aber in Gedanken umspielt und umgangen bis zum endgültigen Nein! »Keine Oper und keine Heirat!« – so lautet die Devise.

In die Schweiz also soll diesmal die Sommerreise führen. Weg von Wien, aber auch Österreich überhaupt mag er jetzt lieber meiden. Das politische Durcheinander unter der klerikal-slawisch-konservativen Regierung des Grafen Eduard von Taaffe fördert Unmut im deutsch-liberalen Lager. Brahms schimpft mit und – verabschiedet sich für den Sommer. Stärker noch wirken die Kräfte, die ihn ins Berner

Oberland ziehen: Zuletzt war er dort im September 1868 mit seinem Vater unterwegs gewesen – Selisberg, Sarnen, Meiringen, Grindelwald, Mürren... Die Landschaft hatte ihn überwältigt. Und die Sehnsucht des Norddeutschen nach dem Süden, nach alpiner Grandiosität (und Herausforderung) wie auch nach südländisch-italienischer Schönheit – sie bleibt ein übermächtiger Cantus in seinem Wesen. Aber eine Italienreise, wie zuletzt im Mai vor zwei Jahren, kam nicht zustande. Also ein weiterer Grund für die Schweiz. Und da ist eben auch noch Widmann, der Getreue.

In Hofstetten bei Thun (heute gehört es zur Stadt) findet Brahms ein freundliches Haus, direkt am Aarefluß gelegen. Es gehört dem Tischler und Kaufmann Johann Spring. Brahms mietet die ganze obere Etage mit mehreren Zimmern und Veranda. Fünf Fenster weisen auf den Fluß vorm Haus. Eine mächtige Wellingtonia gigantica überragt das zehn Meter hohe Gebäude. Dem Blick bietet sich das Hochgebirgspanorama mit Jungfrau, Eiger und Mönch, im Vordergrund Stockhorn und Niesen, in der Ferne die Gletscherwelt.

Am 27. Mai zieht Brahms ein, am nächsten Morgen schon schreibt er an Simrock: »... da sitze ich heute früh in einer ganz reizenden Wohnung... Ich glaube, es ist die schönste Wohnung, die ich noch hatte, und ich bin sehr froh, mich zur Reise hierher entschlossen zu haben.« Und seinen Biographen Max Kalbeck läßt er nur wenig später wissen, »daß es auch eine Menge Biergärten gibt – darin kommen Engländer nicht fort! für meine Behaglichkeit ist das nichts Kleines...«

Brahms ist glücklich. Er richtet sich ein. Wie immer braut er sich seinen Morgenkaffee in aller Frühe, hat dazu aus Wien wieder seine Kaffeemaschine mitgebracht. Appetit und Lebensgeister aber sind vorher schon geweckt durch einen kurzen Spaziergang am Ufer der Aare entlang, in den nahen Wald, über die noch taunassen Wiesen. Grandios und spannungsreich die Natur: Sonnenbeglänzte Sanftheit der Hügel und Uferbezirke des Thuner Sees. Anmut und Idylle, ländlicher Friede, laue Luft, kräuselndes Wasser. Morgentau auf Gräsern und Blumen. Dahinter: die majestätische Pracht der Hochgebirgswelt, gleißende Schneefelder, die bizarre Silhouette der Viertausender – Lockung und Distanz, Schönheit und Bedrohung, Fülle und Öde in einem. Dort hinten ist die Einsamkeit, die absolute Stille, das Ende aller Sehnsucht, die tödliche Gefahr.

Der feste Grund, den der kräftig ausschreitende Morgenwanderer unter seinen Sohlen verspürt, gibt ihm Sicherheit. Er braucht sie und findet den Widerhall in seinem Innern. Zugleich entzündet sich am Blick in die Ferne die Sehnsucht. Er möchte hinüber und hinauf. In die Einsamkeit... Ist es die Illusion vom ewigen Frieden? Und wieder begegnen wir jener Ambivalenz in Brahms' Wesen: Verwurzelung mit der Erde und Höhenflug der Gefühle und Gedanken. Spazierengehen heißt komponieren. Freunde sind ihm willkommen, aber außerhalb jener schöpferischen Bannmeile, die er sich schafft, eine Tabuzone für jede Art von Geselligkeit. Nur die Natur, Landschaft und Wetter, Jahreszeit und Klima erreichen seine Befindlichkeit.

Die reiche Ernte des ersten Thuner Sommers – sie kann ein Indiz für das Glücksgefühl des Schaffenden sein, legt aber auch die Vermutung nahe, Brahms habe eine Menge davon schon mit sich herumgetragen – im Kopf, im Herzen. In Hofstetten bringt er es ausgeformt, ausgetragen, ausgereift zu Papier. Und das ziemlich rasch.

Die zweite *Violoncellosonate F-Dur op. 99,* gleichzeitig die zweite *Violonsonate A-Dur op. 100* und das dritte *Klaviertrio c-Moll op. 101,* dazu Lieder... Anderes wird begonnen: die dritte *Violinsonate d-Moll op. 108* – die bleibt der Öffentlichkeit aber noch verborgen –, vielleicht auch einige der *Fünf Gesänge für gemischten Chor a cappella op. 104.*

Persönliche Nachbarschaft von Freunden, jederzeit erreichbar, und der stets freigehaltene Weg für den Rückzug, jederzeit möglich: auch dies, wie immer. Widmann ist nicht weit. Er lebt mit seiner Familie in Bern und erwartet den Freund regelmäßig zum Wochenende. Gewöhnlich bleibt Brahms bis zur Wochenmitte. Die Gespräche über Literatur und Philosophie, Politik und Theologie füllen die Stunden. Tagesereignisse, zumal solche von weiterreichender Bedeutung, werden diskutiert. Der mysteriöse Tod des Bayernkönigs Ludwig II. am Pfingstsonntag bewegt natürlich die Gemüter. Langes Debattieren, deutsch-national geprägt, ist beliebt und anstrengend zugleich. »Ruhetage freilich waren es nicht«, vermerkt Widmann in seinen *Erinnerungen*. Denn Brahms ist mit seiner Wißbegierde unermüdlich, dabei stets gut gelaunt, neugierig auf alles, was sich in der Welt ereignet. Er begrüßt technische Neuerungen – das elektrische Licht, den Phonographen Edisons. Oder aber er lehnt sie ebenso entschieden ab, wie zum Beispiel das Fahrrad, »weil diese oft so unvermutet an dem stillen Spaziergänger lautlos vorübersausenden oder mit einem plötzlichen Signal ihn erschreckenden Maschinen seinen Gedankenfluß störten, und ihm außerdem auch die strampelnde Bewegung unschön vorkam«.

Widmanns Haus birgt eine Verlockung besonderer Art – die Bibliothek. Brahms beutet sie aus wie eine Leihbücherei. Mit umgehängter Reisetasche befördert er von Bern nach Hofstetten den Lesestoff, bringt ihn die Woche darauf zurück und beschwert sich gleichzeitig mit neuem Vorrat. Was liest er? Von Widmann erfahren wir: Keine Novitäten, lieber Vertrautes zum wiederholten Male – Herders Schriften, Grillparzers Dramen, *Des Knaben Wunderhorn*, Reisebeschreibungen, Berichte über den Nordpol und Afrika, Bilderserien aus Italien. Hermann Kurz' bitter-tragische Volksgeschichte vom *Sonnenwirt* vermag er vor lauter Rührung nicht zu Ende lesen. Die Gedichte und Novellen Gottfried Kellers zählen zur Lieblingslektüre. »Zahlreiche Kratzspuren« vermerkt Kurt Hofmann in seinem Katalog der Brahmsschen Bibliothek. »Bibliophile durfte nicht sein,

wer Brahms Bücher lieh«, klagte schon Max Kalbeck in seiner Biographie.

Wald und Wiesen, den Fluß, den See und die Sommerlo-
kale – alles hat Brahms vor der Haustür. Und er nutzt die
Angebote. Die Kleidung leger – gestreiftes Wollhemd ohne
Kragen, leichte Jacke, ausgebeulte Hosen, den obligatori-
schen Filzhut in der Hand; so durchstreift er, inzwischen
beleibter geworden, die Gegend. Daß er eine Berühmtheit
aus Wien sei, hatte sich bei den Einwohnern herumgespro-
chen, aber auch das Gerücht (mit vorgehaltener Hand verbreitet), der Mann sei zu arm, um sich besser kleiden zu
können. Sein Eigensinn reicht bis ins Schlafzimmer. Täglich
türmt die Hauswirtin die gewaltigen Federkissen auf, und
täglich räumt sie Brahms beiseite und bevorzugt ein hartes
Sofakissen.

Im ›Freienhof‹, dem nahen Wirtshaus, läßt er sich bekösti-
gen. Gutbürgerliche Küche, lange Tradition... Der Biergar-
ten, von hohen Bäumen überschattet, gewährt den Blick
über die Aare hinüber zur Burg von Thun. Gäste melden
sich an. Fritz Simrock aus Berlin ist der erste. Mitte Juli trifft
er ein. Frau und Tochter sind in der Nähe seit einem Monat
zur Kur. Stören will er den komponierenden Freund nicht.
Schon aus Geschäftsgründen nicht. Schließlich ist er sein Ge-
neralverleger. Aber er tut's doch und bringt auch noch den
Maler Fedor Encke mit, was Brahms entschieden zu weit
geht. Modellsitzen haßt er. Es ist ein Regentag. Im Kander-
tal, wo die Widmanns vorübergehend ein Sommerhäuschen
bewohnen, findet die Begegnung statt. Unter dem Vorwand,
er wolle Widmanns Tochter porträtieren, die dicht bei
Brahms sitzt, beginnt Encke zu zeichnen. Nach den ersten
Strichen schon durchschaut Brahms die List, hüllt sich in
dichten Zigarettenqualm und verschwindet auf den Balkon
des Hauses. Das Spiel ist aus, ehe es begann. Das Porträt kam
nicht zustande.

Doch welche Werke bringt dieser Sommer? Kammermusik in verschiedener Besetzung. Zufällig, oder steckt ein

Plan dahinter? Keine ›Fünfte‹ also, keine Verführung über selbstgesetzte Grenzen hinaus. Ein Rückzug ins Intime? Nein, das nicht. Der große Atem der *e-Moll-Sinfonie* durchweht auch die *Zweite Violoncellosonate in F-Dur* mit ihrem packenden Zugriff und ihren orchestralen Tremoloflächen im ersten Satz. Als ob ihr Schöpfer hinaustritt in die Großartigkeit der Natur, die ihn umgibt. Und so schreitet er aus, geht ihr entgegen. ›Einfälle‹ – woher kommen sie? Spontanes Erleben weckt mitunter im Gedächtnis bewahrte Bilder. Ein solches Bild steht jetzt vor ihm: Robert Hausmann, der Kraftmensch, einen Meter neunzig groß, seit 1879 Cellist im Joachim-Quartett. Ein junger Meister seines Instruments mit großem, seelenvollem Ton, hinter sich bereits Berühmtheiten wie Hugo Becker in Frankfurt und Julius Klengel in Leipzig zurücklassend. Vor zwei Jahren, in Mürzzuschlag, hatte Brahms ihn kennengelernt, und im Vorjahr hatte Hausmann in Wien an die fast schon versprochene Violoncellosonate erinnert. Jetzt wird sie komponiert.

Von elementarer Kraft durchströmt, flutet die Musik dahin, den Grundeinfall dabei ständig abwandelnd. Innige Partnerschaft der beiden Instrumente Klavier und Violoncello. Aufflammen und Leuchten, Drängen und Zügeln, Gebieten und Schwärmen, Spannen und Lösen ... Am Ende der Durchführung, vor dem Wiedereintritt des Hauptgedankens, ereignet sich das Überraschende: Pianissimoflimmern des Streichinstruments, entrückte Akkordfolgen des Klaviers ... Zerrinnen, Verschwimmen, Zweifeln. Zerbrechlich steht das Ganze da. Hört man genau hin, entdeckt man die flächig gedehnte Gestalt des Hauptgedankens. Er stellt sich selbst in Frage. Das musikalische Geschehen hat den festen Grund verloren, für wenige Augenblicke. Immer wieder: Einsamkeit und Sehnsucht, Tiefe in der Ferne und das Naheliegende in der Tiefe – nicht eigentlich faßbar. In Worten schon gar nicht.

Schwer ist diese Sonate zu spielen. Mstislaw Rostropovich, dem wir (1983) eine großartige Einspielung mit Rudolf Serkin verdanken, hat voller Verehrung für den damals fast achtzigjährigen Freund und Duopartner, die pianistische Bewältigung der Schwierigkeiten hervorgehoben.

Die Pizzicati des klangvollen Fis-Dur-Adagios, der zwielichtig dahinhuschende scherzoartige dritte Satz mit der edlen Kantilene des Cellos im Mittelteil, dazu die harmonischen Färbungen, die luftig durchbrochene Begleitung des Klaviers... Fülle ohnegleichen! Vergleichbar vielleicht nur mit dem Finale der *Dritten Sinfonie*. Und der Schlußsatz der Sonate? Rhythmisch ähnelt sein Thema einem anderen Finale: dem der *c-Moll-Sinfonie*. Doch ist alle Strenge gewichen. Das ernste, selbstbewußte Schreiten dort mit dem demonstrativen Quartenauftakt ist gewandelt in eher leichtfüßiges Wandern mit der viel freundlicheren Sexte als Impuls. Was ist nicht alles zu entdecken auf dieser Wanderung – verschlungene Wege, plötzliche Schatten, gleißendes Licht, dichtes Gestrüpp, dann wieder eröffnet sich ein weites Tal dem Blick. Bilder, die das Unnennbare, die Schwingungen in uns, hörbar machen.

Ein zweites Sommerwerk schließt sich an: die *Violinsonate in A-Dur op. 100*. Fast schwerelos schwingt sich das liedartige Thema in der Klavierstimme ein. Die Biographen nennen sie die ›Thunersonate‹, zusammengeschrieben wie der Titel jenes Gedichts, zu dem sich Widmann inspiriert sah. Eine rührselige Geschichte, ein wenig in »Magelone«-Nähe, aber schwächer in der poetischen Kraft. Der Dichter träumt von Rittern »aus der goldnen Au«, sieht »Feennachen, gezogen von Libellen... Feingliedrig saß ein blondes Mägdlein drin«, das ein »gar wonniglich« Liedlein sang, die Ritter zu Tränen rührte, bis die romantische Vision zerrann. Das Lied aber (der Dichter meint damit die Sonate) schwinge sich weiter um die ganze Welt:

»Doch, mag es klingen auch vor tausend Ohren,
Im Fürstensaal, in stolzen Städten viel, –
Es bleibt doch unsres Landes, hier geboren

An dieses klaren Flusses Wellenspiel.‹
So rief der Minnesänger, glutentfacht.
Mein Herz sprach: Ja! – Da war ich aufgewacht.«
Brahms war entzückt von den sentimentalen Versen. Sie
weckten Erinnerungen an die Schwarmzeit seiner Jugend.
Das war es wohl hauptsächlich. Noch im letzten Lebensjahr
erbat er sich mehrere Exemplare von Widmanns Romanze.
Die Huldigung hatte ihn gerührt, sie tat ihm wohl: »Wenn
mir niemand sagt, ob und wie ihm meine Musik gefällt, wie
soll ich es dann wissen?«

Die Sonate wird auch als ›Meistersingersonate‹ in der ein-
schlägigen Literatur bezeichnet, nur der ersten beiden Takte
wegen, die wohl eher zufällig Stolzings Preislied »Morgen-
lich leuchtend in rosigem Schein« ›zitieren‹. Ob Brahms ein
Zeichen in dieser Richtung setzen wollte, bleibt offen und ist
auch unerheblich, denn diese Sonate geht eigene Wege. Und
wenn es doch ein Blick auf Richard Wagners Musikdrama
sein sollte, dann ist es ein durchaus freundlicher. Im letzten
Lebensjahr bezeichnete Brahms sich in einem Interview als
»den besten Wagnerianer« und sagte dann: »Halten Sie
mich für so beschränkt, daß ich von der Heiterkeit und
Größe der ›Meistersinger‹ nicht auch entzückt werden
könnte? Oder für so unehrlich, meine Ansicht zu verschwei-
gen, daß ich ein paar Takte dieses Werkes für wertvoller
halte als alle Opern, die nachher komponiert wurden?«

Die Sonate strahlt eine innere Gelöstheit, Heiterkeit und
Transparenz der musikalischen Gedankenführung aus, wie
sie Brahms nicht allzu oft erreicht hat. Wenn man in ihr
schon nach Hinweisen suchen will, dann klingt im ersten
Satz eine Liedzeile an: »Wie Melodien zieht es mir leise
durch den Sinn«, ein Gedicht seines Freundes Klaus Groth.
»Wie Frühlingsblumen blüt es, und schwebt wie Duft dahin…« Brahms hat die zarte Poesie seines Landsmannes zu
einem seiner geglücktesten Lieder verwandelt. Wogendes
Auf und Ab der Klavierfiguren, die die weitgespannten Bögen der Singstimme teils umranken, teils stützen, mal her-

vorheben, dann wieder verschleiern. Dazu ein Balancieren zwischen Dur und Moll: »Wie Nebelgrau erblasst es und schwindet wie ein Hauch...« Und dann der für Brahms so charakteristische Abgesang in der letzten Strophe: »Und dennoch ruht im Reime verborgen wohl ein Duft, den mild aus stillem Keime ein feuchtes Auge ruft, den mild aus stillem Keime ein feuchtes, ein feuchtes Auge ruft.« Die letzte Woge des Klaviers, dreimal sich brechend und sanft verebbend, läßt die Seele zur Ruhe kommen.

Wir nehmen an, das Lied war zuerst da. Denn die feinen Verästelungen, in die sich der melodische Grundeinfall der Singstimme jetzt instrumental verstricken läßt, aber ohne daß er vom Klavier oder von der Violine gänzlich ›ausgesungen‹ wird, deutet auf Variation, auf neues Ausformulieren von schon Vorhandenem. Also eine Anspielung, eine Andeutung, ein Wink. Aber worauf? »Eine wahre Liebkosung«, nennt Elisabeth von Herzogenberg das Ganze, nachdem sie es noch vor Jahresende in Berlin mit Joseph Joachim aus dem Manuskript durchgespielt und »im ersten Satz die Melodie des Klaus Grothschen Liedes... umarmt« hatte. Aber die Sonate hält noch anderes versteckt. Gleich im vermeintlichen ›Meistersinger‹-Zitat verbirgt sich der Liedanfang von *Komm bald* – auch ein Groth-Text, den Brahms im Vorjahr zum Geburtstag erhalten und damals für Hermine Spies vertont hatte! »Und von den Lieben, die mir getreu, und mir geblieben, wär'st du dabei, wär'st du, wär'st du dabei!« Abermals jene wiederholende Nachdrücklichkeit der Schlußzeile. Das Manuskript war im vergangenen Sommer an Hermine gegangen, und sie wußte wohl, warum.

Im Finale der Sonate taucht sehr prägnant eine Stelle auf, die dem Lied *Meine Liebe ist grün wie der Fliederbusch*, 1873 komponiert, zu entstammen scheint. Klavier und Violine steigern sich: »Mein Lieb ist schön wie die Sonne; die glänzt wohl herab auf den Fliederbusch und füllt ihn mit Duft und mit Wonne...« Notengetreue Zitate sind das natürlich nicht, aber vielleicht Fingerzeige. Mehr noch: auf musikalische

Weise geäußerte Vertraulichkeiten. Kalbeck will wissen, Brahms habe seine A-Dur-Sonate »in Erwartung der Ankunft einer geliebten Freundin« geschrieben.

Ja, Brahms sehnt sich insgeheim nach Hermine Spies, der lustigen, lebensfrohen, vollschlanken Endzwanzigerin aus dem Rheinland. Er hatte die begabte Altistin (und Altistinnen haben ihn mehrfach durcheinander gebracht) 1883 in Krefeld kennengelernt. Er nennt sie »das rheinische Mädchen« oder »Herminche« oder auch – in Anspielung an Shakespeare – »Hermione ohne o«. Hermine, und das wußte er, durchstreift in diesem Sommer das Berner Oberland. Und – schaut vorbei in Hofstetten, schickt ihre Schwester als Boten voraus, blickt schelmisch hinter der Tür hervor und bezaubert den Junggesellen. Die neuen Lieder *Wie Melodien zieht es* und *Immer leiser wird mein Schlummer* werden durchgenommen. Brahms begleitet am Klavier. Man musiziert und kokettiert bis der Tag sich neigt. »Abends stand der Vollmond über dem See. Ein bewimpeltes Schiff mit fröhlicher Tanzmusik zog an uns vorüber, als wir uns von Brahms verabschiedeten, um in unsern Gasthof einzukehren«, erinnert sich Herminens Schwester Minna zehn Jahre später.

Brahms bleibt in ausgelassener Stimmung, denn in einer Woche will Hermine noch einmal vorbeischauen. Jedenfalls kündigt er brieflich am 23. September einen gemeinsamen Besuch mit ihr bei Widmann an. Er habe Hermine veranlaßt, »bei ihrer Rückkehr vom Genfer See, in acht Tagen, bei Ihnen einzubrechen und Ihnen mit meiner Hilfe eine scharfe Liederfolter zu versetzen«. Die ausgeborgte Lektüre, *Jenseits von Gut und Böse*, hat jetzt keine Chance. »Auf den Nietzsche habe ich freilich gleich ein italienisches Novellenbuch gelegt, damit ich mir's doch zweimal überlege, ob ich unter blauem oder grauem Himmel spazieren will!« Der Brief schließt: »Wenn nicht eher, so denke ich eben wahrscheinlich Mittwoch nachmittag mit Spießen und Stangen zu kommen.«

In Widmanns Haus wurden auch sonst wahre ›Brahmsiaden‹ veranstaltet: Die Schweizer Musikdirektoren Friedrich

Hegar und Karl Munzinger kamen herüber, zahlreiche Gäste fanden sich ein. Brahms, bestens aufgelegt, sitzt dann am Flügel und spielt und spielt und brummt dazu in sich hinein – eigene Werke, viel Bach und läßt das Klavier dröhnen wie eine Orgel. Einmal verkündete er: »Zuerst wollen wir mal was Ernsthaftes spielen für die Musikdirektoren, nachher müssen die 'naus, dann spiel ich euch Tänze« (überliefert von Ellen Vetter-Brodbeck, der Stieftochter Widmanns). Als die Straußschen Walzer erklangen, sind auch die Musikdirektoren geblieben. Es sind Abende von anstrengender Geselligkeit, beherrscht von der Kraft eines Übermächtigen, dessen sarkastische Witzeleien und kindlichen Späße von den Anwesenden teils gefürchtet, teils erwartet, abgefangen, verkraftet und – wenn möglich – artig erwidert werden.

Die Krönung des ersten Thuner Sommers: das *Dritte Klaviertrio c-Moll op. 101*. Als ob die beiden Streicher nun die Begegnung suchten im Triospiel. Der Klavierpart bleibt der Dreh- und Angelpunkt, er ist noch vollgriffiger ausgestattet als in den beiden vorausgegangenen Werken und kämpft, fast wie im *B-Dur-Konzert* des Preßbaumer Sommers, gegen ein ganzes Orchester an. Mit dem F-Dur der *Zweiten Cellosonate*, dem A-Dur der *Zweiten Violinsonate* bildet der Grundton ›c‹ des neuen Werkes einen F-Dur-Dreiklang f-a-c. Zugleich aber lenkt das Trio mit seinem c-Moll die bisherige Leichtigkeit und Helle in strengere Bahnen. Kein Augenzwinkern mehr, hier herrscht Ernst. Wir wissen nicht, welche Absicht möglicherweise hinter der tonartlichen Fügung der drei Werke zum Durklang stehen könnte. Drückt sich hier vielleicht die Harmonie eines glücklich verlebten Sommers aus, durch das wuchtige c-Moll gleichsam festgeschrieben, oder – was näher läge – will Brahms sich dieses Glück so einfach nicht eingestehen? Regen sich Gegenkräfte und Zweifel? Er nimmt ja noch ein viertes Kammermusikwerk in Angriff, die *Dritte Violinsonate in d-Moll op. 108*. Ein zweites Mollstück also, das den schönen Dreiklang zum dissonanten Vierklang spannt. Bringt man die Grundtöne der vier Kompositionen in die Abfolge von Terzen, so ergibt sich ein Septakkord, nämlich d-F-A-c. Zwei Mollwerke umrahmen die Dur-werke – optisch in Symmetrie, aber im Wesen eher zwiespältig, gespannt. Spekulationen sind das, mehr nicht.

Das *c-Moll-Trio* suggeriert ein breites Gefühlsspektrum, viel breiter als es die beiden Duo-Sonaten vermögen. Das Eröffnungsallegro mit dem Zusatz »energico« faßt mächtig zu. Die Gedanken gebündelt, der Klavierpart scharf akzentuiert, die melodischen Kurven durch Oktavverdopplungen stark gezogen. Punktierte Rhythmen verhindern jedes Abweichen der Gedanken. Die vollgriffige Setzweise läßt harmonische Fülle aufleuchten und setzt Energien mit formgebender Kraft frei. Die Streicher werden in das Geschehen eingebunden. Mit dem Seitenthema gehen sie schließlich voran, im Einklang und in tiefer Lage und dunkel dazu, »ma cantando« (»aber singend«). Kein Verweilen, keine Kontemplation, vielmehr nicht nachlassende und bohrende Intensität sowohl in den dramatisch-heroischen als auch in den lyrischen Abschnitten. Wollte man die Ecksätze nur betrachten, würde sich mit Übermacht der Eindruck einer ins Kammermusikalische gedrängten Sinfonie ergeben. Anders die Mittelsätze. Der zweite – eine Art Scherzo, das aber nicht nur so dahinhuscht, sondern etwas zu erzählen hat – eine Mischung von Geisterspuk und Ballade vielleicht und mit »dunklen Samthandschuhen« zu spielen, wie es Alfred von Ehrmann nannte. Das folgende Andante grazioso in C-Dur führt wieder ins Licht. Serenadenhaftes und Volksliedton begegnen sich. Die Streichinstrumente singen sich aus und führen den Dialog, das Klavier unterstützt ihre Wege.

Es ist ein Opus von singulärer Kraft. Die ersten Proben in Wien waren eine Katastrophe. Kalbeck hat es berichtet. Aber die anwesenden Bewunderer Brahmsscher Kunst wurden sich schnell einig in ihrer Begeisterung – Joseph Joachim, Clara Schumann, Theodor Billroth. Elisabeth von Herzogenberg: die kluge und sensible Frau hat das wohl schönste Kompliment gemacht. In ihrem Brief vom 9./

10. Januar 1887 aus Berlin – Brahms hatte ihr das Manuskript zusammen mit der *Violinsonate* zur Begutachtung geschickt – notiert sie: »Es ist besser als alle Photographien und so das eigentliche Bild von Ihnen.«

Schon am 8. August 1886 schickt Brahms das Manuskript der ersten Sätze seiner Thuner Kammermusikwerke an Theodor Billroth und bittet ihn wenige Tage später, den Kopisten William Kupfer mit der Abschrift zu beauftragen. Am 5. Oktober kehrt Brahms nach Wien zurück. Einen Monat darauf stirbt sein Bruder Fritz in Hamburg. Die Sonaten werden noch vor Jahresende in Wien uraufgeführt – mit Robert Hausmann und Joseph Hellmesberger, das Trio in Budapest mit Jenö Hubay und David Popper. Wie immer geschieht dies noch aus dem Manuskript. Erst Ende Januar 1887 erhält Simrock die Stichvorlagen. Im April erscheinen die Werke im Druck. Zu diesem Zeitpunkt rüstete Brahms bereits zu seiner fünften Italienreise.

Mit Billroth und Hanslick als Reisebegleiter war die Fahrt schon abgesprochen. Da erfuhr Brahms, daß Simrock mit Theodor Kirchner Gleiches vorhat. Kurzerhand wurden Billroth und Hanslick wieder ausgeladen. Brahms' Aprilbriefe von 1887 an Simrock sind voller Emphase und geradezu jungenhafter Ungeduld. Der Italien-Erfahrene gibt Hinweise und Verhaltensregeln für die gemeinsame Reise: »In Italien ist alles schön, und jede Tour, groß oder klein, genußvoll…« – »Wo treffen wir uns?« – »… Nun also los, aber los! los! Vorwärts!« – »… Ich denke, Verona 2-3 Tage, Venedig 3 Tage mindestens; oder Verona 2 Tage und doch Vicenza 1 Tag – ach, man weiß nicht wohin!« – »… Fahren Sie erster Klasse? Mir ist es ganz gleich, ich will nur nicht erste Klasse bezahlen und dann etwa zu Ihnen in die 2te…« – »… Schwitzen werden wir zu der Zeit gehörig! Also leichte Kleidung, aber Überrock, Plaid. Morgens in den Kirchen, Galerien ist es kalt; Ausflüge zu Fuß zu machen, werden wir keine Gelegenheit haben, also nachmittags und abends oft in offenem Wagen sitzen. An Geld lassen Sie sich gleich viel kleine Scheine geben...« – »In Venedig wollte ich nur anfangen, weil's ein gar so schöner Anfang ist... Es ist die schönste fabelhafteste Ouvertüre, und Sie sehen die nächste Stadt gleich mit ganz anderen Augen...«

Von den insgesamt acht Italienreisen wird diese die kürzeste – vom 25. April, dem Aufbruchsdatum in Innsbruck, bis zum 15. Mai, dem erneuten Eintreffen in Thun.

»Die achtsaitige Riesengeige«

Hofstetten bei Thun 1887
Doppelkonzert op. 102

»Ich denke, nach unserer Reise, durch den Gotthard nach Thun zu fahren, wo ich doch für den Sommer wieder bleiben möchte...« Diese Absicht, noch vor der Italienfahrt Simrock Ende März 1887 mitgeteilt, wird nun auch verwirklicht. Am 15. Mai also trifft Brahms, von Andermatt kommend, in Thun ein. Er bezieht das vertraute Quartier, findet sich schnell wieder zurecht. Und doch ist es diesmal anders... Drei Wochen sonniges Italien, gemeinsam verlebt mit dem »Weltkind« und dem »kleinen Propheten« (so charakterisierte Hans von Bülow einmal Brahms' Reisebegleiter Fritz Simrock und Theodor Kirchner), die Sinne verwöhnt mit Eindrücken und Anregungen die Fülle: das alles liegt zurück. Und nun das Gegenteil. Brahms ist allein, die Witterung unfreundlich, naßkalt, wolkenverhangen, Schmuddelwetter. Widmann, von dem er wußte, daß er sich im Frühjahr 1887 auch in Italien aufhält, verfehlte er in Bologna, wo man sich treffen wollte. Stehen diesmal die Zeichen weniger günstig als im geglückten Vorjahressommer? Brahms, dem Wetterkapriolen aber nichts anhaben können, schreibt bald witzige Postkarten an Widmann, der inzwischen nach Bern zurückgekehrt ist und seine Familie in ein kleines Chalet oberhalb von Merligen am Thunersee zur Sommerfrische verfrachtet hat: »Ich denke mir, Sie werden morgen mit einem Photographen nach Merligen fahren, um Gruppenbilder der Erfrorenen herstellen zu lassen... Herzlich teilnehmend und grüßend Ihr J. B.« Oder: »Lieber Freund! Ich sage nur in Kürze, daß Sie diese Woche kein isländisch Moos für mich zu suchen brauchen und kein Robbenfell in die Beize legen; ich fahre nicht vor Anfang nächster Woche...« (13. September 1887). Am 19. September ist der zweite Thuner Sommer beendet, und Brahms fährt in wichtiger Angelegenheit nach Lichtenthal zu Clara Schumann.

Die vier Monate in Thun – von Mitte Mai bis Mitte September – sind bestimmt von äußerster schöpferischer Konzentration und intensivem geselligem Umgang. Als hätte beides nichts miteinander zu tun. Sehr unterschiedliche Begegnungen beleben die Wochen. Fritz Widmann, Sohn von Joseph Viktor, erzählt von einem Sommermorgen, als Brahms und Widmann die Uferstraße von Merligen entlang gingen und ihnen ein Fremder entgegenkam. Er stellte sich vor als »Monsieur Hodler«. Um Hochdeutsch bemüht, empfahl er stockend eine Ausstellung von Bildern, die er gemalt habe und die in Bern zu sehen seien. »Haben Sie diese wundervollen Augen gesehen, aus denen Energie und Talent sprühen – da gehen Sie aber unbedingt hin, es ist sicher Bedeutsames zu erwarten.« Brahms sagte dies zu Widmann, der dann auch mit einer Rezension im ›Bund‹ das öffentliche Interesse auf den damals noch nahezu unbekannten Ferdinand Hodler gelenkt hat. Brahms habe zusammen mit Friedrich Hegar auch Arnold Böcklin in dessen Hottinger Atelier besucht und sich das fast vollendete Bild vom *Zentaur in der Dorfschmiede* erklären lassen.

Noch im Mai fand in Widmanns Haus in Bern ein Konzert vor geladenen Gästen statt. Die drei Kammermusikwerke vom Vorjahr erklingen. Man spielt aus dem inzwischen von Simrock veröffentlichten Notenmaterial. Die Brüder Friedrich und Julius Hegar wirken mit – der eine ist Musikdirektor und Leiter der Sinfoniekonzerte in Zürich, der andere Cellist im Tonhalleorchester. Das Ehepaar Munzinger aus Bern, der Pianist Robert Freund – sie entstammen übrigens als Musiker dem Leipziger Konservatorium – finden sich ein, um die Novitäten von Brahms zu hören. Der sitzt selbst am Flügel, verhilft den eigenen Sachen zum Klingen und spielt in gehobener Musizierlaune außerdem Solostücke, zum Beispiel Robert Schumanns Bearbeitung der

Paganini-Caprice in D-Dur. Was mag da alles ›daneben‹ gegangen sein? Ein Ohren- und Augenzeuge, der junge Pianist Ernst Denhof, gibt dreißig Jahre später im ›Bund‹ seine Eindrücke preis: »In Anbetracht dessen, daß Brahms immer noch als sehr bedeutender Pianist galt, kann ich nicht sagen, daß meine Erwartungen ganz erfüllt wurden, und ich glaube, dies war auch bei den andern Zuhörern der Fall. Besonders in technischer Beziehung bot er eine ziemlich anfechtbare Leistung, ja es machte beinahe den Eindruck, als ob die keineswegs übermäßigen Schwierigkeiten der vorgetragenen Stücke über seine Kräfte gingen. Er scheint die Wirkung seines Spiels auch selbst empfunden zu haben, denn zu meiner Überraschung wandte er sich im Laufe der nachfolgenden Unterhaltung ausgerechnet an mich mit der Bemerkung: ›Sie werden von meinem Klavierspiel wohl keinen besonderen Eindruck gewonnen haben, aber sehen Sie, ich habe seit vielen Wochen nicht geübt und meine Finger sind ganz eingerostet.‹«

Anfang August kommt Max Kalbeck. Brahms hatte ihn ausdrücklich nach Thun eingeladen und holt ihn selbst am Bahnhof ab: »Schade, daß Sie nicht einen Tag früher gekommen sind, da hätte ich Ihnen zeigen können, was da drin ist...« Das verschnürte Paket, ein Notenmanuskript, wird nämlich gleichzeitig der Post übergeben, an den Notenschreiber in Wien – das *Doppelkonzert in a-Moll*... »Joachim wartet bereits darauf... Sie werden es noch früh genug im Winter hören, bei geschlossenen Fenstern musiziere ich nicht, und bei offenen geht's nicht, der Leute wegen...«

Weitere Gäste: Gottfried Keller, Eduard Hanslick, Geheimrat Gustav Wendt... Brahms braucht und sucht das Gespräch. Schon im Vorjahr traf er in Bern, eher zufällig, mit Ernst von Wildenbruch zusammen. Dessen pathetischer Nationalismus war groß in Mode und – ganz nach Brahms' Geschmack. So hatte er ihn mit Freude und Begeisterung begrüßt. Beide dürften ausgiebig gedeutschtümelt haben.

Brahms scheut aber auch vor strapaziösen Bergwanderungen nicht zurück. Wir wissen nicht genau wann, aber er
schafft nach stundenlangem Aufstieg mit seiner Begleitung
den Gipfel des 2366 m hohen Niesen. Oben wird er ent-
schädigt durch das großartige Gebirgspanorama und ist
selig. Nach kurzer Rast geht es wieder hinunter. »Der arme
Dicke hatte längst nichts Trockenes mehr, um den Schweiß
vom Gesicht abzuwischen. Und dabei brummte er eine
fürchterlich triviale Operettenmelodie... Als wir dann im
vorausbestellten Wägelchen, mit Tüchern und Decken wohl
umhüllt, im schönen Abendwetter rasch unserem Ziele,
Thun zufuhren, sprach der gute Brahms mit Freuden von
den überwundenen Strapazen wie von einer Siegestour.«
Das teilt ein gewisser Thomson, der Anstifter des Unterneh-
mens, mit.

Der zweite Thuner Sommer überfällt Brahms mit Erschütterungen. Von Widmann erfährt er – gleich nach dessen Rückkehr aus Italien – von der schweren Erkrankung
Theodor Billroths. Dann teilt die ›Gesellschaft der Musikfreunde‹ in Wien den Tod ihres langjährigen Archivars Carl
Ferdinand Pohl mit. Für Brahms war der stille Mann ein
verläßlicher Partner in bibliophilen und musikwissenschaftli-
chen Fragen gewesen. Und in diesen Sommerwochen bereitet sich auch jenes »Vernichtungswerk« vor, von dem Clara
Schumanns Tochter Marie im Vorwort zum zweibändigen
Briefwechsel von Clara und Johannes schreibt. Brahms hatte
am 22. Juni 1887 für eine Woche Thun verlassen, um auf
dem Kölner Musikfest sein *c-Moll-Trio* aufzuführen. Wie immer, wenn Frankfurt am Wege lag, kehrt er bei Clara ein.
Ernste Gespräche und alte Liebe, Zuneigung und gegenseitiger Respekt – und etwas, wovon wir nichts wissen. Am
24. Juni muß es geschehen sein. Clara fordert ihre Briefe von
Johannes zurück. Sie ist 68 Jahre alt, als Künstlerin ein Leben lang gefeiert, mit familiären Freuden wahrlich nicht
verwöhnt. Beginnt sie innerlich zu erstarren? Überdenkt sie
auch ihre nicht unproblematische Beziehung zu Johannes

Brahms? Und ihn, der zeitlebens alles, was sein Innen-, sein Intimleben berührt (dazu zählen auch seine Werkstattgeheimnisse) mit größter Scheu vor der Öffentlichkeit zu verbergen suchte, überfällt ihn die Sorge, es könne eines Tages zuviel bekannt werden über diese einzigartige Beziehung zu Clara Schumann? Die frühen Briefe der fünfziger Jahre – waren es echte Liebesbriefe, die beide jetzt, dreißig Jahre später, so nicht preisgeben möchten? Man wird sich einig. Aber dann ist alles doch nicht so einfach. »Ich lebe jetzt ganz in Deinen Briefen – eine wehmütige Freude. Es ist nicht in Worten zu sagen, was die Seele bewegt, vertieft man sich so ganz wieder in längst vergangene Zeiten. Mit der Rückgabe dieser Briefe ist mir, als nähme ich schon jetzt Abschied von Dir!« Clara empfiehlt, doch wenigstens Auszüge zusammenzustellen als eine Art Tagebuch, »denn sie enthalten ja Deinen ganzen Lebenslauf fast, und viele interessante Aussprüche, Urteile – unschätzbar für einen Biographen. Tue das doch, und nachher erst vernichte sie, denn, was zwischen uns Gutes, zuweilen auch Betrübendes war, gehört ja nur für uns, niemand braucht es zu wissen« (23. Juli 1887).

Im August antwortet Brahms: »Mit unsern Briefen machen wir es aber merkwürdig! Ich dachte immer leise eines Austauschs, hätte aber das Wort nicht herausgebracht! Ich schickte dann Deine Briefe, hatte aber nicht den Mut, vorher hineinzusehen und drin zu lesen – weil ich annahm, sie dann nicht schicken zu können. Du bist das Karnickel, Du fängst an von der Sache, schickst aber nicht und liest!« – Aus Claras Tagebuch: »Am 16. Oktober kam Brahms hier durch… er hat mir meine Briefe nun zurückgebracht, und ich muß ihm die seinigen von rechtswegen zurückgeben… Ich wollte aus den Briefen alles sein Leben als Künstler wie als Mensch Betreffendes ausziehen, denn sie geben ein Lebensbild von ihm und seinem Schaffen, wie ein Biograph es sich nicht umfassender wünschen könnte. Ich wollte alles zusammenstellen, dann erst ihm die Briefe zur Vernichtung übergeben, er

223

wollte es aber nicht, und so überließ ich sie ihm unter wehmütigen Tränen heute.« Brahms ist rigoros. Er übergibt das
von Clara erhaltene Briefpaket während einer Dampferfahrt
den Fluten des Rheins. Clara aber hatte doch einiges zurück-
behalten ... Und umgekehrt konnte Marie die Mutter davon
überzeugen, nicht alle ihre Briefe zu verbrennen. Bis 1858
aber ist nur ein einziger Brief Claras an Johannes erhalten.

Die Freundschaft mit Joseph Joachim war seit dessen
Scheidung 1882 getrübt. Immerhin, man schreibt sich noch,
hin und wieder. Aber die vertrauten Anreden wie »Lieber
Freund«, »Mein lieber Johannes«, »Lieber Jussuf«, ja sogar
»Liebster« werden ersetzt durch »Lieber und hochverehrter
Meister«, »Verehrter«, »Herrlicher Tondichter«, »Hochverehrter Brahms«, »Verehrtester Joachim« usw. Zwischen Juni
1881 und Oktober 1883 stellen beide auch den Briefwechsel
ein. Der künstlerisch begründete Lebensbund scheint ge-
schieden. Joseph Joachims ernste Wesensart hatte etwas
Prinzipielles und ließ keinen Raum für Humor, während
Brahms der Unausgeglichenere war und mit starken Ge-
fühlsschwankungen zu kämpfen hatte. Wir wissen es: Seine
spontanen, überzogenen Reaktionen brüskierten oft die Mit-
welt, und er trug schwer an solch unnötigen Zerwürfnissen.
Und »Freund Jussuf«? Er konnte besser damit leben. Sein
Biograph Andreas Moser berichtet, daß Joachim sich im
Frühjahr 1885 gallig über Brahms geäußert habe, um anschließend zusammen mit Heinrich Barth und Robert Hausmann das *C-Dur-Trio op. 87* mit vollster Hingabe zu spielen. »Ja, lieber Freund, Künstler und Mensch sind doch zwei
verschiedene Dinge! Aber von allen Unterscheidungen abgesehen: Ich kann diese Musik eben nicht anders als mit
meinem ganzen Sein empfinden und ausüben. Sie wirkt auf
mich wie eine Naturgewalt!« Für Brahms' Musik blieb er erreichbar.

In Brahms – befördert vielleicht auch durch das Zerwürfnis mit Clara – wächst im Sommer 1887 das Verlangen,
Joseph Joachim versöhnend die Hand zu reichen. Geradezu

rührend ist die Art, mit der er sich dem Freund nähert: »Ich hätte Dir gern eine Mitteilung künstlerischer Art gemacht, für die ich mir herzlich Dein Interesse, mehr oder weniger, wünsche... Darf ich einstweilen deshalb um ein kurzes Wort bitten − und dann weiteres sagen?« Auf einer offenen Postkarte steht das mit dem Stempel »Thun, 19. Juli 1887«. Man spürt die Vorsicht und die Scheu, zuviel an Gefühlen preiszugeben. Doch Joachim reagiert postwendend (21. Juli): Er erwarte »mit Spannung« weitere Mitteilungen. »Hoffentlich geben sie von einem neuen Werk Kunde, nachdem ich mit wahrem Entzücken die letzten Opera durchgelesen und gespielt« (er meint die gerade im Druck erschienenen Kammermusikwerke des ersten Thuner Sommers), und er schließt: »Mich deucht, Schöneres als das Trio in c-moll hast selbst Du nicht oft geschrieben!« Brahms wird gewußt haben, daß Versöhnung mit Joachim nur über ein neues Werk erreichbar ist. Nun geht es Schlag auf Schlag. Am 24. Juli: »Dein freundlicher Gruß läßt mich mein Geständnis viel vergnügter machen als ich gehofft hatte! Aber mache Dich auf einen kleinen Schreck gefaßt! Ich konnte nämlich derzeit den Einfällen zu einem Konzert für Violine und Violoncello nicht widerstehen, so sehr ich es mir auch immer wieder auszureden versuchte. Nun ist mir alles Mögliche an der Sache gleichgültig, bis auf die Frage, wie Du Dich dazu verhalten möchtest... Wenn Du mir eine Karte schickst, auf der einfach steht: ›ich verzichte‹, so weiß ich mir selbst alles Weitere und genug zu sagen.« Dann die gezielte Frage: »Willst Du eine Probe davon sehen? Ich schreibe jetzt gleich die Solostimmen zusammen; magst Du Dir mit Hausmann die Mühe geben, sie auf ihre Spielbarkeit anzusehen? Könntest Du daran denken, das Stück gelegentlich irgendwo mit Hausmann und mir am Klavier zu versuchen und schließlich etwa in irgendeiner beliebigen Stadt mit Orchester und uns?« Fragen über Fragen. Es sprudelt aus ihm heraus − aufgestaute Emotionen. Und der Schlußsatz des Briefes suggeriert geradezu ein Eingehen auf das Vorhaben: »Ich sage nicht laut und ausführlich, was ich leise hoffe und wünsche.« Das Eis ist gebrochen. Brahms schickt schon am 26. Juli die Stimmen nach Berlin (die Partitur ist noch nicht endgültig geschrieben). Gleich am nächsten Tag erfolgt die Bestätigung nach Thun: »Deine Doppelstimme ist angekommen; das Stück scheint, soviel ich bei flüchtigem Durchnaschen sehen konnte, lebendig und erfreulich!« Hausmann wird sofort verständigt. Gemeinsam prüfen beide den Notentext, ob spieltechnisch alles machbar ist. Sie erwägen geringfügige Änderungen. – Es sind noch keine zwei Wochen her, daß Brahms die erste Andeutung von seinem neuen Werk gemacht hat. Und jetzt, am letzten Julitag, brennt Joachim bereits vor Ungeduld: »Was nun weiter?« Er und Hausmann »sind sehr auf Fortsetzung erpicht und erwarten Deine Vorschläge. Wo denkst Du Dir eine Probe, zunächst mit Klavier? ... und sei versichert, daß Hausmann und ich jederzeit bereit sein werden, einem etwaigen Wunsche mit Freude zu entsprechen.«

Alte Freundesbande sind wieder geknüpft. Jetzt ist Brahms gefordert, das Werk fertigzustellen. Wie immer, wenn es ihm besonders ernst ist, flüchtet er sich in launige Verklausulierungen oder in ironische Verdrehungen. Als er im August fertig wird mit der Partitur des *Doppelkonzerts*, ist Clara die erste, die davon erfährt: »Von mir kann ich Dir recht Drolliges erzählen. Ich habe nämlich den lustigen Einfall gehabt, ein Konzert für Geige und Cello zu schreiben. Wenn es einigermaßen gelungen ist, so könnte es uns wohl Spaß machen ... aber stelle es Dir nicht zu sehr vor. Ich habe das hinterher auch gedacht, aber da war's fertig.«

Die Komposition aber ist weder drollig noch lustig, und spaßig auch nicht. Eher hintersinnig und in ihrer Bedeutung mehrschichtig. Der Wunsch, sich mit Joseph Joachim auszusöhnen, war ein starker Impuls gewesen. Er hätte ebenso zu einem zweiten Violinkonzert führen können, und Joachim hätte dies sicher ebenso eingeleuchtet. Brahms aber nimmt das tiefe Streichinstrument hinzu, identifiziert es mit Robert

Hausmann, dem in der Thuner Umgebung vor einem Jahr schon eine Cellosonate zugefallen war. Hausmanns Rolle jetzt ist die eines Vermittlers. Brahms macht ihn zu seinem Fürsprecher. Dies läßt sich leicht heraushören, wie noch zu zeigen sein wird.

Überdies: Ein Cellokonzert hatte sich Hausmann einmal gewünscht, ein Doppelkonzert ist es nun geworden. Knüpft es, als Nachzügler, an die noch von Haydn und Mozart gepflegte Sinfonia concertante an oder an das italienische Concerto grosso? Noch im frühen 19. Jahrhundert, 1804, überraschte Beethoven mit einem *Tripelkonzert für Klavier, Violine, Violoncello und Orchester op. 56* – ein historisierendes Relikt inmitten der Blütezeit des klassischen virtuosen Solo- konzerts? Ein Außenseiter also, wie es das Brahmssche Doppelkonzert auch ist? Man wird dem Werk gerechter, versteht man es als orchestergestütztes Klaviertrio, also aus der Tradition der klassischen Kammermusik heraus. Und Brahms? Hatte er nicht, vielleicht mehr noch als Beetho- ven, im kammermusikalischen Denken seinen zentralen Schaffensansatz gefunden? Hat er die Kammermusik seit der Mitte des Jahrhunderts nicht kraftvoll zurückgeholt von den Rändern der Musikentwicklung, an die sie durch die Übermacht eines sinfonischen, dann sinfonisch-dichtenden und musikdramatischen Monumentalstrebens gedrängt worden war? Ist es nicht auch möglich, daß das Doppelkon- zert seine eigentliche Heimat im Klaviertrio hat? Erst vor einem Jahr entstand das mächtige Opus 101, und Joachim hat es nun gespielt und gepriesen (»Mich deucht, Schöneres als das Trio in c-moll hast selbst Du nicht oft geschrie- ben!«)

Brahms komponiert gern zwei Werke gleicher Gattung in zeitlicher Nachbarschaft. Das gilt nicht nur für die beiden *Serenaden*, die beiden *Streichquartette op. 51*, die beiden *Ouvertüren op. 80* und *81*, sondern auch für die *Sinfonie*paare Eins und Zwei, dann Drei und Vier und für die Klavier-*Rhapsodien op. 79*. Und es wird sich noch einmal ereignen mit den beiden

Klarinettensonaten op. 120 des Ischler Sommers von 1894. Und es heißt, er habe für kurze Zeit mit dem Gedanken an eine Fünfte Sinfonie gespielt. Könnte nicht das *Doppelkonzert* einen Kompromiß darstellen zwischen Sinfonie und Kammermusik? Ein Werk der Versöhnung mit dem Freund und des Abschieds zugleich? Abschied von der Welt des Orchestralen, der großen Besetzung... Endgültiger Rückzug von der Bühne der Öffentlichkeit. Die private Motivation hat ihn noch einmal zur großen Geste verführt. Er überträgt den Triogeist des *Opus 101* in die große Form und schafft damit das Schwesterwerk.

Dessen Schönheiten und Kostbarkeiten liegen hinter den herben Konturen der Stimmen. Sie erschließen sich nur schwer, verweigern sich einem nur genießerischen Hören. Gleich die Eröffnung – ein markantes Initial, gebieterisch, lapidar. Edvard Grieg hatte sein *a-Moll-Klavierkonzert* mit einem ähnlich abwärts geführten Dreitonmotiv begonnen. Bei Brahms erscheint es in der Diktion verknappt. Fast unwirsch wird der Vorhang vor einem sensiblen Geschehen aufgerissen. Aus der Tiefe steigt die Cellomelodie herauf, sprechend, fragend, bittend (»in modo d'un recitativo«). Der Freund versteht es und antwortet mit einem Violinsolo, neigt sich aber herab, kommt entgegen. Das Cello fängt die Antwort auf. Beide finden ihre Vertraulichkeiten in motivischen Imitationen, bis ab- und aufwallende Figuren völliges Einssein demonstrieren. Wird das gut gespielt, merkt man nicht das Überwechseln von dem einen zum anderen Instrument. Ein musikalisch vollzogener Händedruck über fast fünf Oktaven hinweg! Max Kalbeck hat nicht zu Unrecht von einer »achtsaitigen Riesengeige« geschrieben. Nun, nachdem die notwendige Verständigung, die Annäherung der Standpunkte sozusagen, als Vorgeschichte erzählt ist, steht der erste Satz auf festen Füßen. Die Themen werden aufgestellt, ihre Kräfte ausgebreitet, das Flechtwerk der Gedanken entworfen. Alles verläuft in gewohnten Bahnen, erfüllt noch einmal den Anspruch des klassischen Sonatenhauptsatzes mit den

Teilen Exposition, Durchführung, Reprise. Vielleicht gerät jetzt alles ein wenig zu streng, zu herb... Aber seit Jahren hat es in Brahms nicht so starke seelische Erschütterungen gegeben. Immerhin stehen zwei unvergleichliche Lebensbindungen in Frage: die Beziehung zu der Frau seines Lebens, zu Clara Schumann, seiner Domina, und die Männerfreundschaft mit Joseph Joachim, erwachsen aus romantischer Emphase zweier Künstler-Jünglinge. Und wieder kommt Brahms nicht mit leeren Händen. Dem berühmten Geiger-Freund bringt er – in Erinnerung an frühere Zeiten gemeinsamen Musizierens – im zweiten Thema des ersten Satzes eine Anspielung auf Giovanni Battista Viottis *22. Violinkonzert*, ein Konzert, daß ebenfalls in a-Moll steht. Die mit dem ›Stoff‹ Vertrauten mußten es sofort merken. Joachim hat dieses Konzert ebenso geliebt wie Brahms. Es ist, als ob ein altes Foto hervorgeholt würde, und die es angeht, wissen gleich alles... Als Brahms im Sommer 1878 in Pörtschach das *Violinkonzert* für Joachim schrieb, offenbarte er sich Clara: »Das A moll-Konzert von Viotti ist meine ganz besondere Schwärmerei, und ich glaube, Joachim hat es auch meinetwegen gewählt!... Daß die Leute im allgemeinen die allerbesten Sachen, also Mozartsche Konzerte und obiges Viotti nicht verstehen und nicht respektieren – davon lebt unsereiner und kommt zum Ruhm.« Und in nicht ganz uneitler Selbstbescheidung fügte er hinzu: »Wenn die Leute eine Ahnung hätten, daß sie von uns tropfenweise dasselbe kriegen, was sie dort nach Herzenslust trinken können!«

Hier, im *Doppelkonzert* des Sommers 1887, setzt Brahms diese musikalische Anleihe als biographische Chiffre ein. Wie auch sonst, will er sie nicht von jedem verstanden wissen. Es genügt ihm, wenn ganz Persönliches auch nur ganz persönlich verstanden und – stillschweigend angenommen wird. Wir müssen uns begnügen mit dem Vordergrund, dem sofort Einsehbaren. Dazu gehört die Beobachtung, daß in den Ecksätzen immer das Violoncello den Weg bereitet, vorangeht. Und das Violoncello alias Brahms ist ja auch der Bittsteller.

Im Andante-Mittelsatz dann haben sich die beiden Freunde im oktavierenden Einklang gefunden als Ausdruck der Versöhnung. Und schließlich zeigt sich, daß alle drei Sätze dicht durchzogen sind von Imitationen und kanonartigen Abfolgen der beiden Solostimmen. Vielleicht ein Fingerzeig auf die gemeinsamen kontrapunktischen Übungen, denen sich die Freunde in ihrer Jugend unterworfen hatten? Ein ganzes Leben künstlerischen Zusammenklangs scheint hier Seite für Seite aufgeblättert. Aber: Wir begreifen diese Musik in ihrer bezwingenden Kraft auch dann, wenn wir das alles gar nicht wissen.

Am 21. September kommt es zu einer ersten Klavierprobe in Baden-Baden, am 23. September im Kursaal mit Orchester. Vorher hatte Brahms mit Hausmann (Joachim war noch nicht eingetroffen) das Werk ein paarmal durchgespielt. Clara war immer dabei. Ihr Kommentar: »Es war mir unmöglich, einen Begriff zu bekommen, da Johannes so unrein spielte, daß ich nur ein furchtbares Chaos empfand bis auf wenige melodische Stellen...« Und dann erscheint Joachim, und die beiden ungleichen Männer stehen sich nach Jahren erstmals wieder gegenüber. Und Clara ist wiederum dabei! Was da und wie es gesprochen wurde – das ist nicht überliefert. Nehmen wir an, es war die Musik (als Geschenk im doppelten Sinne), die lange Grundsatzgespräche erübrigt hat. Als Brahms nach Wien zurückgekehrt war, Ende September, hat er einer Frau (wir kennen ihren Namen nicht) mitgeteilt: »Jetzt weiß ich, was es war, das die letzten Jahre in meinem Leben gefehlt hat. Ich fühlte, daß etwas fehle, konnte aber nicht sagen, was: es war der Klang von Joachims Violine. Wie er spielt!« Florence May hat uns dies überliefert. Am 18. Oktober findet in einem Gürzenich-Konzert in Köln die Uraufführung des *Doppelkonzerts* statt – Joachim und Hausmann spielen, Brahms dirigiert. »Dreihundert Mark als Ehrensold für die Aufführung des Concertes für Geige und Cello, nebst Reiseentschädigung« – Brahms unterschreibt die Quittung. Es war so üblich. Als er acht Jahre später im

Leipziger Gewandhaus dirigierte – Eugen d'Albert spielte beide *Klavierkonzerte* – bekam er wesentlich mehr. An Kalbeck schrieb er damals: »Wissen Sie, was sie mir für mein bißchen Fuchteln Honorar gezahlt haben? Bare 2000 Mark. Ich hatte allenfalls auf eine Reiseentschädigung gerechnet. Aber *das* war in Leipzig noch nicht da.«

Die Ernte des Sommers von 1887 also war das *Doppelkonzert* gewesen. Im Herbst kam es unter die Leute, und es ist ihm dort lange Zeit nicht übermäßig gut ergangen. Selbst die Vertrauten fühlten sich nicht so recht wohl beim Anhören und wanden sich, wenn sie sich äußern sollten. »Nicht so recht zu Herzen gehend«, notierte Clara ins Tagebuch und meinte den Adagiosatz. Später, nach der Wiesbadener Aufführung am 17. November: »Mir scheint die Idee Cello und Violine als Soloinstrumente zusammen keine ganz glückliche... Und da es für die Instrumente auch nicht brillant ist, so glaube ich nicht, daß das Concert eine Zukunft hat. Als Composition ist es höchst interessant, geistvoll... es ist aber nirgends ein so frischer warmer Zug als in vielen andern seiner Sachen.« Eduard Hanslicks Rezension schlägt den gleichen Ton an: »Wir vermissen daran die Frische und Ursprünglichkeit der Erfindung, den melodischen und rhythmischen Zauber... der thematische Stoff scheint mir für ein so großes Werk nicht bedeutend genug... Auch das Thema des letzten Satzes steht nicht auf der Höhe von Brahms' Genius; ein kleines, in engen Maschen zappelndes Motiv, mehr verdrießlich als heiter...« Noch stärkere Worte findet Richard Specht, Wiener Musikschriftsteller und vom alten Brahms gefördert, in seiner sehr anregenden Brahms-Biographie von 1928: »Es ist eine der sprödesten und freudlosesten Schöpfungen des Tondichters.« Die musikalischen Themen erscheinen ihm »kurzatmig, trocken und in sich verkrochen«. Alles ist »kalt und starr, auch die Heiterkeit in diesem Werk hat ein erfrorenes Lächeln, und die Durchführungen wirken wie Gleichungen ohne Unbekannte und nicht als Gleichnis…«. Schließlich sei »Inspiration durch mathematische Konstruktion ersetzt«. Bis in heutige Tage klingen in Konzerteinführungen diese Urteile nach. Ein gedankenlos fortgeschriebenes Klischee.

Das *Doppelkonzert* – der Schlußstein im Gebäude von Brahms' Orchestermusik. Steckt Resignation dahinter, Enttäuschung über so viel Kritik – auch Ratlosigkeit – der Freunde? Ist der Gehalt an privaten Zusammenhängen so groß, daß dies alles einfach ein singuläres Ereignis bleiben mußte? Vorstellbar ist das schon. Denkbar ist aber auch, daß Brahms die Grenze gespürt hat, die er hier überschritten hat: aus sehr eingegrenztem, fast unscheinbarem Tonstoff ein Ganzes fließend zu entfalten. Arnold Schönberg nannte das später »entwickelnde Variation«. Zugleich werden Formtraditionen überspielt und überlieferte Gattungen wie Sinfonie, Konzert und Kammermusik vermischt. Brahms' Spätschaffen der kommenden Sommer in Ischl wird Kühnheiten hervorbringen, durch den bewußten Rückzug auf Kammermusikalisches und auf reine Klaviermusik.

Wir treten noch einmal hinaus in den verregneten Sommer, erwischen einen der wenigen Sonnentage im Juni und begleiten Brahms und Widmann auf einer Wanderung von Mürren hinab nach Gimmelwald. »Als wir damals nach Gimmelwald hinabstiegen«, so erzählt Widmann, »und die Majestät der gegenüberliegenden tief beschneiten Riesen des Hochgebirges auch mich so überwältigte, daß ich den Gedanken aussprach, wie unmöglich es doch sei, diese Herrlichkeit im menschlichen Gemüt bleibend festzuhalten und etwa durch Poesie und Kunst völlig wiederzugeben, blieb er stehen, sah mich mit lachenden Augen an und rief: ›das muß ich schon sagen, Sie sind doch der gröbste Mensch, der mir jemals vorgekommen. Jeder andre, der mit mir solche Alpenspaziergänge ausführte, würde irgend einmal ein artiges Wort anbringen, zum Beispiel: das ist ganz wie in Ihrer dritten Sinfonie, oder so etwas. Aber von Ihnen hört man nie etwas dergleichen.‹ Und dazu packte er mich an der Schulter, schüttelte mich und lachte in herzlicher Vergnügtheit. Ein Weilchen nachher, als wir auf einem Hügel bei Stechelberg ausruhten, meinte er, listig dreinschauend: ›Wir gefallen mir. Na! Kann man vielleicht so nicht sagen, Sie deutscher Stilist? Sie haben's vielleicht noch nie so gehört. Aber besinnen Sie sich nur, es ist ganz korrekt.‹ Und fröhlich wiederholte er: ›Wir gefallen mir!‹«

Hofstetten bei Thun 1888
Gesänge und Lieder op. 104 bis op. 107

Joseph Viktor Widmann ist Brahms' wichtigster Gefährte und Gesprächspartner in der Schweiz. Eine Freundschaft – auch wenn es beim »Sie« bleibt. »Wir gefallen mir« – so sehr, daß Brahms noch am Ankunftstag in Wien, am 26. November 1887, den Schriftsteller zur geplanten Italientour im nächsten Jahr einlädt: »Aber was ist mit Italien und Gozzi!?!?!« Das war spontan und schoß zugleich übers Ziel hinaus. Mit »Gozzi« spielte Brahms auf das leidige Opernproblem an. Seit zehn Jahren kommt Widmann nicht davon los. Damals, im September 1877 in Mannheim, anläßlich der Aufführung der Oper *Francesca da Rimini* von Hermann Götz, konnte Widmann einige Hoffnung fassen, für Brahms ein Opernlibretto schreiben zu dürfen. Brahms hatte die Richtung angegeben – »die Gozzischen Zauberpossen und Märchenkomödien«, etwa *König Hirsch* oder *Der Rabe* oder *Das laute Geheimnis*. Er wollte – wenn überhaupt – den Text keineswegs durchkomponieren, vielmehr nur an den dramaturgisch motivierten Höhepunkten musikalisch unterstützen. Also: eine Art Gegenkonzept zu Wagners Idee vom Musikdrama und eher der Tradition der klassischen und vorklassischen Bühnen- bzw. Schauspielmusiken und der Semi-Opera verpflichtet. Es war eine Liebäugelei. Wirklich ernst hat es Brahms damit wohl nie gemeint. Der arme Widmann aber geht ans Werk und entwirft ein Szenarium zu *König Hirsch* – vergebens. Er erörtert das Ganze brieflich – vergebens. Vielleicht wäre für Widmann ein Lebenstraum in Erfüllung gegangen – als Librettist von Johannes Brahms' einziger Oper! Die Schweizer Sommerwochen tun ein übriges. Die Zeitungen verbreiten – völlig aus der Luft gegriffen –, Brahms arbeite an einer Oper nach einem Text von

Widmann. Und jetzt also auch noch die völlig überflüssige Frotzelei durch Brahms: »Aber was ist mit Italien und Gozzi?« Wieder fällt der ehrgeizige Freund in Bern darauf herein und unternimmt nochmals einen Vorstoß. Die Antwort aus Wien vom 7. Januar 1888 ist überdeutlich: »... Im übrigen aber hätte Ihr Brief zwanzig Jahr' früher kommen müssen. Habe ich Ihnen nie von meinen schönen Prinzipien gesprochen, Vater meiner Johanna?« – Brahms spielt auf Widmanns kleine Tochter an, die er gern »meine Braut« nannte. Dann fährt er fort: »Dazu gehört: keine Oper und keine Heirat mehr zu versuchen. Sonst, glaube ich, würde ich gleich zwei vornehmen, nämlich Opern, nämlich König Hirsch und das laute Geheimnis. Von letzterem habe ich übrigens einen fertigen Text, den mir seiner Zeit... Kupferstecher Allgeyer machte...« Das war beleidigend für einen Mann von literarischer Profession, der sich Jahr um Jahr darum bemüht hat, ein Libretto liefern zu dürfen. Doch weiter: »Wenn Sie, lieber Freund, nun recht liberale Anschauungen und Grundsätze haben, so können Sie sich klarmachen, wieviel Geld ich spare und für eine italienische Reise übrig habe – wenn ich zum Sommer nicht heirate und mir keinen Text für 1000 Fr. kaufe!« Widmann hatte sich erboten, für ein Honorar von tausend Franken ein Textbuch zu schreiben – nicht zu hoch gegriffen, wenn man vergleicht, was Brahms allein fürs Dirigieren erhielt! Witz? Ironie? Auf jeden Fall eine von Brahms' zahlreichen kleinen Taktlosigkeiten, die so oft verletzt haben. Es gehört schon Großmut dazu, sie einfach wegzustecken. Brahms macht einen Schwenk und fragt: »Können wir dafür nicht mitsammen laufen? In Italien kann ich's nicht gut allein, und einen lieberen Gesellschafter als Sie kann ich mir nicht denken und wünschen.«

So oder ähnlich erging es irgendwann einmal allen seinen Engvertrauten – Clara Schumann, Joseph Joachim, Theodor Billroth, Hans von Bülow... Sie alle können ein Lied von solchen Briefen singen. Brahms' Freundschaften hatten ihre

Zerreißproben zu bestehen. Bei Joseph Viktor Widmann bahnt sie sich an. Aber er wird im Mai 1888 mit Brahms gemeinsam nach Italien reisen. Und er wird dies noch weitere zweimal tun, auch wenn ein Fast-Zerwürfnis dazwischen liegt, eines aus politischen Gründen.

Der dritte Thuner Sommer beginnt – wie schon der zweite – mit schönem Wetter – in Italien. Am 7. Mai, zu Brahms' Geburtstag, treffen sich die beiden Männer in Verona und starten ihre Erlebnisfahrt nach Bologna, Rimini, weiter nach Ancona und Loreto bis Spoleto. Ein paar Tage Rom und Florenz – dann geht es durch den Gotthard und über Andermatt zurück – nach Thun für Brahms, nach Bern für Widmann. Am 29. Mai ist das Sommerdomizil erreicht. Brahms trifft sichtlich angeregt ein. Drei Wochen Italien haben ihn belebt, gelöst. Er hat geschaut und die Ereignisse der Tage voll ausgelebt. Er hat sich – wenn man so will – mit dem Süden vermählt, ist auch den Menschen dort nahe gekommen. Eine herrliche Zeit! Widmann weiß in seinen *Erinnerungen* sehr farbig darüber zu berichten. Doch das ist nicht unser Gegenstand. Wir sind wieder in Hofstetten bei Thun, im Haus des Kleinwarenhändlers Spring – zum dritten Male. Und auch diesmal wieder das gewohnte Bild. Der Frühaufsteher Brahms braut sich seinen Kaffee, spaziert mit schnellen Schritten durch die taufrische Landschaft, läßt die musikalischen Gedanken kreisen und wachsen, komponiert. Jede Störung von außen ist ihm unerlaubte Einmischung, und er kann sehr grob werden, wenn es geschieht.

Ausgerechnet dem prominentesten Gast dieses Sommers muß es passieren. – »Wer ist da? Ist da jemand?« Brahms ruft es unwirsch ins Treppenhaus hinunter, denn von da hört er Tritte. »Und ich sah gegen das Dämmerlicht sein Gesicht, umrahmt vom prächtigen hellblonden Haupthaar und dem starken Vollbart, sich prüfend mir entgegen neigen, der ich inzwischen höher stieg und ihm kenntlich – er war sehr kurzsichtig – näher kam, indem ich ihm zurief: ›Ich bin es!‹ Da seh' ich noch, wie er erstaunend seine beiden Arme immer höher hob und endlich, mir die Hand entgegenstreckend, freudig rief: ›Du bist es! Wo kommst Du denn her? Wie schön ist es!‹ – Ach ja! wie war es schön!« Der willkommene Überraschungsgast, der diese Sätze schrieb, war Klaus Groth. In seiner Begleitung befand sich der Zeichner Christian Wilhelm Allers. Er hat die beiden Freunde, spazierengehend, skizziert. Ein höchst ungleiches Paar: der hochgewachsene, fast siebzigjährige Dichter und der vierzehn Jahre jüngere Komponist, der »kleine Dicke«. Zwei kauzige Erscheinungen aus der Romanwelt Wilhelm Raabes… Die zwei Männer verbindet viel Gemeinsames – die plattdeutsche Wurzel, die innere Bindung an die holsteinische Heimat, die nationaldeutsche Gesinnung und natürlich ein gewisser künstlerisch-lyrischer Gleichklang – die Basis bedeutender Liedschöpfungen. Eine Gemeinsamkeit mag auf den Thuner Wanderwegen auch eine Rolle gespielt haben, die eher eine Rivalität war, nämlich die von beiden unverhohlen bekundete Zuneigung zur Sängerin Hermine Spies. Sie erhält eine Einladung – von Frau Widmann, »im Auftrag von Dr. Brahms«. Der Anstand muß gewahrt bleiben. Und sie, das ›Herminche‹, die ›Hermione ohne o‹, kommt tatsächlich im Juni für ein paar Tage nach Bern. Wieder ist die Schwester dabei. Wieder wird viel gesungen und musiziert. Wieder ist der alte Kreis bei Widmanns beisammen. Und doch ist alles anders diesmal, vielleicht nur atmosphärisch. Die Neckereien bleiben aus, das Hochgefühl von 1886 will sich nicht einstellen. Dann auch noch »ein anhaltendes Regenwetter, wie es wohl nur die Schweiz liefern kann« (Groth). Später hat Hermine ihrer Wiener Freundin Maria Fellinger mitgeteilt, wie erschrocken sie gewesen sei, als sie Brahms wiedersah. Ganz weiß sei er geworden, leider, leider. Und wenn er nicht seine schönen blauen Augen hätte und das frische, liebe Wesen, er wäre ein Greis. Brahms scheint tatsächlich verändert – ein Altersschub? Er wird vorsichtiger in seinen Unternehmungen. So rät er Groth dringend von einer Bergtour auf den Niesen ab: »Es gibt hier viele und schöne

Wege, wo man nicht zu klettern braucht, die will ich Dir zeigen.«

Auf einer solchen Wanderung hatte er sich Widmann einmal anvertraut: »Ich hab's versäumt. Als ich wohl Lust dazu gehabt hätte, konnte ich es einer Frau nicht so bieten, wie es recht gewesen wäre.« Dann malte er ein trauriges Bild von seinen frühen Mißerfolgen. Eine liebende Frau, die unerschütterlich an ihn hätte glauben und ihn womöglich noch hätte trösten wollen: »Puh! ich mag nicht daran denken, was das, so wie ich wenigstens fühle, für eine Hölle gewesen wäre.« Und später, in den Jahren des Erfolges? Da wird er häufig verehrt. Geflirtet hat er, oft sehr heftig. Das schafft Vergnügen und verpflichtet zu nichts. Wollte er mehr? Anfangs, wohl ja. Je länger sich der Flirt aber hinzieht, desto deutlicher verwandelt sich das Ja in ein Nein. Wenn Brahms sich ein tiefes Gefühl gegenüber einer Frau eingestehen mußte, und Hermine Spies ist zweifellos eine starke Versuchung für ihn gewesen, dann wird er rasch hilflos. Reden, oder sich sogar ›erklären‹, das mochte er nicht. Da wächst in ihm eine Gegenkraft, die seine Leidenschaft unter Kontrolle bringt. Er will sich nicht hinreißen lassen, und er kann sich nicht binden. Es geht nicht! Es wäre wahrscheinlich auch in jungen Jahren nicht gegangen. »Es ist aber auch so gut gewesen.« Mit dieser Bemerkung beendete er das Gespräch mit Widmann, fuhr sich mit der Hand durch den Bart und gehörte wieder ganz der Gegenwart.

Diesmal ist die Liste der Sommerbesucher lang. Mitte August trifft der alte Freund Franz Wüllner ein, der Leiter der Gürzenichkonzerte in Köln. In seiner Begleitung befindet sich Hans Koeßler aus Budapest, Professor für Komposition an der Musikakademie (später einer der Lehrer Béla Bartóks). Auch Julius Stockhausen aus Frankfurt, Julius Röntgen aus Amsterdam, der Philologe Gustav Wendt aus Karlsruhe und Eduard Hanslick aus Wien kommen vorbei. Es fehlt nicht an Zerstreuungen – Gartenfeste mit Männerchor, *Fledermaus*-Aufführungen im Schänzlitheater, Abendkonzerte in Widmanns Haus. Eine dilettierende Pianistin spielt nur Werke von ihm – er nimmt es wohlgefällig hin. Ein andermal begleitet er Hermine, die ihm und den Anwesenden die *Mainacht*, die *Sapphische Ode* und anderes singt. Als dann eine Dame auch noch das Lied *Liebestreu* aus Opus 3 von 1853 wünscht, entgegnet er – halb ungehalten, halb im Spaß – »Pfui Teufel«. Es wird ihm zuviel – »Nu hangs mir Brahms zum Hals heraus!« Ist das Eitelkeit, will er das Gegenteil hören? Wohl nicht. Es ist eher anzunehmen, daß ihm diese Huldigungen, sentimentalen Verehrungen und Devotionen auf die Nerven gingen. Er scheint irgendwie reizbar in diesem Sommer, dünnhäutiger als sonst. Liegt es am innerlich vollzogenen Abschied von Hermine? Oder fühlt er, daß es mit Thun und mit der Schweiz nun auch genug ist? Er weiß es nicht und fragt auch nicht danach. Aber eine leise Wehmut ist da. Sie wird gefördert durch den Regen, die Kühle, die verhangenen Berge. Und er spürt sie öfter als die geselligen Stunden mit Freunden.

Die andere Seite dieser Sommerexistenz ist diesmal nicht so klar begrenzt und auf ein Opus konzentriert wie im Vorjahr: Vokalmusik in verschiedener Besetzung, teils begonnen oder ergänzt, teils abgeschlossen, stellt das Gegengewicht dar zum *Doppelkonzert* von 1887. Zwischen den Sommern waren noch die *Zigeunerlieder op. 103* in Wien entstanden, ein populäres Opus, das auf ungarische Volksliedtexte zurückgeht. Der Wiener Kaufmann Hugo Conrat hatte Brahms eine deutsche Versfassung vorgelegt. War es nun die immer leicht zu aktivierende Liebe zu allem ›Ungarischen‹ oder die Hochstimmung nach der Aussöhnung mit Freund Jussuf – Brahms jedenfalls ist nach einer kurzen Konzertreise nach Budapest im Dezember 1887 bestens aufgelegt, um die elf Lieder flott aufs Notenpapier zu bringen. Noch vor der Italienfahrt im Mai 1888 erhält Simrock das Manuskript der vierstimmigen Fassung. In Thun ist er bereits mit den Korrekturfahnen beschäftigt. Zugleich entsteht die Version für Solostimme und Klavierbegleitung (drei Lieder werden da-

239

bei ausgelassen). Diese Nebenbeschäftigung zählte gewiß zu den sommerlichen Freuden.

Wie steht es um die *Dritte Violinsonate op. 108*? Sie wurde im Sommer 1886 als Schwesterwerk zur *A-Dur-Sonate* begonnen, vermutlich sogar vollendet. Brahms schickte jedenfalls die ersten Sätze (zusammen mit denen der anderen Werke von 1886) Mitte August an Theodor Billroth. Nachdem die privaten Gutachten eingeholt waren, bekam Simrock die Manuskripte zur Veröffentlichung. Allein die *Violinsonate d-Moll* hielt er zurück. Warum? Wieder können wir nur vermuten… Erst im Oktober 1888, also zwei Jahre später, bekommen die Herzogenbergs das komplette Manuskript zu Gesicht – in Nizza, wo sich Heinrich und Elisabeth im Herbst aufhalten. Mit überschwenglichem Enthusiasmus, der Brahms nun auch wieder nicht geheuer ist, begrüßt und bejubelt Elisabeth das Werk, nachdem sie erst zwei Tage zuvor, am 28. Oktober, ausführlich und zum Teil sehr kritisch die Liederfolgen op. 104 bis 107 beurteilt hatte. Die Meinung Elisabeths war Brahms stets sehr wichtig. Neben Clara ist sie es, die sich offene Worte leisten konnte. Sie ist dilettierende Musikerin, aber durchaus professionell in ihrer Musikkritik: »Was mich so entzückt an dieser Sonate: sie ist so besonders einheitlich, die vier Sätze sind wirklich Glieder *einer* Familie… ach Lieber, das haben Sie gut gemacht…«

Die *d-Moll-Sonate* ist klavieristisch sehr anspruchsvoll. Kalbeck vermutet deshalb, Brahms habe von Anfang an Hans von Bülow als Widmungsträger im Sinn gehabt. Immerhin war er der erste Pianist von Rang gewesen, der ein Klavierwerk von Brahms öffentlich gespielt hatte, 1854: Der junge Virtuose aus Franz Liszts Schule war mit dem ersten Satz der *Klaviersonate C-Dur op. 1* in Hamburg aufgetreten.

Seit November 1885 aber war die Beziehung zu Bülow gestört. Wie schon mit Joseph Joachim wollte Brahms jetzt auch mit Bülow, dem er so viel zu verdanken hatte, ins reine kommen. Im Januar 1887 bot sich die Gelegenheit. Damals gastierte Bülow in Wien, und Brahms ließ im Hotel seine

Visitenkarte überreichen mit dem *Zauberflöten*-Wort: »Soll ich dich, Teurer, nicht mehr sehn?« Bülow verstand und lenkte ein. Möglich also, daß Brahms die *Sonate* so lange unter Verschluß hielt und sie nun – im Sommer 1888 – noch einmal überarbeitete, bevor er sie im Februar 1889 zu Simrock auf die Reise schickte. Die Erstausgabe vom April 1889 enthält auf dem Titelblatt die Zeile: »Seinem Freunde Hans von Bülow gewidmet.« Leidenschaft und dunkles Drängen beherrschen die Ecksätze, die den Grundcharakter von klanglicher Weite und Dramatik festlegen. Erregend ist allein schon das Geschehen über dem lang ausgehaltenen Orgelpunkt in der Durchführung des ersten Satzes. Die Kantabilität und Sonorität des D-Dur-Adagios führt in die Tiefe des beseelten Ausdrucks, eher knapp geformt, aber innerlich gespannt. Von Unruhe getrieben dann das schattenhaft dahineilende Scherzo in fis-Moll mit der charakteristischen Bezeichnung »Un poco presto e con sentimento« – »eines der genialsten Stücke von Brahms«, wie Hanslick meint. Im Finale (›Presto agitato‹) schließlich gipfelt Brahms' anspruchsvollste *Violinsonate*. Die Klavierstimme ist noch kompakter angelegt als im ersten Satz, der dramatische Gestus durchflutet die Musik. Und in den wenigen Momenten lyrischen Verweilens scheint dieser dramatische Zugriff nicht aufgehoben, sondern nur vorübergehend zurückgedrängt. Wuchtig und stürmisch zugleich offenbart sich der ganze Ernst dieses großartigen Werkes.

Im Mittelpunkt dieser Sommerwochen von 1888 aber stehen Vokalkompositionen – »Gesänge« und »Lieder«. Was schließlich vorliegen wird, sind vier Sammlungen mit je fünf Titeln, die Brahms zusammenstellt, umstellt, dabei zu schon Vorhandenem Neues hinzukomponiert, auch ergänzt und einschiebt, bis die Aufeinanderfolge der einzelnen Stücke seiner Vorstellung entspricht. Schon Ende Mai, kaum in Thun angekommen, kündigt er Simrock neue Lieder an. »Die Einstimmigen können Sie haben und noch andre dazu«, heißt es. Gemeint sind zuerst die *Zigeunerlieder op. 103* in der einstimmigen Bearbeitung. Aber andere Lieder hat er schon fix und fertig in der Schublade. Am 18. Juli verrät er mehr: Die *Fünf Gesänge für gemischten Chor a cappella*, vier- bis sechsstimmig, sollen die Opuszahl 104, weitere Lieder für Singstimme und Klavier die Nummern 105 und 106 tragen. Das teilt er seinem Verleger mit, fügt im gleichen Atemzug bei Opus 105 noch ein Lied als Nr. 3 ein (*Klage*), stellt gleich darauf eine weitere Liedfolge in Aussicht, ordnet bei dieser Gelegenheit noch einmal alles neu. Schließlich übergibt er die Manuskripte der Opera 106 und 107 Simrock persönlich, als dieser sich im August in Thun aufhält.

Daß ein solches Auswechseln und Umgruppieren möglich ist, liegt daran, daß Brahms hier keine Liedzyklen schafft, getragen etwa von einem inhaltlich-thematisch übergreifenden Zusammenhalt. Die einzelnen Lieder bleiben Einzelwesen ohne Bezug auf das Davor und Danach. Die Werkfolgen stellen Sammlungen dar, zusammengetragen über Jahre. Aber jetzt will Brahms damit zum Abschluß kommen. Im Opus 105, das mit den schon bekannten Liedern *Wie Melodien zieht es* und *Immer leiser wird mein Schlummer* eröffnet wird, ragt die Nr. 4, *Auf dem Kirchhofe*, nach einem Gedicht von Detlev von Liliencron, heraus. Mehr noch: Es ist vielleicht die stärkste Liedschöpfung unter den zwanzig Stücken der Hefte op. 104 bis 107 und künstlerischer Niederschlag dieses herbstlich kühl-nassen Sommers. Liliencrons bildkräftige Verse fand Brahms in der Sammlung *Adjutantenritte* (1883 erschienen). Der Dichter suggeriert mit naturalistischer Genauigkeit eine düstere Friedhofsstimmung, erliegt dabei aber der Versuchung, mit Worten zu spielen. Beginnt die erste Strophe mit »Der Tag ging regenschwer und sturmbewegt«, so stellt er am Anfang der zweiten Strophe die Wörter um: »Der Tag ging sturmbewegt und regenschwer«. Liliencron läßt die Verszeilen enden mit »gewesen« und »zu lesen«, in der zweiten Strophe aber, durch den Doppelpunkt gleichsam pointiert, als Fazit erscheinen – »auf allen Gräbern fror das Wort: Gewesen«, und dann schließlich: »auf allen Gräbern taute still: Genesen.« Brahms nun entwirft nicht einfach eine düster-dramatische Szene, die in mildem Trost endet, er greift vielmehr in die Form des Gedichtes ein, verkürzt musikalisch die zweite Strophe, um des Abgesangs willen, der wiederum mehr sagt als es der Text vermag. Doch zunächst beginnt das Lied mit sturmgepeitschten, aufwühlenden Arpeggien, immer vom Grundton ausgehend. Die Singstimme setzt theatralisch ein, fällt dann ermattend – »ich war an manch' vergess'nem Grab' gewesen« – in nur sechs Takten! Fast im Sprechgesang, nur sparsam und stockend vom Klavier gestützt, geht es weiter: »Verwittert Stein und Kreuz, die Kränze alt...«, der musikalische Ausdruck hat selbst etwas Steinernes, Lebloses angenommen. »... Die Namen überwachsen, kaum zu lesen« ... Geradezu bildhaft, wie sich bei dem Wort »überwachsen« Singstimme und Klavierpart in Gegenbewegung durchdringen. Die Starre ist warmen Sexten gewichen. – Doch eine schmerzliche Dissonanz führt danach in die Tiefe, aus der nun erneut der Sturm hervorbricht: Die zweite Strophe wird eröffnet. Jetzt wächst die Erregung: »auf allen Gräbern fror das Wort: Gewesen.« Wie ein großer Seufzer, dieses letzte Wort. Und wie so oft bei Brahms, singt das Klavier weiter, auch wenn die Stimme schweigt. Nun aber das Wunder, der Abgesang. Keine Wolkenfetzen mehr, kein Aufruhr der Seele. Ein umfassender Friede breitet sich aus: »Wie sturmestot die Särge schlummerten, auf allen Gräbern taute still: Genesen.« Brahms wechselt die Stimmung. Aus Moll wird Dur, aus zerklüfteter Deklamation wird melodisches Fließen. An die Stelle szenisch angelegter Schilderung tritt Innerlichkeit, ganz leise und in gleichmäßigen Schritten – wie ein Choral. Es ist ein Choral! Jedenfalls ein Zitat. Als Brahms das Lied Kalbeck zeigte, fragte er ihn, ob er den »Witz« am Schluß bemerkt habe. Es ist der Anfang des Passionschorals *O Haupt voll Blut und Wunden.* Vielleicht hatte er die neunte Strophe im Sinn: »Wenn ich einmal soll scheiden, so scheide nicht von mir«. Ganze 37 Takte umfaßt dieses Lied, ein Seelengemälde von erschütternder Eindringlichkeit, knapp in der Form und ganz dicht in der Aussage – wie eine Grabinschrift.

In diesem Fall wissen wir ausnahmsweise mehr. Der Komponist hat es seinem Biographen anvertraut. Er empfing die Anregung vom Besuch eines kleinen verwilderten Friedhofs mit namenlos gewordenen Grabsteinen und Kreuzen, am linken Aareufer gelegen. Dieses Erlebnis hatte sein Fragen nach Tod und Sterben, den letzten Dingen verstärkt. Auf regennassen Wanderwegen mag ihm die Vergänglichkeit des Daseins besonders bewußt geworden sein. Denn auch andere Gesänge dieses Sommers künden von Melancholie und Einsamkeit. Opus 106, Nr. 4 endet mit der Zeile: »Dunkel klingen meine Lieder!« Das Grothsche Gedicht *Es hing ein Reif* (1854) wird jetzt erst vertont (op. 106, Nr. 3). Es handelt vom Schmerz versagter Liebe, erzählt von einer dunklen Fee, die in den Sonnenschein tritt. »Ich bebt in seligem Genuß, so frühlingswarm und wunderbar: da merkt ich gleich an deinem Gruß, daß Frost und Winter war.« Ist die Vertonung ein Zufall, wenn zu dieser Zeit Hermine Spies und Klaus Groth auftauchen? Schließlich das *Mädchenlied* nach einem Text von Paul Heyse. Eine große melodische Klage: »Die Tränen rinnen mir übers Gesicht – wofür soll ich spinnen? Ich weiß es nicht! Ich weiß es nicht! Ich – weiß – es – nicht! – « Damit schließt Brahms zunächst sein Liedschaffen ab. Daß er nach acht Jahren noch die *Vier ernsten Gesänge op. 121* komponieren wird, hat sehr persönliche Gründe. Davon später.

Dieser Tendenz zur Verinnerlichung steht ein nach außen gerichtetes religiös-patriotisches Pathos gegenüber. Der alternde, abschiednehmende Brahms tritt den Weg nach Innen an und fühlt sich zugleich von Tagesereignissen noch immer unmittelbar betroffen. Erst in letzter Lebenszeit wird ihn auch dieser Glaube an die Macht und Gerechtigkeit in der Politik verlassen, wie Kalbeck in seinen Tagebuchaufzeichnungen überliefert hat. Jetzt aber, im ›Dreikaiserjahr‹, kommt ihm die Idee, »Deutsche Fest- und Gedenksprüche«

für achtstimmigen Doppelchor zu schreiben. Das Wort »Deutsche« läßt er dann zwar weg, aber die Auswahl der Bibelstellen und vor allem, wie er die Texte zusammenstellt und in der Aussage verändert, läßt keinen Zweifel an einem deutsch-nationalen Bekenntnis aufkommen. Vom Volk ist die Rede, dem der Herr Kraft geben und es segnen wird (Psalm 29). Der »starke Gewappnete« in der zweiten Motette (Lukas-Evangelium) ist dort der Engel der Finsternis, dem durch einen Stärkeren der Harnisch genommen werden wird. Diesen Fortgang der Geschichte läßt Brahms aber weg, so daß der »starke Gewappnete« zu einer positiven Gestalt, zum Helden erhoben wird. Wen meint er? Bismarck oder Kaiser Wilhelm I.? Gefahren drohten: »Aber, ein jeglich Reich, so es mit ihm selbst uneins wird, das wird wüste, und ein Haus fället über das andere.« Die biblische Warnung wird zur Rechtfertigung der Politik Bismarcks. Später, nachdem die *Fest- und Gedenksprüche* längst erschienen waren, fragt er beim theologisch versierten Widmann (19. März 1890) an: »Haben Sie die theologische, die jesuitische Spitzfindigkeit in Nr. 2 der Sprüche gar nicht gemerkt? ... Ich wollte schon vorher Sie immer einmal fragen, ob so etwas eigentlich erlaubt ist... Sehen Sie doch einmal Spaßes wegen nach.« Die dritte Motette beginnt mit den Worten aus dem 5. Buch Mose: »Wo ist ein so herrlich Volk...« Mose meinte das Volk Israel, Brahms meint die Deutschen, ihre Geschichte. Der Vorgang ist im Grunde simpel: Seine politische Überzeugung legitimiert er durch das Wort der Heiligen Schrift. »Die Bibelworte werden bei Brahms zu deutschen Gedenksprüchen«, wie es Hanns Christian Stekel unlängst formuliert hat.

Die *Fest- und Gedenksprüche* sind kein religiöses Chorwerk und schon gar keine Kirchenmusik, eher ein politisch motiviertes Gelegenheitswerk. Kaiser Wilhelm I. war am 9. März gestorben. Sein Nachfolger Friedrich III. bestieg den Thron als unheilbar Kranker – er starb nur wenige Wochen danach, am 15. Juni. An diesem Tag wird Wilhelm II.

Deutscher Kaiser und König von Preußen. Brahms ist in seinen patriotischen Gefühlen tief getroffen, ja erschüttert. Als überzeugter Monarchist wünscht er sich für die Deutschen einen autoritär geführten Staat, eine starke Monarchie. An Bülow schreibt er ein Jahr später, am 30. Mai 1889 (die *Fest- und Gedenksprüche* sind noch nicht erschienen): »Es sind drei kurze hymnenartige Sprüche für achtstimmigen Chor a cappella, die geradezu für nationale Fest- und Gedenktage gemeint sind, und bei denen recht gern gar ausdrücklich die Tage Leipzig, Sedan und Kaiserkrönung angegeben sein dürften. (Doch besser nicht!)« Die Völkerschlacht 1813, der Sieg über die Franzosen 1870 und die Kaiserproklamation 1871 – daran war gedacht. »Doch besser nicht!« – Brahms wollte offenbar vermeiden, daß der historische Bezug als eine Art ›Programm‹ mißverstanden wird. Mag Brahms auch Überschriften wie »Schlacht bei Leipzig«, »Schlacht bei Sedan« und »Kaiserkrönung« geplant haben, so hat er diese Idee noch vor der Drucklegung wieder aufgegeben – er hat gut daran getan! Gewidmet ist das Opus dem Hamburger Bürgermeister Carl Heinrich Petersen. Dieser hatte im Mai 1889 dem berühmten Sohn der Stadt Hamburg die Ehrenbürgerwürde verliehen – überfällig seit langem, angeregt von Bülow, mit Rührung und freudig entgegengenommen von Brahms. Daß die *Gedenksprüche* zu diesem feierlichen Akt komponiert worden seien, gehört allerdings ins Reich der Legende.

Die Überraschung bietet wieder die Musik selbst. Nirgendwo verfällt Brahms in den drei Motetten dem Kunstgeschmack der Wilhelminischen Ära, im Gegenteil! Allein schon die Anlage zweier vierstimmiger Chöre, teils einander abwechselnd, teils sich echoartig ergänzend, aber auch miteinander verschmelzend – läßt uns eintauchen in die Welt zurückliegender Musikepochen. Bachs Motetten, wohl auch die Musik der alten Renaissancemeister Italiens, ganz sicher aber die Klangsprache eines Heinrich Schütz – wir hören es ohne Mühe heraus, das Altmeisterliche, den Goldgrund, auf den gemalt wird. Eine Stelle, wie »das wird wüste« aus der zweiten Motette ist so expressiv in ihrer schmerzlichen Dissonantik, daß man unwillkürlich an Madrigale von Monteverdi oder Gesualdo denken muß. Oder die verhaltene Eindringlichkeit bei »Hüte dich nur und bewahre deine Seele wohl« aus dem dritten Stück, ganz archaisch im Klang und dicht in den Nachahmungen der Stimmen – das erinnert an Heinrich Schütz.

Spekulativ sind solche Bezüge nicht. Brahms bezog seit 1885 die nach und nach erscheinenden Bände der alten Schütz-Gesamtausgabe, herausgegeben von Philipp Spitta. Wie genau er diese Musik studiert hat, belegen verschiedene Anstreichungen. Er hat sich diese Musik des 17. Jahrhunderts erschlossen. Das war keineswegs der Trend der Zeit! Brahms nahm spätere Entwicklungen vorweg, für sich jedenfalls. Von irgendwelchen Stilkopien indes kann keine Rede sein. Wie jede starke schöpferische Begabung hat auch er, vielleicht unbewußt, gefiltert. Was er an Schwingungen von außen aufnahm, hat er umgeschmolzen in seine eigene, unverwechselbare Sprache. Es klingt nicht wie Schütz oder Bach oder Händel, sondern es erinnert an Schütz, an Bach und an Händel.

Der dritte Sommer in Thun endet mit einem Mißklang. Wieder ist Politik im Spiel. Brahms hat, wie gewohnt, ›Familienanschluß‹ bei Widmanns. Da platzt ein Artikel in die Idylle, erschienen am 18. August 1888 in der liberalen Berner Tageszeitung ›Der Bund‹, verfaßt vom Feuilletonredakteur Joseph Viktor Widmann mit der Überschrift »Zweiundvierzig Millionen Deutsche auf der Strecke«. Was war passiert? Der junge Kaiser Wilhelm II. hatte am 16. August in Frankfurt/Oder vor dem dritten Armeekorps eine Rede gehalten, in der er des Sieges der Deutschen über die Franzosen bei Vionville 1870 gedachte und sich zu der Äußerung verstieg: »Lieber wird man achtzehn Armeekorps und zweiundvierzig Millionen Deutsche auf der Strecke liegen lassen, als nur einen Stein vom Errungenen sich nehmen zu lassen.« Widmann ist empört, schreibt von »Menschenverachtung«, von »Soldatenkaiser«. Brahms verfaßt daraufhin am 20. August seinen längsten Brief an den Freund, verteidigt den »blutjungen neuen Kaiser des deutschen Volks« und wirft Widmann fehlende Achtung und Sympathie vor. Die persönlichen Aussprachen danach müssen fürchterlich gewesen sein. Widmann notiert in den *Erinnerungen* eine »über alle Vorstellung deutschchauvinistische Gesinnung«. Bismarck sei für Brahms der »Inbegriff aller Mannesherrlichkeit. Und da ich nun durch dick und Dünn nicht mitgehen kann und mag, hat sich bei ihm der verhängnisvolle Aberglaube festgesetzt, ich sei ein erbitterter Deutschenhasser!« Brahms muß derartig kategorisch aufgetreten sein, daß sich Widmann bei Gottfried Keller um Vermittlung bemühte. Der Dichter antwortet diplomatisch und rät Widmann, er solle zurückstecken. Brahms gibt dazu keine Chance. Er erscheint mit dem inzwischen angereisten Simrock. Dieser ist nicht nur sein verlegerischer Intimus, sondern war auch preußischer Husarenoffizier gewesen! Beide attackieren Widmann bis zur psychischen und physischen Krise. Bevor Brahms nach Wien zurückreist, versucht Widmann zu versöhnen und räumt ein, ungeschickt formuliert zu haben. Es hilft nichts. Brahms bleibt bei seiner Behauptung vom blinden Deutschenhaß. Ironisch bedankt er sich bei Widmann: durch diese Äußerung sei in ihm erst der wahre Deutsche erwacht…

Man trennt sich unverbindlich freundlich und kühl. Daß Brahms im nächsten Jahr wiederkommen wird, ist eher unwahrscheinlich. Widmann, in einem Brief an Keller: »Mir bleibt er der große Künstler, der in seinem Fache zurzeit seinesgleichen nicht hat und der unter einer allerdings oft sehr rauh anzufühlenden Hülle ein gutes, reines und treues Mannesherz trägt…«

Nach Thun kommt Brahms nie wieder, auch wenn der persönliche Kontakt zu Widmann, der ihn besser verstanden hat, als manch anderer Weggefährte seines Lebens, erhalten bleibt.

SIEBENTES KAPITEL

Ischler Spätlese
1889-1896

Ischl 1891
Klarinettentrio op. 114
und Klarinettenquintett op. 115
Ischl 1894
Klarinettensonaten op. 120

»Es ist ein leiser Mollakkord, den ich hinüber sende, und auch Ihnen klingt es hoffentlich nicht lustig: ich habe für den Sommer in Ischl gemietet. Was ich dort suche und wünsche, wissen Sie, weniger aber, was ich entbehren werde. Unter anderem und vor anderm werde ich jeden Samstag betrübt merken, daß kein Zug nach Bern geht!« Als Brahms dies an Joseph Viktor Widmann schrieb, am 30. April 1889, stand es für ihn also fest: nicht wieder nach Thun, wo es doch so schön war, sondern nach Ischl geht es im Frühjahr. Die Kontroverse mit dem Herrn Redakteur vom ›Berner Bund‹ mag nachgeklungen haben. Wirklich gestört aber haben Brahms die Zudringlichkeiten der Touristen, vor allem der englischen, die ihm förmlich auflauerten, die ihm die stillen Spaziergänge verleideten, die Autogramme erhaschen wollten und ihn mit Einladungen quälten. Das erstrebte Inkognito war dahin. Und seit Wilhelm II., Deutscher Kaiser und König von Preußen, an der Spitze des Deutschen Reiches stand, hatte er eine wachsende Reserviertheit der Schweizer auch gegen sich selbst, den ›L'ours allemand‹, den ›deutschen Bären‹, bemerken müssen. Nein, Thun und die Schweiz – dieses Kapitel war abgeschlossen.

Eine geplante Italienreise im Frühjahr 1889 hatte sich zerschlagen. Mitte April aber war er für eine Woche auf Einladung des Meininger Herzogs in der Villa Carlotta am Comer See gewesen. Von dort ging ein Brief an Ignaz Brüll mit der Bitte, er möchte doch »bei einem kühlen Wetterchen nach meiner alten Wohnung pilgern und dort anfragen, ob sie noch frei ist, und ob ich sie einmal wieder haben kann? Natürlich wie sonst alle vier Zimmerchen – auch mit der hübschesten Witwe kann ich nicht teilen! In dem Fall möchte ich Sie auch bitten, mich anzumelden, also für mich zu mieten.«

Er hatte Glück. Nach sieben Jahren kehrt er zurück in die Salzburger Straße zur Familie Gruber. Die nächsten acht Sommer, die ihm das Leben noch ließ, verbrachte er in Ischl, in vertrauter Umgebung – dem Leben der großen Gesellschaft nahe, zugleich etwas abgeschieden davon, und der freien Natur verbunden. Anders als die Sommeraufenthalte der zurückliegenden Jahre bildet die Ischler Zeit von 1889 bis 1896 einen ziemlich geschlossenen Schaffensabschnitt. Die Entstehung der letzten Kompositionen erstreckt sich zumeist über einen längeren Zeitraum, so daß die streng chronologische Darstellung nicht immer angebracht ist, Vor- und Rückgriffe nicht zu vermeiden sind.

Im Sommer 1889 vollendet er die *Drei Motetten für vier- und achtstimmigen Chor a cappella op. 110* – dunkle Gegenstücke zum festlichen Glanz des Opus 109. Wir begegnen wieder jener Doppelgesichtigkeit – Jubel und Ernst –, wie schon bei den beiden *Ouvertüren* von 1880. Sein letztes geistliches A-cappella-Werk auf Psalm- und Kirchenliedtexte (Nr. 1 *Ich bin aber elend*, Nr. 2 *Ach, arme Welt, du trügest mich*, Nr. 3 *Wenn wir in höchsten Nöten sein*) – Meisterwerke eines Komponisten, der sich lebenslang mit der Vokalkunst vergangener Jahrhunderte schöpferisch auseinandergesetzt hat! Die homophone Doppelchörigkeit der dritten Motette öffnet in ihrer motivischen Konzentriertheit und lapidaren Textdeutung das Tor für den Spätstil, nun auch durch das chorisch gesungene Wort.

Werke dieser Art entstehen als Kontrapunkt zur äußeren Lebensweise des Komponisten. Er besucht im Juni von Ischl aus seinen Freund Theodor Billroth, der im nahen St. Gilgen am Wolfgangsee eine Villa besaß. Er fährt hinüber nach Gmunden am Traunsee, wo er Victor von Miller zu Aichholz antrifft, einen seiner treuesten Anhänger. Kalbeck kommt zu Gast, Ludwig Bösendorfer, Besitzer der berühmten Klavierfirma, trifft in Ischl ein. Die bekannten Pianisten Moriz Rosenthal und Theodor Leschetizky halten hier ihren Hofstaat. Eduard und Sophie Hanslick kommen von Karlsbad für einige Zeit zur ›Nachkur‹. Auch Heinrich und Elisabeth von Herzogenberg, nach langer Krankheit. Bei ihrem Eintreffen erschrickt Brahms, wie Kalbeck berichtet: »Heinrich war ein lahmer, abgezehrter Krüppel, Elisabeth eine rundliche, asthmatische Matrone geworden, deren hochrotes Gesicht den Schein einer Lebenskraft vortäuschte, die tatsächlich im Erlöschen war.« Keine zwei Jahre mehr hatte diese außergewöhnliche Frau zu leben. Sie starb, 44jährig, am 7. Januar 1892 in San Remo.

Wie wir uns den geselligen Umgang in Ischl vorzustellen haben, hat der bekannte Wiener Feuilletonist und Satiriker Daniel Spitzer in einem seiner über sechshundert Reisebriefe, den *Wiener Spaziergängen,* überliefert. In der liberalen ›Neuen Freien Presse‹ vom 18. August 1889 lesen wir: »Geht man gegen zwei Uhr nachmittags in das Café Walter, so sieht man an einem Tische im Freien, Kaffee trinkend und Zigaretten rauchend, einen sehr kräftigen, untersetzten Fünfziger mit blondem Haar, die hochgeröteten Wangen von einem grauen Bart eingerahmt, und mit blitzenden blauen Augen, denen man es ansieht, daß in der geistigen Werkstätte dieses Mannes fortwährend gehämmert und geschmiedet und niemals gefeiert wird. In seiner Brust toben manchmal vielleicht wilde Stürme, aber an der Oberfläche sieht man nichts wie ein sich ewig gleichbleibendes Jägersches Normalhemd. Es ist Johannes Brahms, der ... sich ... diesmal entschlossen hat, einen Sommer ausschließlich in Ischl zuzubringen. Er ist in größerer Gesellschaft sehr wortkarg und brummt nur zeitweilig eine ironische Bemerkung; im intimen Kreise aber nimmt er lebhaft an der Unterhaltung teil ...«

Das ›Café Walter‹ ist Brahms' Nachmittagsziel, später trifft man ihn entweder im Hotel ›Elisabeth‹ oder im Gasthof

›Post‹. Gesellschaft ist stets vorhanden, da sich in Ischl eine Art Musikerkolonie gebildet hat. Schöne und begabte Pianistinnen umschwärmen ihn – Annette Essipoff, Leschetizkys Schülerin aus Petersburg und inzwischen seine Frau, Ilona Eibenschütz, gerade erst sechzehn Jahre alt, Ungarin und hochbegabte Schülerin von Clara Schumann in Frankfurt. Sie wird Brahms' späte Klavierstücke als erste kennenlernen und zum Teil auch uraufführen. Eine andere Clara-Schumann-Schülerin aus Marseille, Brahms' Kaffee-Lieferantin, schaut vorbei, auch Theodor Wilhelm Engelmann, der Utrechter Physiologe. Arthur Nikisch, den frisch berufenen Chefdirigenten der Bostoner Symphoniker, sieht man in Ischl. Er wird später als Gewandhauskapellmeister in Leipzig die ersten ›Brahms-Zyklen‹ veranstalten (1913/14 und 1916/17). Und Johann Strauß! Allerdings erst später, 1892, kommt der Walzerkönig hierher, bezieht die Wohnung von Ignaz Brüll (der war nach Unternach am Attersee gezogen) und mietet ein Jahr später eine Villa, die er 1896 schließlich kauft. Die beiden Wiener Komponisten verehrten sich gegenseitig, wobei Brahms den Charme und die Leichtigkeit bewunderte, Strauß seinerseits die Größe des anderen bestenfalls erahnen konnte. »Nicht wahr, lieber Strauß, das waren doch ganz andere Zeiten, als wir mit unseren feinsten Stücken, mit ›Fledermaus‹ und ›Requiem‹ durchfielen?« In der Tat: Beide Werke hatten anfangs in Wien wenig Fortune gehabt.

Das lag weit zurück. Hier in Ischl treffen sie öfters zusammen. Die bekannte Photographie vom Sommer 1894 wird ein höchst ungleiches Paar zeigen: den elegant gekleideten Strauß, dem man seine 69 Jahre nicht ansieht, und den acht Jahre jüngeren Brahms, in nicht gerade modischem Aufzug. Sein »hübscher grauer Kopf« hatte Peter Tschaikowski schon 1888 »an einen seelensguten, ältlichen russischen Geistlichen« erinnert.

Brahms ist merklich gealtert und dick geworden. Beim Wandern gerät er schnell in Schweiß, er atmet kürzer, muß öfters innehalten. Dennoch: ein ›Bär‹ ist er noch immer. Kaum, daß er jemals ernstlich krank war. In Wien wird ihn Ende 1889 eine nicht ganz harmlose Grippe einholen. Gutgemeinte Ratschläge der Freunde schlägt er in den Wind – sein robustes Naturell überwindet die Infektion schnell. Von einem Arzt will er nichts wissen. Anfang des Jahres 1891 muß er erneut mit der ›Influenza‹ fertig werden. Kaum erholt, erreicht ihn eine Einladung nach Meiningen. Widmanns Trauerspiel *Oenone* soll aufgeführt werden. Der Dichter wird anwesend sein. Freifrau von Heldburg fragt noch an, ob Brahms, wenn er denn käme, ein Konzert wünsche? Ja, er wolle kommen, auch musizieren, aber kein Konzert, keine öffentliche Darbietung!

Am 13. März 1891 trifft er in Meiningen ein. Er erscheint nicht nur in seiner besten Garderobe, auch alle Orden, die er inzwischen erhalten hatte, legt er an – den preußischen Orden ›Pour le mérite‹, das Ritterkreuz des Kaiserlich-österreichischen Leopoldsordens (es war ihm in Ischl 1889 überreicht worden) und andere Auszeichnungen. Die gepflegte Atmosphäre auf Schloß Elisabethenburg, die gelebte Kultur bei Hofe, die nicht in der Etikette erstarrt, sondern von warmer Herzlichkeit durchdrungen war, der erlesene Geschmack des Herzogpaares – das alles empfand er als wohltuend. Hier fühlte er sich verstanden. Man musizierte oft in den Privaträumen des Herzogs. Da ging es ungezwungen zu, Brahms war in seinem Element als schlagfertiger Gesprächspartner. Mit Bülows Nachfolger Fritz Steinbach verstand er sich glänzend.

Doch die wichtigste Begegnung in dieser Märzwoche gleicht einer Entdeckung: Richard Mühlfeld! Seit 1873 gehörte er der Meininger Hofkapelle an, zunächst als Geiger, nach drei Jahren als erster Klarinettist. Ein Musiker von höheren Gnaden. Das Violinspiel hatte er erlernt, als Klarinettist war er Autodidakt. Während seines Militärdienstes war ihm das Blasinstrument vertraut geworden. Er sollte es bald mit höchster Vollkommenheit beherrschen. Brahms erlebt

255

ihn mit Webers Konzert und Mozarts Klarinettenquintett. Noch von Meiningen aus schreibt Brahms an Clara: »Man kann nicht schöner Klarinette blasen, als es der hiesige Herr Mühlfeld tut.« Für den fast 58jährigen Komponisten war dieses Spiel eine Offenbarung gewesen, ein Schlüsselerlebnis wie Joachims Geigenspiel vor vierzig Jahren. Die Auswirkungen auf die kommende Zeit waren beträchtlich, und sie waren nicht vorhersehbar gewesen.

Im Sommer 1889 hatte sich Brahms noch mit der Neufassung seines frühen *Klaviertrios H-Dur op. 8* von 1854 befaßt (»die Haare ein wenig gekämmt und geordnet«, meint er zu Freunden und zu Clara: »Ich habe mein H-dur Trio noch einmal geschrieben und kann es Opus 108 statt Opus 8 nennen«). Im folgenden Sommer war das *Zweite Streichquintett op. III* entstanden, ein fast orchestral wirkendes Werk mit allen Merkmalen des Spätstils. Kalbeck meinte, da wäre Praterstimmung im Spiel – »Herbst im Frühling, Brahms im Prater!«.

Mit Opus III vom Sommer 1890 wollte Brahms den Schlußpunkt setzen. Genug sei es nun. Überhaupt genug. Kein neues Werk wird mehr geplant, schon gar keine Sinfonie, auch wenn sich hartnäckig Gerüchte halten, es sei eine ›Fünfte‹ im Entstehen. Der Konzertunternehmer Hermann Wolff wollte sie schon für die Berliner Philharmoniker reservieren lassen. Nein, es scheint tatsächlich so, als sei Brahms beim großen Aufräumen seiner Skizzen und Entwürfe. »Im übrigen habe ich viel zerrissenes Notenpapier zum Abschied von Ischl in die Traun geworfen«, teilt er am 12. Oktober 1890 Simrock mit. Und nun wird doch noch einmal alles anders. Dieser Mühlfeld!

Keine zwei Monate vergehen nach jenem Meininger Erlebnis. Im Mai 1891 hat Brahms sich abermals in Ischl einquartiert. Seltsames Doppelbild: Jetzt entwirft er einen längeren Brief an Fritz Simrock, bekannt geworden als ›Ischler Testament‹. Darin regelt er im wesentlichen die Aufteilung seines Vermögens (das ja Simrock für ihn verwaltet), bedenkt Vereine und seine Verwandten, vermacht seine Bibliothek der ›Gesellschaft der Musikfreunde‹ in Wien, wünscht, »daß alles, was ich Handschriftliches (Ungedrucktes) hinterlasse, verbrannt werde«, Freunde und Bekannte könnten sich Andenken aussuchen (unter den Augen Simrocks und Mandyczewskis) usw. . . . Warum jetzt dieses Testament? Denkt er an sein Ende, weil er es nahen fühlt? Oder bleibt es eine reine Vorsichtsmaßnahme? »Ich sorge ängstlich, daß nichts Unnützes liegen bleibe!«

Was sich dahinter auch verbergen mag – die Zeit um 1890/91 markierte eine tiefgreifende Zäsur in Brahms' Leben, in seinem Innenleben. Er glaubte, als Komponist seinen Weg ausgeschritten zu haben, am Ziel angelangt zu sein. Hinzu kamen die Wetterzeichen möglicher Krankheiten. Selbst eine überstandene Grippe konnte ihn jetzt nachdenklich stimmen.

Der Ischler Sommer von 1891 aber bringt auch Musik, neue Werke, gleich zwei Kompositionen für Klarinette! Brahms befreit sich noch einmal mit der Kraft seiner Inspiration aus der Endzeitstimmung. Am 21. Juli bittet er Mandyczewski um »sechs Bogen Querformat mit zwölf Systemen«. Er möchte zu einem Trio noch einen »Zwilling herauspäppeln«. Da war also das *Klarinettentrio a-Moll op. 114* schon komponiert, und das *Klarinettenquintett h-Moll op. 115* soll nahtlos folgen. In beiden Kompositionen läßt Brahms die dunkle Mittellage des Blasinstruments besonders zur Geltung kommen. So entsteht eine Musik von herbstlicher Schönheit.

Gleich im Trio (zur Klarinette treten Violoncello und Klavier) erleben wir aber auch jenen rigorosen Zugriff des Komponisten, mit dem er tradierte Vorstellungen überwindet. Wohl läßt sich das Formbild eines Sonatensatzes ausmachen, doch das ist nicht mehr das Entscheidende. Was ist aus der Durchführung geworden, und wo setzt die Reprise ein? Wir erfahren es nur indirekt. Die Formgrenzen werden überspielt, als sei die Improvisation, der freizügige Umgang mit den intervallischen und auch rhythmisch-metrischen Bausteinen wichtiger als die ›Erfüllung‹ des erwarteten Formverlaufs. Lockerung und freies Spiel anstelle ›logischer‹ Entwicklung… Die seit Beethoven gewohnten Spannungskurven, sie scheinen beim späten Brahms nun zu fehlen. Was hier aber frei und improvisiert klingt, resultiert aus neugefundener Konsequenz im Umgang mit dem Material. Terzen und Sekunden erweisen ihre zeugende Kraft als Zellen der Musik, aus denen das Ganze abgeleitet wird. Liedhaftes erscheint aufgebrochen. Und seltsam in sich gebrochen wirkt das ganze Werk. Resignation und Trotz stehen äußerst dicht beieinander. Abschied oder Aufbruch?

Das *Klarinettenquintett* (in der Besetzung von Klarinette und Streichquartett) wird durchzogen von Verwandlung und Metamorphose der Gedanken. Das heißt mehr als nur Variation eines Themas, auch wenn das Finale eine Folge von Variationen darstellt. Aber gerade dort ereignet sich der Rückbezug auf den Anfang des Werkes, als Besinnung auf den Ursprung, auf das ›Motto‹ der Komposition. Dieser Beginn hat etwas Floskelhaftes, gefolgt von einer Viertonfolge, die sich als Intervallgerüst jener Floskel erweist. Die Umspielung geht also dem Kernmotiv voraus. Wie schon im Trio vollzieht sich nun im ersten Satz eine zunehmende Auffächerung des Tonmaterials. Auch hier ruft die gestalterische Strenge eine innere Gelöstheit hervor – eine Freiheit, die aus der Bindung erwächst. Der Abgeklärtheit der Außensätze steht zunächst das expressive Geschehen des ausgedehnten Adagiosatzes entgegen. Rhapsodisch frei, wie in ungebundener Rede findet die Klarinette zu ihrem virtuosen Ausdruck. Der improvisatorische Charakter mit ungarisch-zigeunerischem Einschlag erfaßt auch die Streicher. Die so erzeugte Erregtheit springt auf den dritten Satz über, eine Art von Intermezzo, in dessen Presto-Abschnitt die Feuer rhythmischer Figuren wiederum hochschlagen. Man muß wiederholt hineinhören. Dann erschließt sich das Wunder einer

über alle Gefühlskontraste hinweg vielfältig verknüpften mo-
tivisch-gedanklichen Einheit.

Es ist schwierig und problematisch zugleich, sich diesen
späten Kompositionen verbal zu nähern. Sie scheinen sich
jedem Deutungsversuch zu entziehen. Ihre strukturellen
Kompliziertheiten kann man vielleicht aufspüren, die Komplexität des musikalischen Erlebens aber wird dadurch kaum
berührt − eine Schwierigkeit, vor die auch das Spätschaffen
Beethovens uns stellt. − Die insgesamt vier Kompositionen,
die Brahms für Klarinette, für Richard Mühlfeld also, geschrieben hat, sind die letzten Werke, die ein gemeinsames
Musizieren erfordern, nach künstlerischer Kommunikation,
nach gemeinsamem Tun verlangen. Es sind keine Selbstge-
spräche, keine Monologe, wie die Serie der letzten Klavierstücke. Und doch vollzieht sich mit ihnen ein unaufhaltsames
Weiterschreiten hin zu einem Ort, der nur noch Raum läßt
für ein Gespräch ohne Partner. Nach außen hin bleibt
Brahms offen, er pflegt den launigen Umgang mit anderen,
ändert sich auch nicht in seinen Repliken, die geschätzt und
manchmal gefürchtet sind. Die innere Vereinsamung aber
schreitet fort.

Die Ischler Sommer: Der frühere Zusammenhang von
Landschaft, Klima, Natur einerseits und davon inspiriertem
Schaffen andererseits − er zerfällt, verliert seine vitale Bedeutung. Hinzu kommen sehr schmerzliche Erfahrungen: Er
verliert treue Weggefährten seines Künstlerlebens. Rudolf
von Beckerath war schon 1888 gestorben. Elisabeth von Herzogenberg 1892, Hermine Spies stirbt 1893 mit sechsund-
dreißig Jahren. 1894 folgen: Theodor Billroth im Februar,
Hans von Bülow nur eine Woche später, Philipp Spitta im
April...

Nur wenige neue Begegnungen werden für Brahms noch
wichtig: Mühlfeld mit »Fräulein Klarinette«, wie er einmal
scherzend bemerkte, steht obenan. Durch Simrock kommt
er in Kontakt mit Max Klinger, der schon seit den achtziger
Jahren Lithographien zu den Titelblättern verschiedener

259

Liedausgaben geschaffen hatte. Noch einmal verzaubert ihn eine Frau, Alice Barbi, die faszinierende Italienerin und Interpretin seiner Lieder. »Ich wußte gar nicht, wie schön meine Lieder sind. Wenn ich jung wäre, würde ich jetzt Liebeslieder schreiben.« Im April 1892 hatte er sie zum erstenmal in einem Konzert gehört. Das lebenslang komplizierte Verhältnis zu Clara Schumann war in dieser Zeit besonders gestört, ausgelöst durch eine Komposition Robert Schumanns. Brahms bevorzugte die Erstfassung von dessen *d-Moll-Sinfonie*, die er wegen ihrer durchsichtigeren Instrumentierung in der Schumann-Gesamtausgabe veröffentlicht sehen wollte. Da er das Autograph besaß, fragt er bei Clara an und erwartet ihre Zustimmung – keine Antwort. Mißverständnisse anderer Art häuften sich. Als Clara im Oktober 1891 erfährt, daß die Sinfonie in der Erstfassung erscheinen soll, schreibt sie einen bitterbösen Brief. Sie fühlt sich in ihrem Recht als Nachlaßverwalterin Roberts verletzt. Wieder wird halbwegs eine Versöhnung erreicht. Doch je älter beide werden, desto mehr erstarren sie in ihren Eigenheiten. Die Erinnerung an ihre einst so starken Gefühle füreinander ist ein immer schwächeres Bindeglied.

Noch einmal schreibt Brahms in Ischl für Mühlfeld – im Sommer 1894. Es muß ein spontaner Entschluß gewesen sein. Im April war der Klarinettist nach Wien gekommen, »mit Frau und Clarinette«, wie Brahms vermerkt. Private Konzerte bei Fellingers und anderen Wiener Familien werden geplant. Robert Hausmann und Marie Soldat wirken mit. Mühlfeld aber bleibt der Unvergleichliche. Selbst Joachim mußte eingestehen, daß er ihm im Vortrag »über« sei. Von Ischl erhält Mühlfeld, der gerade von den Bayreuther Festspielen nach Meiningen zurückgekehrt war, eine Einladung. »Gar schön wäre es, wenn Sie Ihre B-Clarinette mitbrächten und es nicht gar zu eilig hätten...« Er zögert nicht lange und kommt, erfährt aber noch kurz zuvor auf einer offenen Karte näheres von Brahms: »Ich war nicht so übermütig, ein Konzert für Sie zu schreiben! Wenn alles gut geht, handelt es sich um zwei bescheidene Sonaten mit Klavier!!!???«

Die beiden *Klarinettensonaten in f-Moll und Es-Dur*, mit Mühlfeld in Berchtesgaden vorbereitet, werden am 23. September in einem privaten Kreis bei Berchtesgaden aufgeführt. Unter den Zuhörern: die herzogliche Familie aus Meiningen und Fritz Steinbach.

Zwei Werkpaare für Klarinette gehören also zur Ischler Spätlese – Trio und Quintett für A-Klarinette, die Sonaten für B-Klarinette. Zum letztenmal Sonaten. Mit einer *Sonate für Klavier* war Brahms vor vierzig Jahren in die Musikwelt eingetreten – *C-Dur op. 1.* Welch ein Weg bis zum Opus 120! Er hat diese Hauptform der Instrumentalmusik der letzten hundert Jahre nie in Frage gestellt, aber er gab ihr einen neuen Sinn. Die Zeitgeschichte war daran beteiligt. Kein offensiver Optimismus, eher bewußtes Erhalten und Bewahren von Wertvorstellungen, die mehr und mehr einem umsichgreifenden Positivismus geopfert werden, dem immer lauter und hektischer werdenden Leben. Keine Müdigkeit oder kraftlose Resignation, eher gelassene Heiterkeit eines Nachsommers – davon erzählen die beiden *Klarinettensonaten*. Schlußsteine sind es im Sonaten-Lebenswerk von Johannes Brahms. Aber so wenig Albert Schweitzers bekanntes Wort über Johann Sebastian Bach zutrifft, daß alles nur zu ihm hinführt und nichts von ihm ausgeht, so wenig will eine solche Auffassung zu Brahms passen. Hinter der gelassenen Heiterkeit kündigt sich ein neues Musikdenken an, das er wie ein Vermächtnis den Jüngeren zu produktivem Nutzen hinterläßt. Es verlangt nach Schärfung des musikalischen Verstandes für die Mikroorganismen der Tonkunst, für die Kräfte der Verwandlung und Metamorphose, die in diesen verborgen sind. In der Besinnung auf das Elementare, das struktur- und formbildende Intervall etwa, liegen die Chancen eines kompositorischen Neuansatzes. So liegt dem melodisch weit ausgreifenden Hauptthema des ersten Satzes der *f-Moll-Sonate* ein ähnliches Terzenmodell zugrunde wie dem

261

Anfang der *Vierten Sinfonie* oder dem dritten der *Vier ernsten Gesänge* (*O Tod, o Tod, wie bitter bist du*). Und im Schlußsatz der zweiten Sonate läßt er zum letztenmal aufleuchten, was ihn ein ganzes Komponistenleben lang fasziniert und inspiriert hat: die Variation, und zwar als Form und als Gestaltungsprinzip. Der Abfolge von fünf Variationen im übersichtlichen Nacheinander wird die Aufsplitterung des thematischen Materials bis in kleinste Notenwerte zugeordnet. Die abschließende Coda wiederholt diesen Vorgang noch einmal drängend und gerafft, als wolle der Komponist das zuvor Gesagte doppelt unterstreichen. Mit den letzten Es-Dur-Akkorden ist der Schlußpunkt gesetzt. Es ist zu Ende. Es war sein letztes Wort, deutlich und kräftig.

»Wiegenlieder meiner Schmerzen«

Ischl 1892 und 1893
Klavierstücke op. 116 bis op. 119

Zwei Sommer liegen zwischen den Entstehungszeiten der beiden Werkgruppen mit Klarinette – 1892 und 1893. Wie immer kommt Brahms Mitte Mai 1892 nach Ischl und bleibt dort bis in den September hinein. Veränderungen gibt es keine mehr zu berichten, die Notizen werden spärlicher, und es wird ruhiger um ihn. Er genießt die gewohnte Umgebung, er trifft die vertrauten Freunde – Gewöhnung, vielleicht auch schon Müdigkeit.

Im Frühjahr 1893 begibt Brahms sich noch einmal nach Italien und Sizilien und genießt die Schönheiten des Landes. Zum drittenmal schon befindet Widmann sich in seiner Begleitung. Brahms fühlt sich doppelt wohl, weil er mit dieser Reise allem Gratulationsaufwand zu seinem 60. Geburtstag aus dem Weg gehen kann. Drei Tage danach erst, am 10. Mai, kehrt er nach Wien zurück, um alsbald nach Ischl aufzubrechen.

Hat er sich in den Ruhestand versetzt? Niemand erfährt, was auf dem Schreibtisch in Grubers Haus liegt. Allenfalls erbittet er sich ein bestimmtes Notenpapier aus Wien, und Mandyczewski muß es ihm schicken. Man rätselt – was kann es bedeuten, wenn er schreibt: »So ein 24-36 quer Format für Clavier könnten Sie mir wohl schicken... 12 Seiten mit 16 Linien könnten Sie beilegen.« Das war Ende Juni 1892. Er haßt dieses Spekulieren über seine Werkstatt und wird es bereut haben, diesmal kein Notenpapier mitgebracht zu haben. Oder wollte er in diesem Sommer vielleicht gar nicht komponieren? Wir wissen es nicht. Wir wissen nicht einmal, was er damals tatsächlich neu geschaffen und was er nur in die letztgültige Form gebracht hat. Klavierstücke sind es jedenfalls. In diesem und dem nächsten Sommer werden sie zu Papier gebracht, insgesamt zwanzig Einzeltitel.

Ohne es beweisen zu können (weil Brahms seine Skizzen und Vorstudien konsequent vernichtet hat), ist anzunehmen, daß keineswegs alle Stücke spontane Ischler Sommereingebungen gewesen sind. Er hatte schon am 4. Januar 1892 von Wien aus an Clara Klavierstücke geschickt, in zwei Lieferungen. Der lückenhaft überlieferte Briefwechsel läßt offen, welche Werke es gewesen sein könnten. Opus 116 und Opus 117? Oder später vernichtete Stücke? Oder sind einige davon nun in Ischl aufgenommen worden in die endgültige Reihe? Seit zwei Jahren kümmert sich Brahms um seine Skizzen und Entwürfe aus früheren Jahren. Er sichtet und ordnet, er verwirft, oder er vollendet, was ihm wert erscheint. Und er fügt gewiß auch ganz Neues hinzu. Sammlungen entstehen, nicht unbedingt Werkzyklen, aber doch Stücke mit motivischen Beziehungen.

›Klavierstücke‹ hatten Brahms schon mehrmals beschäftigt. In früher Jugend die *Vier Balladen op. 10* und dann sehr intensiv in den Pörtschacher Jahren die Opera 76 und 79. Damals wie jetzt tut er sich schwer mit geeigneten Überschriften. Als er im Oktober 1892 die beiden ersten Sammlungen Simrock übergibt, schlägt er zwar für Opus 116 die Bezeichnung »Phantasien für Pianoforte« und für Opus 117 »3 Intermezzi« vor, aber er bleibt letztlich unschlüssig. »Über die Titel bin ich eigentlich gar nicht im klaren. Ihnen wird aber auch nichts Gescheites einfallen?« Es ist dann bei seinem Vorschlag geblieben. Die beiden Serien von 1893 heißen nur schlicht »Klavierstücke«. Aber was alles steckt dahinter! Zwanzig Einzelwerke – zwanzig Charakterbilder, aus der Hand eines reifen Meisters, kleine Welten schaffend, erfüllt von starken Gefühlen, von leiser Wehmut und gezügeltem Übermut, von abgründiger Traurigkeit und mitreißender Kraft, Entsagung und Bejahung. Bis ins letzte sind die Satzbilder durchgeformt und voller versteckter Bezüge. Die Form der Stücke bleibt klar und überschaubar – es ist die dreiteilige Liedform. Aber all die Verwebungen und Verstrickungen, das Eigenleben der Stimmen, die Konsequenz und zugleich die Selbstverständlichkeit, mit der sie geführt werden – sie entfalten einen Reichtum an Bildern und Vorgängen, eine große Welt im Kleinen.

Drei *Capriccios* und vier *Intermezzi* bilden die *Sieben Fantasien* des Opus 116. Die Capriccios gehören zu Schumanns ›Florestan‹-Welt, die Intermezzi zu ›Eusebius‹. Draufgängerisch und stürmisch die einen, versonnen und sensibel die anderen. Ungestüm und ›romantisch‹ packen die Außenstücke zu, verinnerlicht und mild glühend oder innig und schwebend, die inneren Stücke. Gerade in diesen Klavierfantasien dürfte so mancher Einfall aus der romantischen Phase des jungen Brahms seinen Platz gefunden haben, jetzt freilich ausgefeilt, vielleicht auch transparent im Stimmengeflecht.

Die *Drei Intermezzi op. 117* kennen solche Gefühlsgegensätze nicht. Es sind Andantesätze. In ihnen spiegelt sich auf dreifache Weise das Bild vom Wiegenlied. »Es sind drei Wiegenlieder meiner Schmerzen«, sagte Brahms einmal zu Rudolf von der Leyen. Das erste Stück könnte auch auf sehr frühe Entwürfe zurückgehen. Ein zweizeiliges Textzitat steht als Motto über den Noten: »Schlaf sanft, mein Kind, schlaf sanft und schön! / Mich dauert's sehr, dich weinen sehn.« Brahms hat es einem seiner Lieblingsbücher entnommen, Herders Volksliedern. »Schottisch« steht noch darunter. Zweimal begegnet uns in Brahms' Klaviermusik ein solcher Textvorspann. Über dem Andantesatz seiner *Klaviersonate f-Moll op. 5* von 1853 steht: »Der Abend dämmert, das Mondlicht scheint / da sind zwei Herzen in Liebe vereint / und halten sich selig umfangen. (Sternau)« Und die erste der *Vier Balladen op. 10*, 1854 entstanden, enthält im Autograph den Hinweis: »Nach der schottischen Ballade ›Edward‹ in Herders ›Stimmen der Völker‹.« Da ließe sich *Intermezzo Nr. 1* aus Opus 117 mühelos zuordnen. Vielleicht ist es kein eigentliches ›Spätwerk‹? Der Tonfall des Stückes, seine Gefühlswärme, bestärken uns in dieser Vermutung. Rückgriffe auf früher

Geschaffenes passen sehr gut zur Seelenlage des alternden Brahms, der sein Schaffen abrunden, den Kreis schließen will. »Wiegenlieder meiner Schmerzen« sind auch die beiden dann folgenden Intermezzi, aber zugleich gewiß auch Neuschöpfungen. In fast impressionistischem Filigran bewegt sich das b-Moll-Stück, schwerelos im zarten Auf und Ab, ständig modulierend, also auch harmonisch schwebend. Ernst und streng dagegen Nr. 3 in cis-Moll mit dem Thema in sonorer Mittellage, das ständig variiert wird. Vor allem aber wandeln diese zwei Stücke ein dreitöniges Motiv ab, eine Art ›Urzelle‹. Das dritte Intermezzo stellt das Motiv des zweiten quasi auf den Kopf und kehrt gleichzeitig dessen Charakter um. Aus dem Schweben wird Festigkeit, aus der Durchsichtigkeit wird Dichte, aus Hell wird Dunkel. Durchgängig dagegen der ›wiegende‹ Rhythmus, der so viel Schmerzen zu tragen hat.

Zu seinem Schüler Gustav Jenner (auch er unter den Besuchern in Ischl) sagte Brahms einmal: »Die Feder ist nicht nur zum Schreiben, sondern auch zum Streichen da.« Wenn Brahms jetzt auf die große Form verzichtet, so zielt das auf noch mehr Konzentration, auf noch mehr Gedankenarbeit. Die Beschränkung auf die kleine Gestalt bedeutet Aufwertung der Details. Was uns in den letzten Klaviersammlungen begegnet, ist eine Ökonomie der Fülle. In der Fülle versteckt aber liegt, was als starke Kraft wirkt.

Staunend spüren wir diese Kraft in den *Sechs Klavierstücken op. 118*, die zusammen mit den *Vier Klavierstücken op. 119* im Sommer 1893 abgeschlossen werden. Wieder erhält Clara Schumann als erste die zehn Charakterbilder zu sehen. Wieder beginnt die Suche nach dem Titel. An Simrock schreibt er später, von Wien aus, im Oktober: »Monologe oder Improvisationen kann ich leider diesmal durchaus nicht sagen, mit dem besten Willen nicht. Es bleibt wohl nichts übrig als ›Klavierstücke‹!«

Siebenmal verwendet Brahms die Bezeichnung »Intermezzo«, je einmal die Titel »Ballade«, »Romanze« und

»Rhapsodie«. Mit stürmischem Schwung zieht das a-Moll-*Intermezzo* op. 118 Nr. 1 den Vorhang auf – ein Präludium für fünf sehr unterschiedliche Szenenbilder von lyrischer Lied-haftigkeit (Nr. 2) über den energischen Zugriff der *Ballade* (Nr. 3), dem eher schattenhaft huschenden f-Moll-*Intermezzo* (Nr. 4) in streng akkordischer Kanontechnik. Der Himmel reißt auf mit der freundlich-idyllischen *Romanze* (Nr. 5). Umso düsterer das Schlußstück: Es hat Requiemcharakter, ist erfüllt von tiefer Trauer und Schwermut. Ein Epithaph in es-Moll, beginnend mit einer fernen, ganz einsamen Melo-die, deren erste Töne dem alten *Dies irae* zu entstammen scheinen. Im Mittelteil todwundes Aufbäumen, dann Ver-sinken in einem Meer von Tränen. Dieses Schlußstück ge-hört zum Traurigsten, was Brahms je komponiert hat. Und er nennt es, etwas hilflos, *Intermezzo!* – Alle Stücke des Opus 118 unterliegen dem Gesetz der Verwandlung und Permuta-tion. Auch diesmal bindet ein dreitöniges Urmotiv die Teile aneinander. Dazu die Verschmelzung von Kontrapunktik und Variationstechnik. Kein Ton, keine Akkordbildung, keine Dissonanz, die nicht ihre Bedeutung hätten – Ökono-mie der Fülle...

Das erste Stück von Opus 119, ein Adagio in h-Moll, zählt auf andere Weise zu den großen Kühnheiten in Brahms' Schaffen. Schon im Mai 1893 hat er es fertig und schickt es Clara zusammen mit einem für ihn ungewöhnlichen Kom-mentar: »Ich bin in Versuchung, Dir ein kleines Klavierstück abzuschreiben, weil ich gern wüßte, wie Du Dich damit ver-trägst. Es wimmelt von Dissonanzen! Diese mögen recht sein und zu erklären – aber sie schmecken Dir vielleicht nicht... Das kleine Stück ist ausnehmend melancholisch und ›sehr langsam spielen‹ ist nicht genug gesagt. Jeder Takt und jede Note muß wie Ritardando klingen, als ob man Melancholie aus jeder einzelnen saugen wolle, mit Wollust und Behagen aus besagten Dissonanzen!« Diese Dissonanzen sind aus lau-ter Terzen gebildet, fallende Terzenketten, in sich ver-schränkt, auf beide Hände verteilt und immer abwärts! Sie fallen ins Bodenlose, werden mühsam durch chromatische Gegenstimmen aufgefangen, bis wir auf sechs Stufen die Terzentreppe hinabsteigen und den Grundton h erreichen. Brahms ist hier bis an die Grenze der Tonalität vorgedrungen. Er hat diese Grenze nicht überschritten. Die nächsten Schritte gehen andere, Arnold Schönberg, zum Beispiel.

Das Schlußstück dieses Opus ist eine *Rhapsodie* in Es-Dur, sicher aus dem Fundus der Vergangenheit geholt. Sie bündelt mit orchestraler Kraft die Energien vollgriffig. Trotzig spricht Brahms sein finales Wort in diesen letzten Klavierstücken wie in seinem Klavierschaffen überhaupt.

In Ischl spielt er die Stücke im kleinen Kreis vor. Ilona Eibenschütz wird die erste sein, die sich ihrer annimmt und einige in London uraufführen wird.

Die Freunde reagierten unterschiedlich. Philipp Spitta hatte ihren Wert sofort erkannt, rühmte in einem Brief vom 22. Dezember 1893 die Stücke als »vielleicht das Gehaltreichste und Tiefsinnigste, was ich in einer Instrumentalform von Ihnen kenne«. Ganz anders empfand es Theodor Billroth. Sein Unverständnis teilte er am 5. November 1893 Engelmann mit: »Ich weiß nicht, woher ihm diese Passion auf einmal gekommen ist. Ich liebe dies Genre von ihm am wenigsten... Er ist in der von ihm gewählten Form dieser kleinen Clavierstücke nicht mannigfaltig genug, meist zu schwerfällig, nicht pikant genug. Chopin und Schumann verstanden das besser... Brahms sollte beim großen Stil bleiben.«

Ischl 1896
Choralvorspiele für Orgel op. 122

Die Lebenskurve sinkt. Brahms weiß es, spürt es. Er ordnet
schon seit langem sein Haus. Es wird immer einsamer um
ihn und in ihm. Die neunziger Jahre sind Abschiedsjahre. In
seinem Schaffen hat er bereits einige Schlußstriche gezogen.
Orchester- und Chorwerke, Kammer- und Klaviermusik –
er benötigt dafür kein Notenpapier mehr. Weniges bleibt ihm
noch zu tun, das Schweigen gewinnt an Raum. Einige wenige verläßliche Freuden bleiben ihm erhalten – die Familie
Fellinger in Wien, die ihm in ihrem Haus das Gefühl von
Geborgenheit gibt, ebenso die Familie von Miller zu Aichholz, der Meininger Hof und die Sommerfrische in Ischl.

Im Sommer 1894, während der Arbeit an den *Klarinettensonaten*, erhält er Post aus Leipzig. Max Klinger sendet ihm den
ersten Teil seiner *Brahmsphantasie* zu. Der große Bildhauer,
Graphiker und Maler gehört seit den frühen achtziger Jahren zu den begeisterten Verehrern Brahmsscher Musik. Und
Brahms seinerseits ist beglückt von Klingers Kunst – eine
späte Künstlerfreundschaft, die ihn zu einer bemerkenswer-
ten Gegenleistung veranlaßt: Die *Vier ernsten Gesänge op. 121*,
die er Anfang Mai 1896 in Wien vollenden wird, widmete er
Max Klinger. Als Kalbeck am Morgen des 7. Mai zum Gra-
tulieren kam, empfing ihn Brahms mit den Worten: »Das
habe ich mir heute zum Geburtstag geschenkt. Aber nur mir.
Wenn Sie den Text lesen, werden Sie begreifen, warum.«
Und er las: »Denn es gehet dem Menschen wie dem Vieh,
wie dies stirbt, stirbt er auch.« Kalbeck erschrak. Und erst
der zweite Gesang: »… Da lobte ich die Toten, die schon
gestorben waren, mehr als die Lebendigen, die noch das Leben hatten, und der noch nicht ist, ist besser, als alle beide,
und des Bösen nicht inne wird, das unter der Sonne ge-

schieht.« Im letzten Lied dann aber die fast emphatisch vorgebrachte Verkündung: »Nun aber bleibet Glaube, Hoffnung, Liebe, diese drei; aber die Liebe ist die größeste unter ihnen.« Die Texte entstammen sämtlich der Bibel (Prediger Salomo, Jesus Sirach, Korintherbrief). Ist es die Liebe Gottes, die er meint? Oder die humanitas, oder die geschlechtliche Liebe? Brahms selbst hat diese ergreifendsten und erschütterndsten seiner Lieder unter Tränen gespielt. Er konnte sie öffentlich nicht ertragen. Zuviel Erlebtes schwingt mit – auch Vorahnung? Mandyczewsky gegenüber nennt er sie »gottlose Schnadahüpferl«, Klinger kündigt er sie als »ein paar Liederchen« an, Simrock schreibt er von »lustigen Gesängen«.

Wir finden keine Stelle des Trostes in ihnen, geschweige denn der Verheißung von ewigem Leben. Noch konzessionsloser als im *Deutschen Requiem* wird der Auferstehungsgedanke ausgeklammert. Der zweite Gesang gipfelt geradezu in einer Art von Todesanbetung: »O Tod, o Tod, wie bitter bist du, wenn an dich gedenket ein Mensch, der gute Tage und genug hat und ohne Sorge gelebet; und dem es wohl geht in allen Dingen und noch wohl essen mag! O Tod, o Tod, wie bitter bist du.« Dann aber: »O Tod, wie wohl tust du dem Dürftigen, der da schwach und alt ist, der in allen Sorgen steckt, und nichts Bessers zu hoffen, noch zu erwarten hat! O Tod, o Tod, wie wohl tust du, wie wohl, wie wohl tust du.« Gerade dieser Text mag Brahms zutiefst getroffen haben. Er findet in ihm das eigene Leben wieder, und er steht vor dem eigenen Ende.

Durch den Pianisten Carl Tausig war er schon in den sechziger Jahren mit Arthur Schopenhauers Philosophie bekannt geworden. In Brahms' Bibliothek finden sich die beiden Bände von *Parerga und Paralipomena* mit Anstreichungen und den charakteristischen Kratzspuren. Tausig hatte ihm 1864 *Die beiden Grundprobleme der Ethik* geschenkt. Wollte Brahms Schopenhauers Verneinung des Lebenswillens mit Bibelworten rechtfertigen? Zum Ursprung des Leidens dringt er nicht vor. Er nimmt ihn als Fatum hin und gelangt zur Überzeugung, daß alle menschliche Existenz höchst fragwürdig, wenn nicht gar sinnlos sei, ohne Schuld, ohne Verantwortung. Es ist die letzte Konsequenz aus zutiefst pessimistischer Haltung.

Als Clara im März 1896 einen Schlaganfall erleidet, schreibt Joseph Joachim besorgt an Brahms. Dessen Antwort vom 10. April enthält eine wundervolle Passage: »... Ich kann nicht traurig nennen, wovon Dein Brief dann spricht. Ich habe oft gedacht, Frau Schumann könne ihre Kinder alle und mich dazu überleben – gewünscht aber habe ich es ihr nicht. Erschrecken kann uns der Gedanke, sie zu verlieren, nicht mehr, nicht einmal mich Einsamen, dem gar zuwenig auf der Welt lebt. Und wenn sie von uns gegangen ist, wird nicht unser Gesicht vor Freude leuchten, wenn wir ihrer gedenken? Der herrlichen Frau, deren wir uns ein langes Leben hindurch haben erfreuen dürfen – sie immer mehr zu lieben und zu bewundern. So nur trauern wir um sie.«

Sie starb am 20. Mai. In Ischl erreicht Brahms die Nachricht erst am 22. Sofort reist er ab, verpaßt den Anschlußzug, erfährt durch Zufall kurz vor Frankfurt, daß seinetwegen der Begräbnistermin verschoben wurde, und die Bestattung in Bonn erfolge. Wieder umsteigen in den Kölner Nachtzug. Nach vierzigstündiger Irrfahrt erreicht er schließlich die alte Kapelle – zu spät. Die Trauerfeier war gerade beendet, er konnte sich nur noch dem Trauerzug anschließen. »Der einzige Mensch, den ich wahrhaft geliebt habe, den habe ich heute begraben...« Bei Beckeraths auf dem Gut Hagerhof bei Honnef versucht er seinen Schmerz durch viel Musizieren zu verdrängen. Von dort ist die Bemerkung überliefert: »Jetzt habe ich nichts mehr zu verlieren.« Am 28. Mai kehrt er nach Ischl zurück, von lange schwelender Krankheit gezeichnet. Die Freunde finden ihn verändert, »gelbsüchtig«. Er will davon nichts wissen. »Ich bin kein Hypochonder, beobachte mich gar nicht. Kein Mensch hat mir gesagt, daß er mich verändert finde...«, ziemlich ungehalten sagt er das Richard Heuberger, der ihn Anfang Juli in Ischl besucht.

Da hatte er schon die insgesamt *Elf Choralvorspiele für Orgel* geschrieben – auch ein Sammelwerk, das früher Entstandenes mit Neuem verbindet. Wirkte in den *Vier ernsten Gesängen* der Geist von Heinrich Schütz nach, dann wird hier die Gestalt Bachs greifbar. Wie in dessen Weimarer *Orgelbüchlein* führt auch Brahms die Choralmelodie in Verbindung mit abgeleiteten Motiven durch. Das letzte Stück, die Nr. 11, verinnerlicht die Melodie *O Welt, ich muß dich lassen* von Heinrich Isaac durch abgestufte Echowirkungen in den verbindenden Abschnitten. Ist es der endgültig vollzogene Abschied von dieser Welt? Jedenfalls hat Brahms danach keine Note mehr geschrieben.

Eine im September in Karlsbad angetretene Kur blieb ohne Erfolg. Er magert rasch ab. Am 13. März 1897 wird Brahms das letzte Mal in der Öffentlichkeit gesehen. Er sitzt im Theater an der Wien und verfolgt die Uraufführung der Strauß-Operette *Göttin der Vernunft*. Nach dem zweiten Akt wird er nach Hause gebracht. Der Leberkrebs bezwingt ihn. Am 3. April 1897 wird er erlöst.

Kein spektakuläres Leben. Die Anerkennung kam spät. Der Weg dorthin war oft beschwerlich. Trotz enger Freundschaften blieb er innerlich einsam. »Kein Haus, keine Heimat«, keine Frau und kein Kind. Unangepaßt, aber kein Rebell. Genügsam und herrisch, liebevoll und egoistisch, verletzend und vergebend...

Ein äußerlich geregeltes Leben im Wechsel zwischen Wien, den Konzertreisen und den Sommeraufenthalten. Hier, in der freien Natur, war er am glücklichsten, hier schrieb er die meisten seiner Werke, die ihn überdauert haben und uns überdauern werden. Er war ein Sommerkomponist.

ANHANG

Zeittafel

1833 *7. Mai:* Johannes Brahms wird im Hamburger Gängeviertel geboren.

1840 Erster Klavierunterricht bei Otto Friedrich Willibald Cossel.

1843 Erstes öffentliches Auftreten als Pianist in Hamburg. Beginn des Klavier- und Kompositionsunterrichts bei Eduard Marxsen.

1846/47 Brahms spielt in Tanzlokalen in Bergedorf bei Hamburg zum Gelderwerb.
Brahms erteilt Klavierunterricht und tritt in Konzerten auf.

1848 *11. März:* Brahms hört zum erstenmal Joseph Joachim in einem Philharmonischen Konzert in Hamburg mit Beethovens Violinkonzert.
21. September: Erstes eigenes Konzert mit Kompositionen von Bach, Marxsen, Herz u. a.

1849 Arbeiten als Arrangeur für den Hamburger Musikverlag August Cranz unter dem Pseudonym G. W. Marks.

1850 *März:* Brahms schickt erste Kompositionen von sich an Robert und Clara Schumann, die in Hamburg konzertieren.

1851/53 Klavierwerke entstehen: Scherzo es-Moll op. 4, Sonaten C-Dur op. 1 und fis-Moll op. 2; später Sonate f-Moll op. 5; Lieder op. 3 und 6; verschiedene Kammermusikwerke (vernichtet); Ungarische Tänze begonnen.

1853 *Frühjahr:* Konzertreise mit dem ungarischen Geiger Eduard Reményi (Celle, Lüneburg, Göttingen).
Juni: Zusammentreffen mit Joachim in Göttingen.
Bekanntschaft mit Franz Liszt in Weimar.
August/September: Rheinreise (Mainz, Rüdesheim, Loreley, Koblenz, Bonn, Köln, Düsseldorf).
30. September: Besuch bei Robert und Clara Schumann in Düsseldorf.
28. Oktober: Schumanns Aufsatz *Neue Bahnen* erscheint in der ›Neuen Zeitschrift für Musik‹.
Dezember: Die ersten Werke erscheinen bei Breitkopf & Härtel in Leipzig.

1854 *Anfang März:* Nach Schumanns Selbstmordversuch trifft Brahms in Düsseldorf ein.

August: Mit Julius Otto Grimm nach Mainz. Allein weiter nach Heidelberg. Fußwanderung im Neckartal.

Rückkehr über Düsseldorf (Clara Schumann) und Hannover (Joseph Joachim) nach Hamburg.

Werke: Balladen op. 10, Schumann-Variationen op. 9, erste Arbeiten am späteren Klavierkonzert d-Moll, Trio H-Dur op. 8.

1855 Düsseldorf.

Mai: Teilnahme am 33. Niederrheinischen Musikfest. Bekanntschaft mit Eduard Hanslick.

Juli: Rheinreise gemeinsam mit Clara Schumann.

November/Dezember: Konzerte in Danzig, Berlin, Bremen und Hamburg.

Beginn der 1. Sinfonie (1. Satz).

1856 *Januar/Februar:* Konzerte in Leipzig, Kiel, Hamburg und Altona. Mit Joachim in Göttingen.

April: Besuch bei Schumann in Endenich bei Bonn, anschließend nach Düsseldorf.

Mai: 34. Niederrheinisches Musikfest in Düsseldorf. Bekanntschaft mit Julius Stockhausen, Theodor Kirchner und Klaus Groth.

29. Juli: Robert Schumann gestorben.

August: Brahms reist mit Clara Schumann und deren Kindern rheinaufwärts bis in die Schweiz (Vierwaldstädter See).

September/Dezember: Wechselnder Aufenthalt zwischen Düsseldorf und Hamburg.

Werke: Missa canonica, Variationen über ein ungarisches Lied op. 21 Nr. 2, Beginn des 1. Satzes des 1. Klavierkonzertes d-Moll als Umarbeitung einer geplanten Sinfonie. Arbeit am 2. Satz des späteren Deutschen Requiems op. 45.

1857 *Sommer:* Von Düsseldorf aus Rheinreise mit Clara Schumann und ihren jüngeren Kindern.

September/Dezember: Brahms ist Klavierlehrer, Pianist und Chorleiter am Hof des Fürsten Leopold III. zur Lippe.

Werke: Abschluß des 1. Klavierkonzertes d-Moll op. 15, Variationen für Klavier op. 21 Nr. 1, Entwurf der Serenade op. 11 als Oktett (verschollen).

1858 Aufenthalte in Hamburg, Hannover, Berlin (bei Clara Schumann).

Ende Juli: Reise nach Göttingen; Freundschaft mit Agathe von Siebold.

Oktober/Dezember: Brahms nimmt seine Dienste am Detmolder Hof wieder auf.

Werke: Volks-Kinderlieder beendet, Liederhefte, Begräbnisgesang op. 13, Serenade D-Dur op. 11, Serenade A-Dur op. 16 begonnen, Deutsche Volkslieder.

1859 *22. Januar:* Uraufführung des 1. Klavierkonzerts in Hannover.

27. Januar: Mißerfolg des 1. Klavierkonzerts im Leipziger Gewandhaus.

Frühjahr: Bruch mit Agathe von Siebold.

Juni: Beginn der Arbeit mit dem Hamburger Frauenchor.

Oktober/Dezember: Zum drittenmal am Detmolder Hof tätig.

Werke: Lieder op. 19, Marienlieder op. 22, 13. Psalm op. 27, Serenade A-Dur op. 16, Lieder zu op. 43 und 44, Deutsche Volkslieder (für Frauenchor), Beginn des Sextetts B-Dur op. 18.

1860 *März:* Entwurf einer Erklärung gegen die Neudeutschen (Joachim, Grimm, Scholz, Brahms als Unterzeichner).

Mai/Juni: Reise mit Clara Schumann ins Ahrtal, in die Eifel und zum Laacher See.

In Bonn Bekanntschaft mit Fritz Simrock.

August: Rückkehr nach Hamburg, Arbeit mit dem Hamburger Frauenchor.

November: Konzert in Leipzig (Mißerfolg der A-Dur-Serenade).

Werke: Frauenchöre op. 17, 44, Motetten op. 29, Sextett B-Dur op. 18 beendet.

1861 Konzerte in Hamburg (u. a. mit Stockhausen).

Mai: Brahms beendet seine Arbeit mit dem Hamburger Frauenchor.

13. Juli: Umzug nach Hamm.

Werke: Magelone-Lieder op. 33 (1-4), Klavierquartett Nr. 1 g-Moll op. 25, Variationen und Fuge über ein Thema von Händel für Klavier B-Dur op. 24, Beginn mit dem Klavierquintett f-Moll op. 34 (Streichquintettfassung), Beginn mit dem Klavierquartett Nr. 2 A-Dur op. 26.

Oktober/Dezember: Hamburg. Clara Schumann hält sich bis Anfang Dezember in Hamburg auf, Konzerte.

Werke: Schumann-Variationen für Klavier zu 4 Händen op. 23, Klavierquartett Nr. 2 A-Dur op. 26.

1862 *Erste Jahreshälfte:* Brahms wohnt in Hamm. Konzerte in Hannover und Oldenburg.

Juni: Besuch des Kölner Musikfestes. Anschließend u. a. in Karlsruhe und Baden-Baden.

Juli: Rückkehr nach Hamm.

Werke: Weiterarbeit an den Magelone-Liedern op. 33, Beginn mit der Violoncellosonate Nr. 1 e-Moll op. 38.

Mitte September: Brahms trifft zu Konzerten in Wien ein.

29. November: Erstes eigenes Konzert in Wien.

Werke: Männerchöre op. 41, Paganini-Variationen für Klavier op. 35.

1863 Aufenthalt in Wien, Konzert unter Otto Dessoff.

20. März: Julius Stockhausen zum Dirigenten der Philharmonischen Konzerte in Hamburg gewählt.

Mai: Rückkehr nach Hamburg.

Wohnung in Blankenese.

Hier erhält er die Nachricht von seiner Wahl zum Chormeister der Wiener Singakademie.

Werke: Einige Titel der 13 Kanons für Frauenstimmen op. 113, »Rinaldo«, Kantate von Goethe op. 50.

November: Erstes Konzert der Wiener Singakademie (Werke von Bach, Beethoven, Schumann und Isaac).

1864 *April:* Brahms tritt vom Amt des Chormeisters der Wiener Singakademie zurück.

Juni: Trennung der Eltern. Brahms reist nach Hamburg.

Ende Juli: Über Hannover, Göttingen nach Baden-Baden.

Werke: Klavierquintett f-Moll op. 34, Sätze 1-3 des Streichsextetts Nr. 2 G-Dur op. 36, Lieder op. 32.

10. Oktober: Abreise von Baden-Baden. Über München nach Wien.

1865 *2. Februar:* Tod der Mutter. Brahms reist nach Hamburg.

Ende April: Brahms gibt Wohnung in Wien auf.

1. Mai: Ankunft in Lichtenthal bei Baden-Baden.

Bekanntschaft mit Anselm Feuerbach.

Juni: Konzerte in Basel.

8. November: Abreise von Lichtenthal.

Werke: Finale des Sextetts G-Dur op. 36, Horntrio Es-Dur op. 40, Finale der Violoncellosonate e-Moll op. 38.

November: Konzertreise in die Schweiz (Basel, Zürich, Winterthur). Bekanntschaft mit Mathilde Wesendonck.

1866 Konzerte in Oldenburg.

Aufenthalt in Hamburg, Konzerte in Karlsruhe.

März: Brahms' Vater heiratet wieder.

Juni/August: In Fluntern bei Zürich. Bekanntschaft mit Gottfried Keller.

17. August: Brahms trifft in Lichtenthal bei Baden-Baden ein.

Werke: Streichquartett c-Moll op. 51 Nr. 1, »Ein Deutsches Requiem« op. 45 wird abgeschlossen (noch ohne Satz 5).

20. Oktober: Abreise. Konzertreise mit Joseph Joachim in die Schweiz (Basel, Winterthur, Zürich, Aarau).

November: Neue Wohnung in Wien.

1867 Konzertreise durch Österreich (Graz, Klagenfurt, Wien).

April: Konzertreise nach Ungarn (Preßburg, Budapest).

August: Gemeinsame Reise mit dem Vater durch Österreich (Reichenau, Mürzzuschlag, Mariazell, Aussee, Ischl, Salzburg).

November/Dezember: Konzerte in Wien, Graz, Klagenfurt, Budapest.

1. Dezember: Mißglückte Uraufführung der Sätze 1-3 des Deutschen Requiems in Wien unter Johann Herbeck.

1868 Konzerte in Hamburg, Berlin, Dresden, Lübeck, Kiel, Kopenhagen, Oldenburg.

10. April: Uraufführung des Deutschen Requiems (ohne Satz 5) im Dom zu Bremen. Durchschlagender Erfolg.

Mai: Komposition des 5. Satzes des Deutschen Requiems.

Sommer: Niederrheinisches Musikfest in Köln (31. Mai bis 2. Juni). Aufenthalt in Bonn.

Werke: Lieder op. 46, 47, 48. Überarbeitung des Rinaldo. Beginn mit den Liebesliedern op. 52.

September: Gemeinsame Reise mit dem Vater an den Rhein (Koblenz, Mainz). Weiter nach Straßburg, Basel, Luzern, Berner Oberland, Zürich. Rückkehr nach Hamburg.

Oktober/November: Konzerte mit Stockhausen in Hamburg.

20. November: Ankunft in Wien.

279

1869 *18. Februar:* Uraufführung der vollständigen siebensätzigen Fassung des Deutschen Requiems unter Carl Reinecke im Leipziger Gewandhaus (Brahms war nicht anwesend).

Februar/März: Konzerte mit Stockhausen in Wien und Budapest.

12. Mai: Brahms dirigiert sein Deutsches Requiem in Karlsruhe. Anschließend Weiterreise nach Lichtenthal.

22. September: Julie Schumann heiratet den Grafen Marmorito.

Werke: Liebeslieder op. 52, Alt-Rhapsodie op. 53. Abschluß der Magelone-Lieder op. 33.

19. Oktober: Abreise. Fahrt nach Karlsruhe, dort Konzert.

Ende Oktober: Rückkehr nach Wien.

1870 *Juli:* Brahms besucht in München Aufführungen von Richard Wagners »Walküre« und »Rheingold«.

Der Ausbruch des deutsch-französischen Krieges verändert Brahms' Sommerpläne. Aufenthalt am Starnberger See, anschließend bei Joachim in Salzburg.

September: Rückkehr nach Wien.

Beginn mit der Komposition des »Triumphliedes« op. 55.

1871 *Januar/April:* Konzerte in Wien, Oldenburg, Bremen. Aufenthalt in Hamburg.

Ende April: In Karlsruhe bei Hermann Levi.

Anfang Mai: Eintreffen in Lichtenthal.

Werke: »Schicksalslied« von Hölderlin op. 54, Triumphlied op. 55 beendet, Liederhefte op. 57 und 58.

Mitte Oktober: Abreise aus Lichtenthal. Konzert in Karlsruhe.

16. November: Brahms wird die Stelle des artistischen Direktors der Gesellschaft der Musikfreunde in Wien angeboten.

Dezember: Brahms nimmt die Stelle an.

27. Dezember: Brahms bezieht seine endgültige Wohnung in Wien, Karlsgasse 4.

1872 *11. Februar:* Tod des Vaters in Hamburg. Brahms bleibt bis 16. Februar dort.

2. Mai: Ankunft in Lichtenthal.

Juli: Beginn der Freundschaft mit Hans von Bülow in Baden-Baden.

10. September: Rückkehr nach Wien.

10. November: Erstes Konzert als artistischer Direktor in Wien (Werke von Händel, Mozart, Eccard, Isaac und Schubert). Werke: 8 Deutsche Volkslieder für vierstimmigen Chor.

1873 Vier Gesellschaftskonzerte unter Brahms' Leitung.
Ende April: Aufenthalt in Graz.
Anfang Mai: In München Bekanntschaft mit Paul Heyse.
Ab 14. Mai: Sommeraufenthalt in Tutzing. Von hier aus mehrmals nach München (Zusammentreffen mit Heyse, Böcklin, Rochus von Liliencron, Franz Wüllner).
17. August: Schumann-Fest in Bonn.
Werke: Haydn-Variationen für 2 Klaviere op. 56 b, Haydn-Variationen für Orchester op. 56 a, Streichquartett a-Moll op. 51 Nr. 2, Lieder op. 59.
Mitte September: Rückkehr nach Wien.
2. November: Uraufführung der Haydn-Variationen unter Brahms' Leitung in Wien.
Werke: Klavierquartett c-Moll op. 60. Verschiedene Ungarische Tänze instrumentiert, Lieder zu op. 61, 63 und 66, Ophelia-Lieder.

1874 *Januar:* ›Brahms-Woche‹ in Leipzig. Brahms wirkt in drei von vier Konzerten mit. Bekanntschaft mit Heinrich von Herzogenberg. Seine Gattin, Elisabeth von Herzogenberg, kannte Brahms seit 1863.
Frühjahr: Gesellschaftskonzerte in Wien.
April/Mai: Brahms dirigiert die Haydn-Variationen in Bremen und Kassel.
24. Mai: Auf dem Kölner Musikfest lernt Brahms Georg Henschel kennen. Anschließend in Rüdesheim Bekanntschaft mit Rudolf von Beckerath.
11. Juni: Eintreffen in Rüschlikon am Zürcher See.
Juli: Erste Begegnung mit Joseph Viktor Widmann in Zürich. Alpenwanderung mit Rudolf von Beckerath und Fritz Simrock.
Werke: Neue Liebeslieder op. 65, Lieder op. 63, Gesangs-Duette (op. 61) und -Quartette (op. 64), Weiterarbeit an der 1. Sinfonie c-Moll op. 68.
15. September: Abreise nach Wien.
Gesellschaftskonzerte.
Ende Dezember: Konzerte in Breslau.

1875 Gesellschaftskonzerte unter Mitwirkung des Ehepaares Joachim.

3. April: Der Vertrag zwischen der Gesellschaft der Musikfreunde und Brahms wird aufgelöst.

18. April: Brahms dirigiert sein letztes Gesellschaftskonzert. Von jetzt an ist er freischaffender Künstler.

Mai: Konzerte in Karlsruhe, Mannheim und Düsseldorf.

Ab 20. Mai: Sommeraufenthalt in Ziegelhausen bei Heidelberg.

Werke: Beendigung des Klavierquartetts Nr. 3 c-Moll op. 60, Streichquartett Nr. 3 B-Dur op. 67, Lieder und Duette (op. 66).

Mitte September: Rückkehr nach Wien.

1876 *Januar:* Konzertreise nach Holland (Utrecht, Den Haag, Amsterdam, Rotterdam, Arnheim). Bekanntschaft mit Theodor Wilhelm Engelmann.

Februar: Konzerte in Münster, Mannheim, Baden-Baden, Frankfurt, Koblenz, Wiesbaden. Rückkehr nach Wien.

März: Konzerte in Breslau.

Anfang Juni: Reise nach Berlin zu Clara Schumann. Weiterfahrt auf die Insel Rügen.

15. Juni: Ankunft in Saßnitz.

Arbeit an der 1. Sinfonie c-Moll. Besuch von Georg Henschel.

September: In Lichtenthal 1. Sinfonie beendet.

Brahms wird die Stelle des städtischen Musikdirektors in Düsseldorf angetragen.

4. November: Uraufführung der 1. Sinfonie op. 68 in Karlsruhe unter Leitung von Otto Dessoff.

November: Brahms dirigiert seine 1. Sinfonie in Mannheim, München und Wien.

1877 *Januar:* Brahms dirigiert seine 1. Sinfonie in Leipzig und Breslau.

Februar: Brahms lehnt die Annahme des Musikdirektorpostens in Düsseldorf endgültig ab.

März/Mai: Werke: Lieder op. 69, 70, 71, 72.

9. Juni: Ankunft in Pörtschach am Wörther See.

Beginn mit der Komposition der 2. Sinfonie op. 73.

Juli/August: Bergwanderungen (mit Wüllner), Ausflug ins Ampezzotal, nach Toblach, Cortina, Lienz und zum Misorino-See.

Mitte September: In Lichtenthal wird die 2. Sinfonie vollendet.

Mit Widmann werden Fragen der Opernkomposition erörtert (in Mannheim).

Ende Oktober: Rückkehr nach Wien.

Dezember: Bekanntschaft mit Antonín Dvořák.

30. Dezember: Uraufführung der 2. Sinfonie D-Dur op. 73 mit den Wiener Philharmonikern unter Hans Richter.

1878 *Januar:* Brahms dirigiert seine 2. Sinfonie in Leipzig. In Hamburg, Bremen und Utrecht erklingt die 1. Sinfonie.

Februar: Aufführungen der 2. Sinfonie in Amsterdam, Den Haag.

15. Februar: Rückkehr nach Wien.

9. April: Beginn der ersten Italienreise mit Theodor Billroth und Carl Goldmark (Florenz, Perugia, Assisi, Rom, Neapel. Über Florenz zurück).

6. Mai: Eintreffen in Pörtschach.

Werke: Violinkonzert D-Dur op. 77, Beginn der Violinsonate Nr. 1 G-Dur op. 78, Klavierstücke op. 76, Abschluß der beiden Motetten op. 74, Lieder zu Opus 85 und 86.

Ende Juli: Brahms besucht Clara Schumann in Bad Gastein und reist mit ihr nach Berchtesgaden. Anschließend kurzer Besuch bei Joachim in Aigen. Rückkehr nach Pörtschach.

Ende September: Beim Musikfest in Hamburg. Brahms dirigiert seine 2. Sinfonie. Rückkehr nach Wien.

Brahms verändert sein Aussehen durch einen Vollbart.

Oktober: Konzerte in Breslau.

Ende Dezember: Brahms reist zu Proben nach Berlin (Joachim).

1879 *1. Januar:* Uraufführung des Violinkonzerts im Leipziger Gewandhaus mit Joachim als Solisten.

8. Januar: Wiederholung des Konzerts in Budapest, vier Tage darauf in Wien.

11. März: Brahms erhält die Ehrendoktorwürde der Universität Breslau. Er fährt zu Clara Schumann nach Frankfurt.

April: Brahms in Köln, Bremen, Hamburg und Berlin (bei Simrock). Rückkehr nach Wien.

Ab 23. Mai: Zum drittenmal Sommeraufenthalt in Pörtschach.

Werke: Beendigung der Violinsonate Nr. 1 G-Dur op. 78.

Zwei Rhapsodien für Klavier op. 79.

September: Konzertreise mit Joseph Joachim nach Budapest
und Siebenbürgen (Temesvar, Kronstadt, Hermannstadt,
Klausenburg).

Anfang November: Zwei Aufführungen des Deutschen Requiems
in Wien.

1880 *Januar:* Weitere Aufführungen des Deutschen Requiems in
Hannover und Köln. Konzerte in Krefeld, Bonn, Hannover.

Februar: Konzerte in Wien (Abschiedskonzert von Joachim),
Krakau, Lemberg, Prag.

März: Werke: Klaviertrio Nr. 2 C-Dur op. 87 (1. Satz).
Ungarische Tänze, vierhändig.

April: Konzerte in Schwerin, Königsberg (2. Sinfonie, 1. Klavierkonzert u. a. m.).

2. Mai: Konzert in Bonn anläßlich des Schumann-Festes.

Ab 1. Juni: Brahms verbringt erstmals den Sommer in Ischl.

Werke: Beginn der Komposition von »Nänie« op. 82. Akademische Festouvertüre op. 80. Tragische Ouvertüre op. 81.

September: Mehrfache Begegnungen mit Clara Schumann
(Berchtesgaden).

20. September: Rückkehr nach Wien.

4. Dezember: Brahms ist Zuhörer bei der Aufführung des Deutschen Requiems an der Berliner Musikhochschule.

26. Dezember: Uraufführung der Tragischen Ouvertüre unter
Hans Richter in Wien.

1881 *4. Januar:* Brahms leitet die Uraufführung der Akademischen
Festouvertüre in Breslau (außerdem Werke von Bach, Händel, Beethoven und die Tragische Ouvertüre).

Januar/Februar: Brahms leitet Aufführungen seiner Ouvertü-
ren in Leipzig, Münster, Krefeld, Amsterdam, Harlem.
Mehrfach erklingt auch das Violinkonzert (Solist: Richard
Barth).

25. März: Beginn der zweiten Italienreise mit Theodor Billroth (Venedig, Florenz, Pisa, Siena, Orvieto, Rom, Neapel,
Messina, Taormina, Syrakus, Agrigent, Palermo).

7. Mai: Zum 48. Geburtstag ist Brahms wieder in Wien.

22. Mai: Brahms trifft zur Sommerfrische in Preßbaum ein.

Werke: Klavierkonzert Nr. 2 B-Dur op. 83, »Nänie« von Schiller op. 82 abgeschlossen.

Anfang Oktober: Rückkehr nach Wien.

17. Oktober: Auf Einladung Hans von Bülows erstmals in Meiningen. Proben zum 2. Klavierkonzert. Beginn der Freundschaft mit Herzog Georg II. von Sachsen-Meiningen und seiner Gattin Freifrau von Heldburg.

22. Oktober: Abreise von Meiningen und Rückkehr nach Wien.

9. November: Uraufführung des 2. Klavierkonzerts in Budapest. Brahms spielt den Solopart und dirigiert außerdem die Akademische Festouvertüre und die 1. Sinfonie.

22. November: Brahms-Abend in Stuttgart.

24. November: Brahms trifft in Meiningen ein. Konzert drei Tage später (Akademische Festouvertüre, 1. Sinfonie, 2. Klavierkonzert).

Dezember: Konzerte in Zürich, Basel, Straßburg, Breslau, Wien.

1882 *Januar:* Brahms spielt sein 2. Klavierkonzert in Leipzig, Hamburg; mit der Meininger Hofkapelle unter Hans von Bülows Leitung in Berlin, Kiel und wieder Hamburg. Eine Hollandreise schließt sich an (Utrecht, Den Haag, Rotterdam, Amsterdam).

Februar: Konzerte in Frankfurt und Dresden.

März: Werke: Abschluß der Lieder op. 84, 85 und 86.

7. April: Brahms dirigiert das Deutsche Requiem in Hamburg.

15. Mai: Ankunft in Ischl.

Werke: Streichquintett Nr. 1 F-Dur op. 88, Klaviertrio Nr. 2 C-Dur op. 87, »Gesang der Parzen« von Goethe op. 89.

August: Proben und Aufführungen der Kammermusikwerke in Altaussee und in der Villa Wagner bei Gmunden.

1. September: Rückkehr nach Wien.

8. September: Dritte Italienreise mit Theodor Billroth (Lugano, Bergamo, Mailand, Brescia, Vicenza, Venedig).

1. Oktober: Rückkehr nach Wien.

Brahms kümmert sich um den schwer erkrankten Gustav

Nottebohm in Graz und sorgt für dessen Begräbnis Ende Oktober.

Dezember: Konzerte in Basel, Zürich, Straßburg, Frankfurt.

1883 *Januar:* Anläßlich eines Konzertes in Krefeld lernt Brahms die Altistin Hermine Spies kennen.

Februar: Nach einer Tournee (Koblenz, Köln, Hannover, Schwerin) trifft Brahms in Meiningen ein (12. Februar).

Anfang April: Von hier aus nach Hamburg und Schwerin. Rückkehr nach Wien.

20. Mai: Nach einem Konzert in Köln und anschließendem Aufenthalt in Rüdesheim bei Beckeraths trifft Brahms zum Sommeraufenthalt in Wiesbaden ein.

Werk: 3. Sinfonie F-Dur op. 90.

2. Oktober: Abreise nach Wien.

2. Dezember: Uraufführung der 3. Sinfonie unter Hans Richter in Wien.

1884 *Januar:* Brahms hält sich in Wiesbaden auf, dirigiert seine 3. Sinfonie, spielt das 2. Klavierkonzert und begleitet Hermine Spies. Anschließend Konzerte in Berlin.

Februar: In Meiningen dirigiert Brahms zweimal die 3. Sinfonie. Serie von Aufführungen der 3. Sinfonie (Leipzig, Köln, Düsseldorf, Barmen, Amsterdam).

März: Konzerte in Essen, Dresden und Frankfurt.

Ab 8. Mai: Vierte Italienreise zusammen mit Rudolf von der Leyen (Trient, Gardasee, Genua, Mailand). Aufenthalt in der Villa Carlotta (Cadenabbia) am Comer See als Gast von Georg II. von Sachsen-Meiningen.

Juni: Brahms dirigiert auf dem 61. Niederrheinischen Musikfest in Düsseldorf die 3. Sinfonie und den Parzengesang. Rückkehr nach Wien.

21. Juni: Beginn des Sommeraufenthalts in Mürzzuschlag.

Werke: 4. Sinfonie e-Moll op. 98 (1. und 2. Satz), Lieder op. 91 und Vokalquartette op. 92 (teilweise), Lieder op. 94 und op. 95.

16. Oktober: Rückkehr nach Wien.

November: Konzerttournee mit der Meininger Hofkapelle (gemeinsam mit Hans von Bülow) in Budapest, Wien und Graz.

1885 *Januar:* Brahms hält sich in Krefeld auf (Rudolf von der

Leyen), Konzerte zur 50-Jahrfeier des Krefelder Singver-
eins.

17. Mai: Eintreffen in Mürzzuschlag.

Werke: 4. Sinfonie e-Moll op. 98 (3. und 4. Satz), Lieder op. 97
(erschienen 1886 mit Titelblatt von Max Klinger).

30. September: Rückkehr nach Wien.

17. Oktober: Ankunft in Meiningen. Proben zur 4. Sinfonie.

25. Oktober: Konzert in Meiningen; Uraufführung der 4. Sinfonie. Adolf Brodsky spielt das Violinkonzert op. 77. Nach
dem Konzert wird die Sinfonie auf Wunsch des Herzogs Georg II. wiederholt.

November: Gastspielreise mit der Mannheimer Hofkapelle. Die
4. Sinfonie wird vorgestellt in: Frankfurt, Essen, Elberfeld, Utrecht, Amsterdam, Den Haag, Krefeld, Köln und Wiesbaden.
Zerwürfnis mit Bülow, der das Wiederholungskonzert in
Frankfurt leiten sollte, das Brahms für sich beanspruchte. Bülow reicht bei Georg II. seinen Rücktritt ein, der gewährt
wurde.

1886 *Februar/März:* Brahms dirigiert seine 4. Sinfonie in Köln,
Leipzig, Frankfurt, Dresden und Breslau.

2. April: Konzert in Meiningen anläßlich des Geburtstages
von Georg II. (Haydn-Variationen, 4. Sinfonie).

April: Hamburg. Konzert mit dem Hamburger Cäcilienver-
ein.

27. Mai: Ankunft in Hofstetten bei Thun.

Werke: Violoncellosonate Nr. 2 F-Dur op. 99, Violinsonate
Nr. 2 A-Dur op. 100, Klaviertrio c-Moll op. 101, Arbeit an den
Liederfolgen op. 105-107.

Enge Kontakte zu Widmann.

5. Oktober: Rückkehr nach Wien.

5. November: Tod des Bruders Fritz in Hamburg.

14. Dezember: Brahms wird Ehrenpräsident des Wiener Ton-
künstlervereins.

Konzerte in Budapest.

1887 *21. Januar:* Ernennung zum Ritter des Ordens pour le mérite.

Ab 25. April: Fünfte Italienreise mit Fritz Simrock und Theodor Kirchner: Innsbruck, Verona, Vicenza, Venedig, Bologna, Florenz, Pisa, Mailand.

Ab 15. Mai: Sommeraufenthalt in Hofstetten bei Thun.

Juni: Teilnahme am Tonkünstlerfest in Köln, dann in Rüdesheim bei Beckeraths. Rückkehr nach Thun.

Werke: Doppelkonzert a-Moll op. 102, Zigeunerlieder op. 103.

19. September: Brahms reist nach Lichtenthal, um Clara Schumann, Joseph Joachim und Robert Hausmann sein Opus 102 vorzustellen. Nach Jahren der Entfremdung Wiederannäherung an Joachim.

26. September: Rückkehr nach Wien.

18. Oktober: Uraufführung des Doppelkonzerts in Köln; Joachim und Hausmann spielen, Brahms dirigiert.

November/Dezember: Doppelkonzert in Wiesbaden, Frankfurt und Basel.

Ende Dezember: Meiningen; Konzert mit Eugen d'Albert (2. Klavierkonzert).

1888 Neujahrskonzert in Leipzig (Doppelkonzert). Begegnung mit Peter Tschaikowski und Edvard Grieg.

Ab 6. Mai: Sechste Italienreise mit Joseph Viktor Widmann (Verona, Bologna, Rimini, Ancona, Loreto, Spoleto, Rom, Florenz).

29. Mai: Brahms trifft in Thun ein. Begegnungen mit Wüllner, Stockhausen, Röntgen, Hanslick, Groth, Spies, Simrock u. a.

Werke: Violinsonate Nr. 3 d-Moll op. 108 beendet, Chöre und Lieder op. 104-107, Beginn mit den »Fest- und Gedenksprüchen« op. 109.

12. September: Rückkehr nach Wien.

31. Dezember: Eintreffen in Meiningen.

1889 *Januar:* Über Frankfurt (Clara Schumann) nach Wien.

Februar: Konzerte in Berlin (Künstlerjubiläum Joseph Joachim).

März: Philharmonische Konzerte in Berlin mit Hans von Bülow und Adolf Brodsky.

Mitte April: Aufenthalt in der Villa Carlotta (Comer See) auf Einladung des Meininger Herzogs.

Ab 13. Mai: Sommer in Ischl.

23. Mai: Brahms wird Ehrenbürger von Hamburg. Opus 109 beendet.

Juni: Commandeurkreuz des österreichisch-kaiserlichen Leopold-Ordens überreicht.

Werke: 2. Fassung des Klaviertrios H-Dur op. 8, drei Motetten op. 110.

Anfang September: Abreise von Ischl nach Hamburg.

9. September: Uraufführung der »Fest- und Gedenksprüche« op. 109 in Hamburg (Leitung: Julius Spengel).

Herbst: Lichtenthal. Besuch bei Clara Schumann. Mit Widmann nach Karlsruhe.

1890 *Ab 3. April:* Siebente Italienreise mit Widmann (Gardasee, Como, Cadenabbia, Brescia, Cremona, Piacenta, Parma, Bergamo, Verona, Vicenza, Padua).

16. Mai: Ankunft in Ischl.

Werke: Abschluß des 2. Streichquintetts G-Dur op. 111.

2. Oktober: Rückkehr nach Wien.

1891 *Januar:* Aufenthalt in Budapest (Kammermusikabend). Grippeerkrankung.

13. März: Brahms trifft in Meiningen ein; erste Begegnung mit dem Klarinettisten Richard Mühlfeld.

Mai: ›Ischler Testament‹ als Brief an Simrock.

Werke: Klarinettentrio a-Moll op. 114, Klarinettenquintett h-Moll op. 115.

November: Proben beider Klarinettenwerke mit Mühlfeld in Meiningen.

Dezember: Hamburg, Berlin, Wien. Treffen mit Bülow, Konzerte mit Joachim.

1892 *7. Januar:* Elisabeth von Herzogenberg stirbt in San Remo.

April: Bekanntschaft mit Alice Barbi.

Ab Mitte Mai: Sommeraufenthalt in Ischl.

Werke: Fantasien für Klavier op. 116. Drei Intermezzi op. 117.

19. September: Rückkehr nach Wien.

Oktober: Reise nach Berlin (2 Konzerte).

1893 *Januar:* Meiningen. Konzert mit Klarinettentrio und 2. Violoncellosonate.

Bei Clara Schumann in Frankfurt.

Februar: Hamburg, Berlin (bei Simrock). Zurück nach Wien.

26. Februar: Tod von Hermine Spies.

14. April: Achte Italienreise mit Widmann, Friedrich Hegar und Robert Freund (Genua, Pisa, Rom, Neapel, Sorrent, Palermo, Agrigent, Catania, Syrakus, Taormina, Messina). Durch diese Reise entgeht Brahms bewußt den Gratulationen zum 60. Geburtstag.

18. Mai: Ankunft in Ischl.

Werke: Klavierstücke op. 118 und op. 119.

28. September: Rückkehr nach Wien.

1894 *6. Februar:* Tod von Theodor Billroth.

12. Februar: Hans von Bülow stirbt in Kairo.

13. April: Philipp Spitta stirbt in Berlin.

Ab 17. Mai: Sommeraufenthalt in Ischl.

Werke: Zwei Klarinettensonaten f-Moll und Es-Dur op. 120.

Sommer: Brahms erhält die »Brahmsphantasie« (41 Blätter) von Max Klinger.

25. September: Rückkehr nach Wien.

November: Brahms bei Clara Schumann in Frankfurt. Proben mit Mühlfeld (Klarinettensonaten).

14. November: Meiningen; Brahms und Mühlfeld spielen die Sonaten op. 120 Herzog Georg II. vor. Rückkehr nach Wien.

1895 *7. Januar:* Uraufführung der Klarinettensonaten im Wiener Tonkünstlerverein.

Ende Januar: Konzerte in Leipzig (Op. 120 mit Mühlfeld, beide Klavierkonzerte mit d'Albert).

Februar: Bei Clara Schumann in Frankfurt und bei Beckeraths in Rüdesheim. Anschließend in Meiningen.

18. März: Letztes Auftreten als Dirigent in Wien.

Ab 16. Mai: Aufenthalt in Ischl.

16. September: Rückkehr nach Wien.

Ende September: In Meiningen zum Musikfest.

3. Oktober: Bei Clara Schumann in Frankfurt. Letzte Begegnung.

20. Oktober: Brahms dirigiert zur Eröffnung der Neuen Tonhalle in Zürich. Zum letztenmal mit Widmann zusammen.

1896 *Januar:* Brahms in Berlin. Besuch bei Adolph von Menzel.

10. Januar: Konzert mit beiden Klavierkonzerten (d'Albert). Es ist Brahms' letztes öffentliches Dirigat.

16. Januar: Brahms als Gast in Leipzig; Arthur Nikisch dirigiert die 4. Sinfonie. Rückkehr nach Wien.

7. Mai: 63. Geburtstag. Beendigung der Vier ernsten Gesänge op. 121.

Ab 15. Mai: Letzter Sommer in Ischl.

20. Mai: Tod von Clara Schumann.

24. Mai: Brahms trifft verspätet zur Beerdigung in Bonn ein. Anschließend bei Beckeraths im Hager Hof bei Honnef. Rückkehr nach Ischl.

Werke: Elf Choralvorspiele für Orgel op. 122.

31. August: Rückkehr nach Wien. Verschlechterung des Gesundheitszustandes.

3. September: In Karlsbad zur Kur eingetroffen.

2. Oktober: Rückkehr nach Wien.

1897 *7. März:* Brahms' letzter Konzertbesuch. Hans Richter dirigiert die 4. Sinfonie.

13. März: Letztes Auftreten in der Öffentlichkeit (Uraufführung der Strauß-Operette »Göttin der Vernunft« im Theater an der Wien).

3. April: Brahms stirbt in Wien.

6. April: Beerdigung auf dem Zentralfriedhof. Die Überführung in ein Ehrengrab findet am 14. Juni statt.

Literaturverzeichnis

Berücksichtigt wurden Standardliteratur und Publikationen, die das Thema des Buches weiterführen.

Avé-Lallemant, Theodor: Rückerinnerungen eines alten Musikanten. Hamburg 1878.

Brahms, Johannes: Briefwechsel. 16 Bde. Berlin 1906 ff. Reprint bei Schneider / Tutzing 1974.
Brahms, Johannes: Briefwechsel. Neue Folge, Bde. 17-19. Tutzing 1991/1995.
Brahms-Studien. Hg. Constantin Floros im Auftrag der Brahms-Gesellschaft Hamburg e. V. Hamburg 1974 ff.

McCorkle, Margit L.: Johannes Brahms. Thematisch-bibliographisches Werkverzeichnis. Hg. mit Donald M. McCorkle. München 1984.

Ehrmann, Alfred von: Johannes Brahms. Weg, Werk und Welt. Leipzig 1933.

Gal, Hans: Johannes Brahms. Werk und Persönlichkeit. Frankfurt a. M. 1961.
Geiringer, Karl: Johannes Brahms. Leben und Schaffen eines deutschen Meisters. Wien 1935.
Goldmark, Karl: Erinnerungen aus meinem Leben, Wien 1922.
Gottlieb-Billroth, Otto: Billroth und Brahms im Briefwechsel. Berlin/Wien 1935.
Groth, Klaus: Erinnerungen an Brahms, in: Die Gegenwart, 1897.

Hanslick, Eduard: Aus meinem Leben. Berlin 1894.
Henschel, George: Personal Recollections of Johannes Brahms. Boston 1907.
Heuberger, Richard: Erinnerungen an Johannes Brahms. Tagebuchnotizen aus den Jahren 1875 bis 1897. Hg. Kurt Hofmann. Tutzing 1976.

Hofmann, Kurt: Die Bibliothek von Johannes Brahms. Bücher- und Musikalienverzeichnis. Hamburg 1974.

Hofmann, Renate und Kurt: Johannes Brahms. Zeittafel zu Leben und Werk. Tutzing 1983.

Hofmann, Renate und Kurt: Johannes Brahms in Baden-Baden. Hg. von der Brahmsgesellschaft Baden-Baden e. V. Coda Verlag 1996.

Jacobsen, Christiane (Hg.): Johannes Brahms. Leben und Werk. Wiesbaden 1983.

Jenner, Gustav: Johannes Brahms als Mensch, Lehrer und Künstler. Studien und Erlebnisse. Marburg 1905.

Kalbeck, Max: Johannes Brahms. Berlin 1904 ff. 4 Bde. Reprint bei Schneider/Tutzing 1976.

Leyen von der, Rudolf: Johannes Brahms als Mensch und Freund. Nach persönlichen Erinnerungen. Düsseldorf/Leipzig 1905.

Litzmann, Berthold: Clara Schumann. Ein Künstlerleben. Nach Tagebüchern und Briefen. 3 Bde. Leipzig 1902-08.

May, Florence: Johannes Brahms. Aus dem Engl. von Ludmille Kirschbaum. Leipzig 1925.

Ophüls, Gustav: Erinnerungen an Johannes Brahms. Berlin 1921.

Schmidt, Christian Martin: Johannes Brahms und seine Zeit. Laaber 1983.

Specht, Richard: Johannes Brahms. Leben und Werk eines deutschen Meisters. Hellerau 1928.

Spies, M.: Hermine Spies. Stuttgart 1894.

Stephenson, Kurt: Johannes Brahms und die Familie von Beckerath. Hamburg 1979.

Stephenson, Kurt: Johannes Brahms und Fritz Simrock. Weg einer Freundschaft. Hamburg 1961.

Widmann, Joseph Viktor: Johannes Brahms in Erinnerungen. Berlin 1898.

Werkregister

Im Text erwähnte Kompositionen von Johannes Brahms

Instrumentalmusik

1. Orchesterwerke

Sinfonie Nr. 1 c-Moll op. 68 55, 69, 114, 120, 122, 124-127, 131, 134, 138, 169, 170, 176, 178, 211, 227

Sinfonie Nr. 2 D-Dur op. 73 131, 133-138, 139, 140, 141, 146, 148, 156, 165, 169, 184, 186, 227

Sinfonie Nr. 3 F-Dur op. 90 184, 186-189, 190, 194, 196, 211, 227, 232

Sinfonie Nr. 4 e-Moll op. 98 190, 194-196, 198-202, 205, 210, 227, 262

Serenade Nr. 1 D-Dur op. 11 54, 123, 169, 227

Serenade Nr. 2 A-Dur op. 16 54, 87, 100, 123, 169, 178, 227

Variationen über ein Thema von Joseph Haydn B-Dur op. 56a 100-105, 114, 115, 123, 178

Fassung für zwei Klaviere op. 56b 100, 102, 103

Akademische Festouvertüre c-Moll op. 80 165, 168f., 170, 171, 178, 227, 252

Tragische Ouvertüre d-Moll op. 81 165, 169-171, 178, 227, 252

Ungarische Tänze 145, 146

2. Konzerte

Klavierkonzert Nr. 1 d-Moll op. 15 52, 54, 65, 68, 69,104, 105, 123, 147, 170, 175, 176, 177, 231

Klavierkonzert Nr. 2 B-Dur op. 83 146, 148, 172, 173, 174-177, 178, 184, 215, 231

Violinkonzert D-Dur op. 77 143, 146, 147-150, 152, 156, 158, 176, 229

Doppelkonzert für Violine und Violoncello a-Moll op. 102 173, 219, 221, 225, 226, 227, 228f., 230, 231, 232, 239

3. Kammermusik ohne Klavier

Streichsextett Nr. 1 B-Dur op. 18 53
Streichsextett Nr. 2 G-Dur op. 36 49, 53, 55, 63, 65
Streichquintett Nr. 1 F-Dur op. 88 179, 180, 181, 182
Streichquintett Nr. 2 G-Dur op. 111 256
Streichquartett Nr. 1 c-Moll op. 51 Nr. 1 76, 96, 97, 98, 99, 115, 118, 119, 169, 227
Streichquartett Nr. 2 a-Moll op. 51 Nr. 2 76, 96, 97, 98, 99, 115, 118, 119, 169, 227
Streichquartett Nr. 3 B-Dur op. 67 114, 118, 119
Klarinettenquintett h-Moll op. 115 251, 257, 258, 261

4. Kammermusik mit Klavier

Klavierquintett f-Moll op. 34 28, 60
Fassung für Streichquintett 28, 56
Fassung für 2 Klaviere 56, 59, 60
Klavierquartett Nr. 1 g-Moll op. 25 26, 27, 117
Klavierquartett Nr. 2 A-Dur op. 26 26, 27, 86, 117, 156
Klavierquartett Nr. 3 c-Moll op. 60 117
Klaviertrio Nr. 1 H-Dur op. 8 256
  2. Fassung (1889) 256
Klaviertrio Nr. 2 C-Dur op. 87 181, 182, 186, 224
Klaviertrio Nr. 3 c-Moll op. 101 205, 207, 215, 216, 217, 220, 222, 225, 227, 228
Horntrio Es-Dur op. 40 62, 63, 65
Klarinettentrio a-Moll op. 114 251, 257, 261
Violinsonate Nr. 1 G-Dur op. 78 151-154, 158
Violinsonate Nr. 2 A-Dur op. 100 205, 207, 211-214, 215, 220, 240
Violinsonate Nr. 3 d-Moll op. 108 207, 215, 217, 240, 241
Violoncellosonate Nr. 1 e-Moll op. 38 39, 63, 180, 186
Violoncellosonate Nr. 2 F-Dur op. 99 205, 207, 210, 215, 220, 226
Klarinettensonate Nr. 1 f-Moll op. 120 Nr. 1 227, 251, 261, 269
Klarinettensonate Nr. 2 Es-Dur op. 120 Nr. 2 227, 251, 261, 262, 269
F. A. E.-Sonate für Violine und Klavier, Scherzo c-Moll 98

5. Klaviermusik

Sonate Nr. 1 C-Dur op. 1 23, 123, 159, 240, 261
Sonate Nr. 2 fis-Moll op. 2 23, 123, 159
Sonate Nr. 3 f-Moll op. 5 23, 98, 123, 159, 265
Scherzo es-Moll op. 4 23
Variationen über ein Thema von Robert Schumann fis-Moll op. 9
28, 29
Vier Balladen op. 10 39, 159, 161, 264, 265
Variationen und Fuge über ein Thema von Händel B-Dur op. 24
17, 24, 28, 29, 30, 31, 39, 65, 180
Variationen über ein Thema von Paganini a-Moll op. 35 42, 65
Walzer op. 39 64
Acht Klavierstücke op. 76 158, 159, 161, 264
Zwei Rhapsodien op. 79 155, 159-162, 227, 264
Sieben Fantasien op. 116 263, 264-266
Drei Intermezzi op. 117 263, 264, 265
Sechs Klavierstücke op. 118 263, 266, 267
Vier Klavierstücke op. 119 263, 266, 267, 268
Zwei Gavotten 180
Zwei Sarabanden 180

Vokalmusik

6. Chorwerke mit Orchester

Ein Deutsches Requiem op. 45 nach Worten der Heiligen Schrift
für Soli, Chor und Orchester 54, 61, 66, 67, 68-74, 75, 83, 86, 91,
92, 105, 123, 157, 254, 270
Rinaldo op. 50, Kantate von Goethe für Tenorsolo, Männerchor
und Orchester 42, 43-46, 49, 77
Alt-Rhapsodie op. 53 für eine Altstimme, Männerchor und Orchester, Fragment aus Goethes Harzreise im Winter 75, 78, 79, 156,
165
Schicksalslied op. 54 von Friedrich Hölderlin für Chor und Orchester 84, 104, 115
Triumphlied op. 55 für Chor und Orchester (Offenbarung Johannis) 80, 83-86, 87, 88, 104, 106

Nänie op. 82 von Friedrich Schiller für Chor und Orchester 64,
173, 174
Gesang der Parzen op. 89 von Goethe für Chor und Orchester 179,
182, 183, 190
Begräbnisgesang op. 13 für Chor und Blasinstrumente 70
Brautgesang (nur teilweise erhalten) für Frauenchor, Sopransolo
und Orchester (Ludwig Uhland) 53

7. *Chorwerke a cappella*

Zwei Motetten op. 74 139-141
Nr. 1 Warum ist das Licht gegeben (Hiob, Jeremias, Jakobus) 139
Nr. 2 O Heiland, reiß die Himmel auf (Kirchenlied, Fr. v. Spee)
140
Fünf Gesänge op. 104 (Rückert, Kalbeck, Böhmisch, Groth) 207,
234, 240, 241
Fest- und Gedenksprüche op. 109 244, 245, 246, 252
Nr. 2 Wenn ein starker Gewappneter (Lukas) 247
Nr. 3 Wo ist ein so herrlich Volk (5. Mose) 247
Drei Motetten op. 110 252
Nr. 1 Ich aber bin elend (Psalm 69) 252
Nr. 2 Ach, arme Welt (Kirchenlied) 252
Nr. 3 Wenn wir in höchsten Nöten sein (Kirchenlied) 252
Missa canonica 139

8. *Gemischte Besetzung*

Liebeslieder op. 52, Walzer für Gesang und Klavier zu vier Händen 75, 76, 78, 112, 157
Neue Liebeslieder op. 65, Walzer für vier Singstimmen und Klavier
zu vier Händen 111, 113, 115
Drei Quartette op. 64 für Sopran, Alt, Tenor, Baß und Klavier 109,
113
Kleine Hochzeitskantate für vier Singstimmen und Klavier (Gottfried Keller) 108

9. Werke für Sologesang mit Begleitung

Sechs Gesänge op. 3 33, 239
Romanzen. Magelone-Lieder op. 33 28, 32, 36-38, 39, 76, 211
Vier Gesänge op. 43 53, 239
Acht Lieder und Gesänge op. 59 95, 151, 153
Neun Lieder und Gesänge op. 63 104, 109, 111, 113, 151, 213
Neun Gesänge op. 69 131
Vier Gesänge op. 70 131
Fünf Gesänge op. 71 131
Fünf Gesänge op. 72 122, 131
Sechs Lieder op. 86 179
Fünf Lieder op. 94 192, 193, 239
Sieben Lieder op. 95 193
Vier Lieder op. 96 193
Sechs Lieder op. 97 194, 213
Zigeunerlieder op. 103 239, 241
Fünf Lieder op. 105 176, 205, 212, 213, 214, 234, 240, 242, 243
Fünf Lieder op. 106 234, 240, 242, 244
Fünf Lieder op. 107 234, 240, 242, 244
Vier ernste Gesänge op. 121 35, 68, 70, 139, 160, 244, 262, 269, 270, 272

10. Orgelwerke

Elf Choralvorspiele op. 122 269, 272

299

Ortsregister

Aachen 43, 45
Aigen 145
Altaussee 182
Amsterdam 238
Ancona 236
Andermatt 219, 236
Arcona 121

Baden-Baden 13, 32, 39, 49,
  50, 51, 52, 53, 55, 56, 59, 61,
  62, 63, 64, 65, 70, 75, 80, 81,
  84, 87, 91, 94, 100, 116, 125,
  127, 141, 167, 230
Bad Gastein 145
Bad Schwalbach 116
Basel 63, 65, 66, 104, 106, 112
Bayreuth 85, 122, 141, 260
Berchtesgaden 145, 261
Berg 94
Bergamo 183
Bergedorf 19
Bergen 121
Berlin 24, 32, 78, 120, 131, 150,
  157, 167, 171, 198, 205, 217, 226,
  256
Bern 112, 125, 205, 208, 214,
  219, 220, 221, 235, 236, 237,
  247, 251
Bernried 93, 94
Blankenese 41, 43, 46, 49
Bologna 219, 236
Bonn 36, 77, 91, 92, 98, 99,
  166, 271
Boston 254
Bremen 73, 83, 84, 104, 114,
  157

Breslau 149, 156, 165, 166, 168,
  171
Budapest 75, 156, 166, 178, 239

Cadenabbia 190
Cambridge 165
Charkow 133

Dessau 29, 42
Detmold 21, 24, 70
Dresden 170
Dürkheim 32
Düsseldorf 22, 24, 29, 36, 97,
  115, 190

Endenich 23, 117

Feldafing 94
Florenz 144, 172, 190, 236
Fluntern 67, 71, 108
Frankfurt a. M. 12, 32, 85, 157,
  166, 184, 185, 201, 210, 222,
  238, 254, 271
Frankfurt (Oder) 247

Genf 214
Gimmelwald 232
Gmunden 182, 252
Göttingen 22, 51, 52, 53, 56
Gratwein 92
Graz 92, 157
Greifswald 120
Grindelwald 206

Hamburg 13, 17, 18, 19, 20, 22,
  23, 25, 31, 32, 36, 40, 41, 42,

51, 54, 62, 75, 82, 87, 127, 152, 157, 217, 240, 246
Hamm 17, 20, 24, 25, 26, 32, 36, 40, 49, 56
Hannover 22, 32, 51, 59, 166
Heide 108
Heidelberg 112, 114, 115, 116, 117
Hermannstadt 166
Hofstetten 205, 206, 207, 208, 214, 219, 234, 236
Honnef 160, 271
Hottingen 111, 220

Innichen 181
Innsbruck 218
Ischl 67, 70, 152, 158, 165, 166, 167, 168, 169, 172, 179, 180, 181, 183, 184, 185, 228, 232, 249, 251, 252, 253, 254, 255, 256, 257, 259, 260, 261, 263, 264, 266, 268, 269, 271, 272

Jena 112
Jerusalem 43

Karlsbad 253, 272
Karlsruhe 32, 60, 61, 65, 70, 75, 76, 80, 84, 87, 115, 116, 127, 238
Kiel 108
Kilchberg 107, 108
Klagenfurt 145
Klausenburg 166
Koblenz 185
Köln 32, 36, 54, 104, 106, 120, 157, 166, 184, 222, 230, 238, 271
Königsberg 166
Krakau 166

Krefeld 82, 166, 185, 214
Kronstadt 166

Lausanne 113
Leipzig 23, 52, 73, 75, 87, 104, 105, 106, 109, 114, 138, 149, 150, 152, 155, 156, 167, 177, 185, 210, 220, 231, 246, 254, 269
Lemberg 166
Lichtenthal 13, 39, 49, 52, 53, 61, 62, 63, 65, 67, 68, 71, 74, 75, 76, 79, 80, 84, 85, 86, 87, 88, 108, 121, 127, 135, 138, 141, 142, 220
Liestal 112
London 36, 59, 62, 65, 81, 268
Loreto 236
Lugano 183
Luzern 59, 112

Magdeburg 42
Mailand 183, 190
Mainz 22
Mannheim 111, 115, 116, 234
Marburg 152
Maria Wörth 132
Mariazell 191
Marsaille 254
Meilen 107
Meiningen 103, 165, 177, 178, 190, 195, 196, 200, 201, 251, 255, 256, 260, 269
Meiringen 206
Merligen 219, 220
Messina 172
Mödling 190
München 65, 80, 81, 87, 92, 93, 95, 99, 114, 132
Münster 32

Mürren 206, 232
Mürzzuschlag 190, 191, 192, 194, 195, 210

Neapel 143
Nizza 240

Oberammergau 93
Offenbach 145
Oldenburg 32
Orvieto 172

Palermo 172
Paris 36, 80, 83, 88
Petersburg 254
Pinneberg 41
Pisa 172
Pörtschach 129, 131, 132, 133, 134, 135, 140, 141, 143, 144, 145, 146, 151, 155, 156, 157, 160, 166, 184, 229, 264
Possenhofen 94, 99
Prag 166
Preßbaum 172, 173, 174, 175, 184, 190, 215

Rigli-Kaltbad 52
Rimini 236
Riva 190
Rom 143, 172, 190, 236
Rüdesheim 106, 112, 115, 184, 185
Rüschlikon 104, 107, 109, 111, 113, 117, 125

Salzburg 81, 93, 145
San Remo 253
Sarnen 206
Saßnitz 89, 120, 121, 125, 127, 134

Schwerin 166
Sedan 80, 83, 246
Selisberg 206
Siena 172
Spoleto 236
Starnberg 94, 131
Stechelberg 233
St. Gilgen 252
St. Moritz 66, 84
Stralsund 120
Straßburg 80
Syrakus 172

Temesvar 166
Teplitz 106
Thalwil 107
Thun 112, 173, 203, 205, 206, 207, 209, 215, 217, 218, 219, 220, 221, 222, 225, 226, 234, 236, 237, 239, 241, 242, 247, 248, 251
Trient 190
Turin 85, 190
Tutzing 76, 89, 92, 93, 94, 96, 97, 100, 104, 109, 115, 118

Unternach 254
Utrecht 118, 254

Venedig 64, 173, 183, 217, 218
Verona 183, 217, 236
Versailles 82, 83
Vicenza 183, 217
Vionville 247

Weimar 22, 179, 272
Wien 21, 32, 36, 42, 43, 45, 46, 49, 51, 53, 54, 56, 60, 62, 68, 71, 75, 81, 82, 84, 85, 86, 87,

92, 102, 105, 106, 108, 113, 114,
115, 116, 120, 131, 132, 135, 138,
142, 143, 144, 150, 152, 155,
156, 157, 161, 166, 167, 168,
170, 171, 172, 173, 179, 182, 187,
190, 191, 192, 201, 202, 205,
206, 209, 210, 216, 217, 221,
222, 230, 231, 234, 235, 238,
239, 240, 248, 254, 255, 257,
260, 263, 264, 266, 269, 272

Wiesbaden 184, 185, 186, 188,
190, 231
Wildbad 49
Winterthur 70, 95, 100

Zermatt 112
Ziegelhausen 114, 115, 116, 117
Zollikon 107
Zürich 65, 66, 67, 71, 104, 107,
108, 111, 112, 220

Personenregister

Abraham, Max (1831-1900). 1863-1900 Mitinhaber und Leiter der Firma C. F. Peters in Leipzig 177

d'Albert, Eugen (1864-1932). Pianist und Komponist, Schüler von Liszt 21, 231

Allers, Christian Wilhelm (1857-1915). Porträtist 237

Allgeyer, Julius (1828-1900). Kupferstecher, Photograph, Erfinder des Lichtdrucks; langjähriger Freund von Brahms 70, 75, 93, 235

André, Johann August (1817-1887). Inhaber des Musikverlags André in Offenburg 145

Anna, Landgräfin von Hessen, geb. Prinzessin von Preußen (1836-1918). Gönnerin von Brahms in Baden-Baden 56, 60

Avé-Lallemant, Theodor (1806-1890). Musiklehrer in Hamburg, Vorstandsmitglied der Philharmonischen Gesellschaft 20, 40

Bach, Johann Sebastian (1685-1750) 31, 39, 42, 56, 63, 65, 72, 75, 106, 114, 139, 198, 199, 215, 246, 247, 261, 272

Barbi, Alice (1862-1948). Konzertsängerin 260

Barth, Heinrich (1847-1922). Pianist, Schüler von Bülow,
Lehrer an der Berliner Musikhochschule 224

Bartók, Béla (1881-1945) 26, 238

Becker, Clara (1802-1881). Brahms' Vermieterin des Hauses in Lichtenthal bei Baden-Baden 62, 75, 80

Becker, Hugo (1863-1941). Violoncellist 210

Beckerath, Laura von (1840-1921). Gattin von Rudolf von Beckerath 113, 184, 185, 186, 271

Beckerath, Rudolf von (1833-1888). Weingutbesitzer in Rüdesheim; mit Brahms seit 1874 bekannt 82, 106, 112, 113, 115, 165, 184, 185, 259

Beckerath, Willy von (1868-1938). Sohn von Rudolf von Beckerath; Kunstmaler 160

Beethoven, Ludwig van (1770-1827) 12, 31, 42, 54, 65, 75, 95, 96, 103, 104, 123, 124, 126, 128, 134, 138, 143, 146, 147, 150, 153, 168, 181, 187, 188, 189, 197, 198, 202, 227, 258, 259

Berlioz, Hector (1803-1869) 50, 68

Billroth, Theodor (1829-1894). Chirurg; mit Brahms seit 1866 befreundet 65, 67, 81, 96, 98, 100, 106, 119, 121, 131, 138, 143, 156, 160, 165, 168,

169, 172, 175, 181, 182, 183,
201, 216, 217, 222, 235, 240,
252, 259, 268
Bismarck, Otto von (1815-
1898). Deutscher Reichskanzler und preußischer Minister-
präsident; wurde von Brahms
glühend verehrt 50, 82, 83,
245, 248
Böcklin, Arnold (1827-1901).
Schweizer Maler 93, 220
Bösendorfer, Ludwig (1835-
1919). Wiener Pianoforte-
fabrikant 253
Brahms, Elise (1831-1892).
Brahms' Schwester; seit 1871
mit dem Uhrmacher Georg
Grund verheiratet 19, 43
Brahms, Friedrich (Fritz) (1835-
1886). Brahms' Bruder 19,
43, 217
Brahms, Henrika Christiane,
geb. Nissen (1789-1865).
Brahms' Mutter 19, 20, 23,
42, 43, 49, 51, 62, 63, 67, 69,
70, 74
Brahms, Johann Jacob (1806-
1872). Brahms' Vater 19, 20,
42, 43, 49, 51, 52, 62, 66, 81,
87, 108, 191, 206
Brahms, Karoline, verw.
Schnack (1824-1902). Brahms'
Stiefmutter 20, 116, 124, 170
Bruch, Max (1838-1920). Komponist, besondere Popularität
durch seine großen Chor-
werke 140, 141
Bruckner, Anton (1824-1896)
102, 176

Brüll, Ignaz (1846-1907). Wiener Komponist und Pia-
nist 166, 182, 201, 251, 254
Bülow, Hans von (1830-1894).
Pianist und Dirigent; einer
der Wegbereiter Brahmsscher
Musik, u. a. als Leiter der
Meininger Hofkapelle 12, 65,
88, 95, 128, 165, 177, 178, 195,
198, 201, 219, 235, 240, 241,
246, 255, 259

Candidus, Karl (1817-1882).
Deutscher Dichter 122, 131
Chamisso, Adelbert von (1781-
1838). Deutscher Dichter 35
Cherubini, Luigi (1760-1842).
Italienisch-französischer
Komponist; von Brahms sehr
geschätzt 68, 84
Chopin, Frédéric (1810-1849)
158, 268
Claudius, Matthias (1740-1815).
Deutscher Lyriker und
Publizist 33
Conrat, Hugo, Wiener Kauf-
mann; Übersetzer ungari-
scher Volkslieder ins Deut-
sche 239
Cornelius, Peter (1824-1874).
Komponist; Schüler von
Liszt 45
Cossel, Otto Friedrich Willi-
bald (1813-1865). Brahms'
erster Klavierlehrer in Ham-
burg 19, 20
Couperin, François (1668-
1733). Französischer Kom-
ponist 75

Daumer, Georg Friedrich (1800-1875). Deutscher Dichter III, 193

Deiters, Hermann (1833-1907). Musikschriftsteller, Mitarbeiter bei der ›Allgemeinen musikalischen Zeitung‹ 77

Denhof, Ernst. Pianist 95, 221

Dessoff, Otto (1835-1892). Dirigent, Hofopernkapellmeister in Wien, seit 1875 in Karlsruhe; brachte Brahms' 1. Sinfonie zur Uraufführung 42, 115, 116, 127, 128

Dietrich, Albert (1829-1908). Komponist und Dirigent; Schüler von Schumann, mit Brahms und Joachim befreundet 25, 32, 36, 62, 64, 68, 98

Dörffel, Alfred (1821-1905). Musikschriftsteller und -kritiker, tätig für die ›Leipziger Nachrichten‹ 138, 150

Dostojewski, Fjodor (1821-1881) 50

Dustmann, Marie Luise (1831-1899). Dramatische Sopranistin der Wiener Hofoper 32, 45, 114, 157

Dvořák, Antonín (1841-1904). Seit 1877 von Brahms gefördert 133, 166

Eccard, Johannes (1553-1611). Komponist evangelischer Kirchenmusik 86

Eckardt, Julius von (geb. 1836). Diplomat und Publizist 65

Edison, Thomas Alva (1847-1931). Amerikanischer Erfinder 208

Ehrmann, Alfred von. Schriftsteller und Brahms-Forscher 216

Eibenschütz, Ilona (1873-1953). Pianistin; Schülerin von Clara Schumann, Brahms-Interpretin 254, 268

Eichendorff, Joseph Freiherr von (1788-1857). Dichter der Spätromantik 33, 35

Elisabeth, Kaiserin von Österreich (1837-1898) 94

Encke, Fedor (1851-1926). Maler 194, 209

Engelmann, Theodor Wilhelm (1843-1909). Physiologe; zum engeren Freundeskreis von Brahms gehörend 119, 254, 268

Epstein, Julius (1832-1926). Pianist; Lehrer am Wiener Konservatorium und Freund von Brahms 42, 105

Essipoff, Annette (1851-1914). Pianistin; Schülerin und Gattin von Theodor Leschetizky 254

Faber, Arthur. Österreichischer Industrieller; sein Haus stand Brahms jederzeit offen 42, 132, 144, 165

Faber, Bertha, geb. Porubsky. Gattin von Arthur Faber; seit 1859 als damaliges Mitglied des Hamburger Frauenchores mit Brahms befreundet 42, 116

Fellinger, Maria (1849-1925). Gattin von Richard Fellinger 186, 237, 260, 269

Fellinger, Richard (1848-1903). Generaldirektor von Siemens in Österreich; enger Vertrauter von Brahms 165, 260, 269

Feuerbach, Anselm (1829-1880). Maler; von Brahms hochgeschätzt 63, 64, 65, 84, 116, 173

Feuerbach, Henriette (1812-1892). Stiefmutter Anselm Feuerbachs 64, 174

Frank, Ernst (1847-1889). Dirigent; mit Brahms seit 1869 bekannt 116

Freund, Robert (1852-1936). Pianist; Schüler von Moscheles, Tausig und Liszt, lebte seit 1875 in Zürich 220

Friedrich III. (1831-1888). Deutscher Kaiser, Nachfolger Wilhelms I. 249

Friedrich, Caspar David (1774-1840). Deutscher Maler der Romantik 121

Gade, Niels Wilhelm (1817-1890). Dänischer Komponist und Dirigent 32

Gänsbacher, Joseph (1829-1911). Gesanglehrer in Wien 56, 93, 191

Gal, Hans (1890-1987). Österreichischer Komponist und Schriftsteller; Verfasser einer Brahms-Biographie (1961) 45, 46, 155

Garcia, Manuel (1805-1906). Spanischer Sänger und Gesanglehrer 36

Georg II. (1826-1914). Herzog von Sachsen-Meiningen; mit Brahms seit 1881 bekannt, zählt zu den großen Förderern seiner Musik 165, 177, 178, 190, 196, 201, 202, 251, 255, 261

Gesualdo, Carlo (um 1560-1613). Italienischer Madrigalkomponist 247

Goethe, Johann Wolfgang von (1749-1832) 43, 44, 45, 77, 78, 96, 182

Götz, Hermann Gustav (1840-1876). Komponist (Oper »Der Widerspenstigen Zähmung«) 111, 112, 140, 234

Goldmark, Karl (1830-1915). Österreichischer Komponist (Oper »Die Königin von Saba«) 143, 182

Gottfried von Bouillon, Herzog von Niederlothringen, Führer des 1. Kreuzzuges 1096-99, Beschützer des Heiligen Grabes 43

Gozzi, Carlo (1720-1806). Italienischer Dichter 234

Grieg, Edvard (1843-1907). Norwegischer Komponist 161, 228

Grillparzer, Franz (1791-1872) 208

Grimm, Julius Otto (1827-

1903). Chordirigent und Komponist; befreundet mit Joseph Joachim, Clara Schumann und Brahms 51

Groth, Klaus (1819-1899). Norddeutscher Dichter; mit Brahms seit 1856 eng befreundet 36, 95, 108, 109, 110, 111, 151, 154, 194, 212, 213, 237, 244

Gruber, Engelbert. Brahms' Gastgeber in Ischl, Haus Salzburger Straße 51 seit 1880 166, 179, 252, 263

Grund, Friedrich Wilhelm (1791-1874). Leiter der Singakademie und Philharmonischen Konzerte in Hamburg (bis 1863) 40

Händel, Georg Friedrich (1685-1759) 28, 30, 73, 75, 85, 86, 247

Halm, Friedrich, Pseudonym für Eligius von Münch-Bellinghausen (1806-1871). Österreichischer Dichter und Dramatiker 193

Hanno, Anton. Kunstmaler und Opernsänger; Besitzer des Hauses in Ziegelhausen, das Brahms im Sommer 1875 bewohnte 115

Hanslick, Eduard (1825-1904). Musikschriftsteller und -kritiker der Wiener ›Neuen Freien Presse‹; gehört zum engeren Freundeskreis um Brahms 18, 53, 71, 82, 134, 194, 201, 217, 221, 231, 238, 241, 253

Hausmann, Robert (1852-1909). Violoncellist; Mitglied des Joachim-Quartetts 186, 210, 217, 224, 225, 226, 227, 230, 260

Haydn, Joseph (1732-1809) 54, 95, 100, 138, 185, 227

Hegar, Friedrich (1841-1927). Schweizer Komponist und Dirigent 66, 107, 111, 215, 220

Hegar, Julius (1847-1917). Bruder von Friedrich Hegar; Violoncellist im Tonhalleorchester Zürich 220

Heine, Heinrich (1797-1856) 33, 35, 193

Heldburg, Helene Freifrau von (1839-1923). Gattin Georgs II., Herzog von Sachsen-Meiningen 177, 178, 190, 255, 261

Hellmesberger, Joseph (1828-1893). Artistischer Direktor der Gesellschaft der Musikfreunde; Primarius des Hellmesberger-Quartetts 42, 217

Henschel, Georg (1850-1934). Bariton; mit Brahms befreundet und früher Interpret seiner Lieder 70, 106, 114, 120, 121, 122, 127, 155

Herbeck, Johann (1831-1877). Hofkapellmeister und Dirigent der Gesellschaft der Musikfreunde in Wien 71, 114

Herder, Johann Gottfried (1744-1803) 208, 265

Herzogenberg, Elisabeth von

(1847-1892). Gattin von Heinrich von Herzogenberg; mit Brahms seit 1872 befreundet 105, 106, 131, 134, 135, 145, 156, 159, 160, 161, 162, 165, 167, 175, 179, 181, 194, 195, 197, 200, 213, 216, 240, 253, 259

Herzogenberg, Heinrich von (1843-1900). Komponist; mit Brahms befreundet 105, 106, 131, 145, 165, 181, 195, 200, 240, 253

Heuberger, Richard (1850-1914). Österreichischer Komponist und Musikschriftsteller; mit Brahms befreundet 70, 92, 272

Heyse, Paul (1830-1914). Dichter und Schriftsteller 92, 93, 105, 244

Hlavaczek, Franz. Gehört zu Brahms' Kopisten 181

Hodler, Ferdinand (1853-1918). Schweizer Maler 220

Hölderlin, Friedrich (1770-1843) 84

Hoffmann, Ernst Theodor Amadeus (1776-1822) 29

Hofmann, Kurt (geb. 1931). Brahms-Forscher; Leiter des Brahms-Instituts Lübeck 208

Hubay, Jenö (1858-1937). Ungarischer Violinist; Schüler von Joseph Joachim 217

Isaac, Heinrich (vor 1450-1517). Flämischer Komponist;

Großmeister seiner Epoche 86, 272

Jenner, Gustav (1865-1920). Komponist; Schüler von Brahms von 1889 bis 1895 33, 34, 152, 266

Joachim, Amalie (1839-1898). Altistin; Gattin von Joseph Joachim von 1863 bis 1882 79, 81, 106, 131, 173

Joachim, Joseph (1831-1907). Einer der bedeutendsten Violinisten seiner Zeit; seit 1853 mit Brahms eng befreundet 18, 20, 22, 23, 25, 26, 27, 28, 29, 32, 43, 51, 52, 55, 56, 59, 65, 67, 70, 81, 86, 91, 92, 93, 97, 98, 99, 106, 114, 115, 120, 123, 124, 128, 133, 141, 143, 145, 146, 149, 150, 156, 157, 166, 171, 173, 188, 189, 210, 213, 216, 221, 224, 225, 226, 227, 229, 230, 235, 239, 240, 256, 260, 271

Kaiserfeld, Moritz von. Musikdilettant 182

Kalbeck, Max (1850-1921). Musikschriftsteller; Verfasser der grundlegenden Brahms-Biographie (1904-1914) 45, 55, 56, 82, 124, 133, 140, 143, 144, 148, 150, 151, 152, 157, 167, 170, 179, 182, 186, 190, 201, 206, 209, 214, 216, 221, 228, 231, 240, 243, 244, 253, 256, 269

Keller, Gottfried (1819-1890) 108, 131, 208, 221, 248

Kerner, Justinus (1786-1862) 35
Kirchner, Theodor (1823-1903). Komponist; gehörte zum Freundeskreis um Robert und Clara Schumann und Brahms 36, 50, 59, 63, 66, 158, 217, 219
Klengel, Julius (1859-1933). Violoncellist in Leipzig 210
Klinger, Max (1857-1920). Bildhauer, Maler und Graphiker; Schöpfer der »Brahmsphantasie« (1893) 21, 259, 269, 270
Knaus, Ludwig (1829-1910). Deutscher Maler 184
Kodály, Zoltán (1882-1967) 26
Koeßler, Hans (1853-1926). Deutscher Komponist und Musikpädagoge an der Budapester Musikakademie 238
Knorr, Iwan (1853-1916). Deutscher Komponist, lebte in Charkow 133
Kühn, Dieter (geb. 1935). Schriftsteller 24
Kuhé, Wilhelm (1823-1912). Salonkomponist, lebte seit 1846 in London 145
Kupelwieser, Karl. Sohn von Leopold Kupelwieser 132
Kupelwieser, Leopold (1796-1862). Maler; gehörte zum Freundeskreis von Franz Schubert 132
Kupfer, William. Gehörte zu Brahm's Kopisten 217
Kurz, Hermann (1813-1873). Erzähler, Publizist, Literaturhistoriker 208

Lachner, Franz (1803-1890). Komponist; seit 1852 Hofkapellmeister in München 93
Lachner, Ignaz (1807-1895). Komponist; seit 1861 1. Kapellmeister in Frankfurt a. M. 93
Lachner, Vincenz (1811-1893). Hofkapellmeister in Mannheim, seit 1873 in Karlsruhe 93
Lenau, Nikolaus (1802-1850). Österreichischer Lyriker 35
Leschetizky, Theodor (1830-1915). Polnischer Klaviervirtuose und -pädagoge 253, 254
Levi, Hermann (1839-1900). Dirigent; bis 1872 sehr eng mit Brahms befreundet. Hofkapellmeister in München 25, 59, 60, 64, 65, 76, 80, 84, 87, 92, 93, 94 99, 116, 122, 125, 135
Leyen, Rudolf von der (1851-1910). Bankier; gehörte zum Krefelder Freundeskreis der Familie von Beckerath 82, 190, 265
Liliencron, Detlev von (1844-1909). Lyriker und Dramatiker 242
Liliencron, Rochus von (1820-1912). Germanist, Musikschriftsteller 93, 99
Limburger, Paul (1826-1891). Mitglied der Leipziger Gewandhausdirektion 150

Liszt, Franz (1811-1886) 22, 26, 42, 96, 123, 240

Ludwig II., König von Bayern (1864-1886). 65, 94, 208

Lübke, Wilhelm (1826-1893). Kunsthistoriker 81

Mahler, Gustav (1860-1911) 136, 137, 152

Mandyczewski, Eusebius (1857-1929). Archivar der Gesellschaft der Musikfreunde in Wien 190, 257, 263, 270

Marxsen, Eduard (1806-1887). Brahms' Klavierlehrer in Hamburg 19

May, Florence (1845-1923). Englische Pianistin; Schülerin von Clara Schumann, Verfasserin einer Brahms-Biographie 25, 62, 186, 230

Mendelssohn Bartholdy, Felix (1809-1847) 26, 36, 85, 103, 150, 157

Menzel, Adolph von (1815-1905). Maler und Graphiker 21

Meyer, Conrad Ferdinand (1825-1898) 108

Miller zu Aichholz, Viktor von (1845-1910). Österreichischer Großindustrieller; zählte zu Brahms' ergebensten Freunden 165, 252, 269

Mörike, Eduard (1804-1875) 95, 179

Moltke, Helmuth Graf von (1800-1891). Preußischer Generalfeldmarschall 82

Monteverdi, Claudio (1567-1643) 247

Moser, Andreas (1859-1925). Schüler Joseph Joachims und dessen Biograph 224

Mozart, Wolfgang Amadeus (1756-1791) 26, 54, 60, 68, 179, 185, 197, 227, 229, 256

Mühlfeld, Richard (1856-1907). Klarinettist der Meininger Hofkapelle 178, 255, 256, 259, 260, 261

Munzinger, Edgar (1847-1905). Musikdirektor in Winterthur 205, 215, 220

Napoleon III., Louis Napoleon Bonaparte (1808-1873). 80, 83

Nietzsche, Friedrich (1844-1900) 12, 85, 189, 214

Nikisch, Arthur (1855-1922). Dirigent, wirkte in Boston; Budapest, Berlin und Leipzig 21, 254

Nottebohm, Gustav (1817-1882). Musikgelehrter und Beethoven-Forscher; Schüler von Mendelssohn und Schumann 143

Novalis (eigentl. Friedrich Leopold Freiherr v. Hardenberg) (1772-1801). Lyriker und Schriftsteller der Frühromantik 176

Ochs, Siegfried (1858-1929). Dirigent; Gründer des Philharmonischen Chores in Berlin 1882 198

Ophüls, Gustav. Jurist; zählte
zum Krefelder Freundeskreis
um Brahms 160
Orgeni, Aglaja (1841-1926).
Koloratursopranistin;
Schülerin von Pauline Viardot-García in Baden-Baden
64

Pachmann, Witwe. Vermiete-
rin der Sommerwohnung in
Blankenese 1863 43
Paganini, Niccolò (1782-1840).
Italienischer Komponist und
Violinvirtuose 221
Palestrina, Giovanni Pierluigi
da (1525-1594). Großmeister
der katholischen Kirchen-
musik 139
Pausinger, Baron von und
Frau. Brahms' Wirtsleute in
Pörtschach 1877 132
Petersen, Carl Heinrich (1809-
1892). Hamburger Bürger-
meister seit 1876 246
Pohl, Carl Ferdinand (1819-
1887). Archivar und Biblio-
thekar der Gesellschaft der
Musikfreunde in Wien 100,
222
Popper, David (1843-1913).
Violoncellist 217
Porubsky, Bertha, s. Faber

Raabe, Wilhelm (1831-1910).
Deutscher Erzähler 237
Radicati di Marmorito, Victor
Amadeus Heinrich Ferdinand
Maria von. Italienischer

Graf; heiratete 1869 Julie
Schumann 76, 77
Rapatz. Kaufmann; bei ihm
wohnte Brahms 1878 und
1879 in Pörtschach 144
Reichardt, Johann Friedrich
(1752-1814). Komponist und
Musikschriftsteller 77
Reinecke, Carl (1824-1910).
Komponist, Pianist und Ge-
wandhauskapellmeister in
Leipzig 73
Reinthaler, Karl (1822-1896).
Chordirigent und Kompo-
nist 46, 83, 84, 87, 116
Reményi, Eduard (eigentl.
Hoffmann) (1830-1898). Un-
garischer Violinist; unter-
nahm 1852/53 eine Konzert-
reise mit Brahms 22, 26
Richter, Hans (1843-1916).
Dirigent; Hofkapellmeister in
Wien 135, 171, 201, 202
Rieter-Biedermann, Jakob
Melchior (1811-1876). Musik-
verleger in Winterthur 60,
63, 70, 71, 95, 100, 116
Röntgen, Julius (1855-1932).
Pianist und Komponist, Di-
rektor des Konservatoriums
in Amsterdam 238
Roesing, Elisabeth. In ihrem
Haus in Hamm wohnte
Brahms 1861 und 1862 25, 32
Rosenthal, Moriz (1862-1946).
Polnister Pianist 253
Rostropovich, Mstislaw (geb.
1927). Russischer Violoncellist
und Dirigent 210

Rubinstein, Anton (1829-1894). Russischer Pianist und Komponist 52, 53

Rückert, Friedrich (1788-1866). Lyriker und Dramatiker 35, 192

Schenkendorf, Max von (1783-1817). Lyriker 110

Schiller, Friedrich von (1759-1805) 64, 173, 174

Schnack, Fritz (1849-1919). Stiefbruder von Brahms 124

Schönberg, Arnold (1874-1951) 12, 26, 38, 232, 268

Scholz, Bernhard (1835-1916). Dirigent und Komponist; Jugendfreund von Brahms, 1871-1882 Leiter der Orchestervereinskonzerte in Breslau 165, 166, 168, 169

Schopenhauer, Arthur (1788-1860) 270

Schubert, Franz (1797-1828) 27, 33, 34, 35, 36, 38, 39, 42, 54, 63, 64, 65, 86, 123, 157, 175, 179

Schubring, Adolf (1817-1893). Jurist und Musikkritiker; Anhänger von Brahms 29

Schütz, Heinrich (1585-1672) 73, 139, 246, 247, 272

Schulz, Johann Abraham Peter (1747-1800). Komponist, Vertreter der Berliner Liederschule 33

Schumann Clara (1819-1896). Pianistin, Gattin Robert Schumanns; eine der engsten Vertrauten von Brahms 22, 23, 24, 25, 26, 28, 29, 31, 32, 39, 40, 49, 50, 51, 52, 53, 55, 56, 59, 61, 62, 64, 67, 68, 70, 76, 79, 80, 84, 88, 91, 92, 96, 99, 103, 104, 105, 106, 110, 115, 116, 117, 120, 124, 125, 127, 131, 133, 135, 136, 142, 145, 156, 157, 159, 160, 161, 166, 181, 183, 184, 190, 195, 200, 201, 205, 216, 220, 222, 223, 224, 226, 229, 230, 231, 235, 240, 254, 256, 260, 264, 266, 267, 271

Schumann, Eugenie (1851-1938). Tochter von Robert und Clara Schumann 64, 88

Schumann, Felix (1854-1879). Sohn von Robert und Clara Schumann 110

Schumann, Julie (1845-1872). Tochter von Robert und Clara Schumann 49, 76, 77, 78, 88, 91

Schumann, Marie (1841-1925). Tochter von Robert und Clara Schumann 49, 222, 224

Schumann, Robert (1810-1856) 12, 18, 22, 23, 26, 27, 28, 29, 30, 34, 35, 36, 39, 42, 46, 56, 64, 65, 69, 70, 75, 85, 87, 91, 92, 96, 98, 99, 103, 117, 123, 152, 157, 158, 166, 186, 198, 220, 260, 265, 268

Schweitzer, Albert (1875-1965) 261

Serkin, Rudolf (1903-1991). Amerikanischer Pianist 211

Shakespeare, William (1564-1616) 214

Siebold, Agathe von (1835-1909). Brahms' Jugendliebe aus Göttingen 51, 52, 53, 56, 77, 105

Simrock, Fritz (1838-1901). Brahms' Hauptverleger in Berlin, enger Freund 78, 83, 86, 87, 100, 109, 111, 112, 116, 117, 120, 127, 131, 133, 135, 138, 141, 145, 157, 158, 161, 165, 169, 170, 172, 173, 177, 179, 186, 190, 194, 205, 206, 209, 217, 219, 220, 239, 240, 241, 242, 248, 256, 257, 259, 264, 266, 270

Soldat, Marie (1864-1955). Violinistin; Schülerin von Joseph Joachim, frühe Interpretin des Violinkonzerts 157, 260

Spaun, Josef von (1788-1865). Staatsbeamter; zählte zum Freundeskreis um Franz Schubert 123

Specht, Richard (1870-1932). Österreichischer Musikschriftsteller; Brahms-Biograph 231

Spee, Friedrich von (1591-1635). Deutscher Dichter 140

Spies, Hermine (1857-1893). Altistin; Schülerin von Julius Stockhausen, wurde von Brahms sehr verehrt 186, 188, 194, 213, 214, 237, 238, 239, 244, 259

Spitta, Philipp (1841-1894).

Musikforscher und Bach-Biograph 141, 247, 259, 268

Spitzer, Daniel (1835-1893). Österreichischer Satiriker und Feuilletonist 253

Spohr, Louis (1784-1859). Violinist und Komponist 54

Spring, Johann. Besitzer des Hauses in Hofstetten bei Thun, das Brahms 1886-1888 bewohnte 206, 236

Steinbach, Fritz (1855-1916). Dirigent; Nachfolger Hans v. Bülows in Meiningen 178, 255, 261

Stekel, Hanns Christian (geb. 1961). Musik- und Religionslehrer in Wien 245

Stockhausen, Bodo Albrecht, Freiherr von (1810-1885). Diplomat, Vater von Elisabeth von Herzogenberg 105

Stockhausen, Julius (1826-1906). Bariton und Gesangspädagoge; früher Interpret Brahmsscher Lieder 36, 38, 40, 59, 63, 66, 75, 84, 87, 106, 131, 185, 186, 238

Storm, Theodor (1817-1888) 50, 179

Straus, Ludwig (1836-1899). Violinist; lebte seit 1865 in London 182

Strauß, Johann (Sohn) (1825-1899) 84, 85, 88, 215, 254, 272

Sulkowski. Polnische Fürstenfamilie 191

Suppé, Franz von (1819-1895).

Österreichischer Operetten-
komponist 168
Suttner, Bertha von (1843-
1914). Österreichische Schrift-
stellerin und Pazifistin 82

Taaffe, Eduard von (1833-
1895). Österreichischer
Staatsmann 205
Tasso, Torquato (1544-1595)
43
Tausig, Carl (1841-1871). Pianist; mit Brahms befreun-
det 42, 45, 270
Thalberg, Sigismund (1812-
1871). Österreichischer Klaviervirtuose 42
Tieck, Ludwig (1773-1853) 36,
37, 38
Truxa, Celestine. Brahms'
Wirtschafterin, bei ihr wohnte
er seit 1887 in Wien, Karlsgasse 4 87
Tschaikowski, Peter (1840-
1893) 155, 254
Turgenjew, Iwan (1818-1883).
Der russische Schriftsteller
lebte zeitweise in Baden-Baden 50, 81

Uhland, Ludwig (1787-1862).
Dichter der Spätromantik 53

Verdi, Giuseppe (1813-1901) 68
Vetter-Brodbeck, Ellen. Stief-
tochter von Joseph Viktor
Widmann 215
Viardot, Louis (1800-1883).
Kunsthistoriker, Gatte von

Pauline Viardot-García 50,
81
Viardot-García, Pauline (1821-
1910). Sängerin (Mezzoso-
pran); befreundet mit Clara
Schumann 49, 50, 64, 65, 79,
81
Viotti, Giovanni Battista (1755-
1824). Italienischer Violinist
und Komponist 229
Völckers, Familie. Mitbewoh-
ner des Hauses in Hamm 25
Vogl, Familie. Vormieter des
Hauses Karlsgasse 4 in
Wien 86
Vogl, Heinrich (1845-1900).
Hofopernsänger in München;
Wagner-Tenor 95
Vogl, Therese (1845-1921). Gat-
tin von Heinrich Vogl; Sopra-
nistin und Wagner-Interpre-
tin 95

Wagner, Cosima (1837-1930).
Zweite Frau Richard Wag-
ners 85
Wagner, Ladislaus. Professor
an der Budapester Hoch-
schule für Bodenkultur; besaß
ein Landhaus in Altaussee
182
Wagner, Richard (1813-1883)
12, 65, 66, 80, 85, 92, 94, 102,
122, 123, 141, 156, 157, 195, 212,
234
Walter, Josef (1831-1875). Violinist; Konzertmeister in München und Primarius eines
Streichquartetts 99

Wasielewski, Wilhelm Joseph von (1822-1896). Violinist, Dirigent und Musikschriftsteller; seit 1869 Städtischer Musikdirektor in Bonn 23, 91

Weber, Carl Maria von (1786-1826) 175, 256

Wendt, Gustav. Philologe in Karlsruhe; mit Brahms seit 1866 bekannt 221, 238

Wesendonck, Mathilde (1828-1902). Bekannt durch die Beziehung zu Richard Wagner; Brahms hat sie 1865 in Zürich kennengelernt 65, 66, 67

Wesendonck, Otto (1815-1896). Großkaufmann, Gatte von Mathilde Wesendonck 65, 66

Widmann, Fritz. Sohn von Joseph Viktor Widmann 220

Widmann, Joseph Viktor (1848-1911). Dichter, Schriftsteller und Redakteur beim Berner ›Bund‹; mit Brahms eng befreundet 111, 112, 140, 155, 173, 191, 205, 206, 208, 209, 211, 212, 214, 215, 219, 220, 222, 232, 234, 235, 236, 237, 238, 239, 245, 247, 248, 251, 255, 263

Wildenbruch, Ernst von (1845-1909). Dramatiker 221

Wilhelm I. (1797-1888). Deutscher Kaiser seit 1871 50, 82, 86, 87, 245

Wilhelm II. (1859-1941). Enkel von Wilhelm I., Deutscher Kaiser 1888-1918 245, 247, 248, 251

Wolf, Hugo (1860-1903) 13, 102, 180, 187, 202

Wolff, Hermann (1845-1902). Konzertagent in Berlin 256

Wolter, Charlotte (1834-1897). Tragödin am Wiener Burgtheater 182

Wüllner, Franz (1832-1902). Dirigent und Komponist; mit Joachim und Brahms bekannt 43, 46, 93, 133, 170, 186, 200, 238

Zelter, Carl Friedrich (1758-1832). Komponist und Organisator des Musiklebens; enger Freund Goethes 96

Bildnachweis

Brahmsgesellschaft Baden-Baden: 10, 22, 30
Brahms-Institut an der Musikhochschule Lübeck (Slg. Hofmann):
1, 2, 3, 4, 5, 6, 7, 9, 11, 12, 16, 17, 18, 20, 21, 23, 24, 25, 26, 27, 28, 29, 31, 34, 35, 36, 39, 40
Gesellschaft der Musikfreunde in Wien: 33
Landesbibliothek Kiel: 32
Österreichische Nationalbibliothek, Wien: 13, 14, 19, 38
Robert-Schumann-Haus Zwickau: 8
Südthüringisches Staatstheater Meiningen: 37
Zentralbibliothek Zürich: 15

Dank

Mein besonderer Dank gilt Renate und Kurt Hofmann, den Leitern des Brahms-Instituts in Lübeck, die in freundschaftlicher Großzügigkeit den überwiegenden Teil der Abbildungen aus der ›Sammlung Hofmann‹ beigesteuert haben.

Ohne die unermüdliche lektorierende Begleitung durch Frau Dr. Vera Hauschild hätte das Manuskript dieses Buches in der kurzen Zeit, die zur Verfügung stand, kaum zum Abschluß gebracht werden können. Ihr sei an dieser Stelle herzlich gedankt.